ITIL 4与DevOps服务管理认证指南（第2版）

● 刘 通　曾庆辉　著

● ITIL理论与实践经典解密

● DevOps发展趋势完美结合

● 应对大数据时代未来挑战

哈爾濱工業大學出版社
HARBIN INSTITUTE OF TECHNOLOGY PRESS

内容提要

ITIL(IT 基础架构库)和 DevOps(开发运维一体化)是当下服务管理最佳实践的两种体系框架或是 IT 服务管理行之有效的两种方法,用 ITIL 和 DevOps 的理论提升企业的服务质量的同时能降低相应的服务成本与风险。本书通过深入解析 ITIL 和 DevOps 的理论知识,并结合当前企业的实际环境来帮助读者有效地从服务战略、服务设计、服务转换、服务运营和持续服务改进等多个方面来认知什么是服务以及如何有效地进行服务管理。为了配合读者对 ITIL 和 DevOps 理论与实践知识的全面掌握,本书特别针对 IT 服务交付项目的规划与实施进行详细举例。

本书是 ITIL 和 DevOps 最佳实践的规划与具体技术实践的经典解密,是 ITIL、DevOps、云计算和数据中心相结合的完美阐述,是 IT 服务管理在大数据和人工智能时代面临挑战的全面应对。

本书的另一个侧重点是帮助想通过 ITIL 和 DevOps 认证考试的读者理解认证考试的要点与难点,书中配有相应的模拟题和详尽的答案解释。

本书适合 IT 服务外包和企业内部的运营人员、开发测试人员、服务经理、产品经理、IT 架构师、IT 项目经理、高层主管和 CIO(CEO)阅读,也可以作为在校大学生学习服务管理课程的理论和实践指导用书。

图书在版编目(CIP)数据

ITIL 4 与 DevOps 服务管理认证指南/刘通,曾庆辉著. —2 版. —哈尔滨:哈尔滨工业大学出版社,2021.11
ISBN 978-7-5603-9767-2

Ⅰ. ①I… Ⅱ. ①刘… ②曾… Ⅲ. ①信息产业-商业服务-指南 Ⅳ. ①F490.5-62

中国版本图书馆 CIP 数据核字(2021)第 211431 号

策划编辑 杜 燕
责任编辑 张羲琰
封面设计 高永利
出版发行 哈尔滨工业大学出版社
社 址 哈尔滨市南岗区复华四道街 10 号 邮编 150006
传 真 0451-86414749
网 址 http://hitpress.hit.edu.cn
印 刷 哈尔滨市石桥印务有限公司
开 本 787mm×960mm 1/16 印张 19.75 字数 366 千字
版 次 2020 年 1 月第 1 版 2021 年 11 月第 2 版
2021 年 11 月第 1 次印刷
书 号 ISBN 978-7-5603-9767-2
定 价 59.80 元

致刘瑛琦和刘哲创，我可爱的女儿和帅气的儿子，因为他们使我感到为人父的责任与担当；

致我的父亲（刘加德）和我的母亲（张晶冬），因为他们始终给我前进的力量，并且相信我可以做成任何要做的事情。

致我的岳父（王忠涛）和我的岳母（张宝珍），因为他们始终无私付出和爱心奉献。

——刘通

致我温柔贤惠的太太周丽媛，老婆辛苦了，非常感谢！

致我的两个调皮的儿子曾繁诺和曾繁皓，给了我充足的前行动力。

同时感谢我的父母和岳父岳母对我的无私付出！

——曾庆辉

李开复说过：*做最好的自己！* 一直都是本书作者立志的座右铭。

比尔·盖茨说过：*用特长致富，用知识武装头脑！* 一直都是本书作者坚持的方向。

罗振宇说过：*做时间的朋友！* 一直都是本书追求的高度。

以下是本书作者与学友们共享的项目管理模板链接：

https://pan.baidu.com/s/1boEX8BX

以下是本书作者与学友们共享的服务管理模板链接：

https://pan.baidu.com/s/1skYhOvF

更多关于项目管理和服务管理的案例和文章,请关注右边微信公众号——**东方瑞通华南 PMP 分享汇**。

欢迎大家在公众号上留言和提问,我们不见不散!

序

我初次与刘通老师相识大概是在10年前,那时刘通老师在某国家电信企业的中国分公司做高级咨询顾问经理,而我有幸给刘通老师所在的公司做了一次ITIL的培训。在课间和课后的交流中,我发现刘通老师不仅在基于ITIL的IT服务管理领域有很丰富的实践经验,而且对ITIL的理论体系也有很深入的研究。这给我留下了深刻的印象。

刘通老师是一个很刻苦、很努力的人。他平时工作那么忙,竟然还有时间写书,而且书的内容还这么丰富,我真的很佩服他。他不但是个IT精英,而且在文学上也有较深的造诣。这一点不仅在刘通老师的书中可以体会得到,在其运营的微信公众号"东方瑞通华南PMP分享汇"中也能感受得到。

市场上关于ITIL的中文书很少,刘通老师基于我个人的指导意见,对本书进一步完善,力求以更加完美的姿态呈现给读者,让更多的读者从中受益。随着2019年ITIL 4官方版的成功发布,刘通老师和曾庆辉老师对本书做了适应性调整,力求对ITIL 4版本无缝兼容,让大家以最简洁和高效的方式了解ITIL 4的精华内容。

东方瑞通的ITIL认证培训业务起步于2006年底,经过近15年的发展,目前东方瑞通已经成为国内ITIL认证培训领域的领导者,每年在东方瑞通参加ITIL认证培训的学员数以千计。我们希望刘通老师的这本新书能够成为东方瑞通ITIL学员的"良师益友",不仅能作为他们课堂学习内容的补充,而且也能对他们顺利通过ITIL认证考试有所帮助。

希望东方瑞通的ITIL学员能在我们这里学到关于IT服务管理的真才实学，并顺利通过认证考试，在工作中努力践行ITIL的思想，为提高我国的IT服务管理水平做出贡献。

同时，祝愿刘通老师和曾庆辉老师的这本新书能够受到广大读者的欢迎，在市场上有更好的表现。

东方瑞通(北京)咨询服务有限公司副总经理

ITIL与DevOps认证培训授权讲师

国内首批ITIL Expert和ITIL 4 MP & SL证书拥有者

2021年7月1日于北京

前 言

在21世纪的今天,企业已经到了一个需要考虑如何系统创富的时代了。所谓系统创富,就是企业要为自己打造一个能够“一次性投入,实现多次收获”的企业系统管理平台。企业要想长生久治,就需要拥有这样一个强大的系统管理平台。著名的企业管理培训专家艾莫老师指出:“在这个世界上只有两种生意会拥有更加美好的未来,一个是拥有系统的,一个是花钱购买系统的,别的生意都是轮流交房租而已。”所谓系统,就是由流程、工具和人力资源组成的资产集合,时下服务管理体系 ITIL 把这种资产集合称为实践。在2019年2月全新推出的 ITIL 4 共涉及34个实践,并且把敏捷和 DevOps 等热门实践纳入整个 ITIL 框架体系。我们可以通过应用 ITIL 的众多实践为企业打造一个强大的系统管理平台,从而实现企业对其客户的价值承诺,以及实现企业自身的美好愿景,即达成企业存在的意义和使命。

目前市场上对官方出版的《ITIL Foundation》最新第4版(简称 ITIL 4)和开发运维一体化(DevOps)的认证体系及管理实践进行系统介绍的书凤毛麟角,而国内外市场的竞争压力和企业对自身服务管理不断提升的诉求,使得很多国内的大中型企业都紧锣密鼓地在企业内部计划和实施以 ITIL 和 DevOps 为最佳实践的服务管理,试图通过 ITIL 和 DevOps 的最佳实践来标准化服务管理,从而降低业务运营和 IT 运维的成本与风险。这就急需具备通晓这两种管理实践的认证人才。

本书的出版初衷正是为了解决这种市场迫切性需要和各行各业的内在诉求。如果通过本书能够对中国企业和个人在具体实施服务管理最佳实践(ITIL 和 DevOps)的进程中起到一定的借鉴和指导作用,那将是作者的最大欣慰。

作 者

2021年7月

目　　录

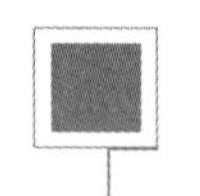

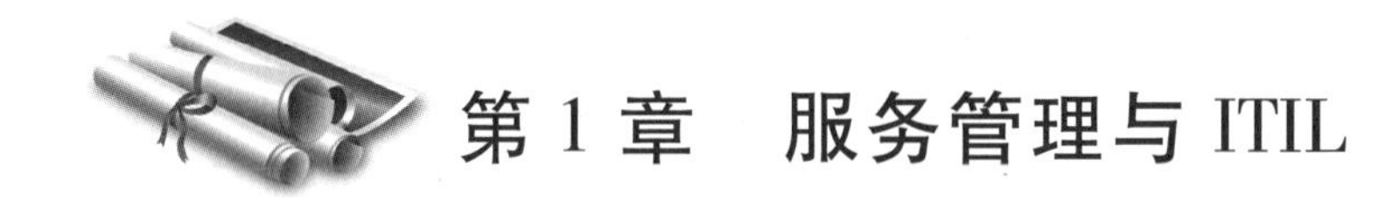

第1章　服务管理与ITIL

1.1　服务管理现状

目前IT技术在现代企业中正得到广泛应用,企业的运营和服务能力也随着IT技术的提升而得到持续改进和提高。然而,在IT不断给企业业务带来效益的同时,也带来了IT运营成本和服务风险不断增加等诸多困扰。企业业务对IT越来越依赖,而IT的投资回报却无法量化,尤其是在某些行业和大公司更为明显,例如政府、移动通信、银行、证券、保险和IT服务外包公司等。

纵观当今企业服务管理的发展历程,我们可以看到企业的服务管理成熟度一般都会经历三个阶段,就像著名学者王国维在《人间词话》中的表述:"古今之成大事业、大学问者,必经过三种之境界:'昨夜西风凋碧树,独上高楼,望尽天涯路。'此第一境也。'衣带渐宽终不悔,为伊消得人憔悴。'此第二境也。'众里寻他千百度。蓦然回首,那人却在,灯火阑珊处。'此第三境也。"治学和做事业有此三境界,企业的服务管理的成熟度也有此三境界。

王国维认为治学和做事业的第一境界"昨夜西风凋碧树,独上高楼,望尽天涯路",这一词句出自宋朝著名的政治家和词人晏殊的《蝶恋花·槛菊愁烟兰泣露》。这里既表现出人们对事业、学问上的渴望和期待,又表现了一种在未知领域开始探寻时的茫茫无绪之感。我们可以想象,企业刚开始投资建立IT系统并进行运维和服务管理之时,很多时候不恰恰印证了这个阶段吗?企业在这一阶段并不太理解IT系统服务和高效的服务管理对创造企业商业价值的必然联系,企业对IT部门的定位只是一个运营支撑部门或一个花钱而没有效益产出的部门。IT部门的员工和部门领导也会很茫然,不知道这个部门对整个企业的价值在哪里?在这个阶段,很多企业的IT部门都是通过削减年度的IT运维成本来体现其在企业中的价值的,从而在IT部门工作的员工也认为他们所从事的IT运维和服务管理工作并没有太多价值,所以工作态度不够端正,积极性也不是很高,目前很多企业还处在这样的一个误区之中。

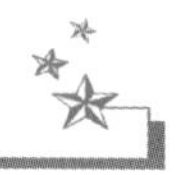

我们再来看看王国维治学和做事业的第二境界:“衣带渐宽终不悔,为伊消得人憔悴。”这是北宋著名词人柳永《蝶恋花·伫倚危楼风细细》中的词句,词的原意是表达作者对爱的无悔追求。王国维把柳永对爱的追求引申为对学问和事业的不懈努力。通过该词的深刻阐述,我们可以体会到凡是做大学问、大事业的人,要想成功都不是轻而易举的。我们必须意志坚定,孜孜以求,甚至为了这个崇高的理想“衣带渐宽也不后悔”。我们再把这种境界引入企业的 IT 服务管理中,随着国内外市场经济竞争的愈演愈烈和市场的机会资源相对有限,众多企业大军大有千军万马过独木桥之势。每天都可能会有企业因不适应目前市场的需要而倒闭,每年都可能有不良的股票退出交易市场。严峻的现实使企业的掌舵者——我们的企业家们开始着手提高自己企业在市场中的竞争力,而首先被他们关注的就是如何通过构建高效的 IT 系统管理平台和提高服务管理水平来对企业的商业运作提供有效的支撑。很多企业也为此做了诸多努力,比如许多企业开始根据企业内部或其所在行业的经验制定了很多流程规范并购买了定制的 IT 运营支撑软件来为其提供服务。这种不断探索的态势随着企业对 IT 系统依赖度的提高而越加明显,尤其是与 IT 使用最为紧密的电信和金融行业更为突出。企业为了提升自己的综合竞争能力,进行了不断探索和尝试。例如,中国移动为了增加手机终端用户的服务渠道和提高服务的满意度,特意在全国各省区市设置了 10086 服务台来提供手机用户的开停机、话费查询、业务受理、投诉或改进建议等服务。并且为了能够更好地提供客户服务,中国移动精心设计了很多移动业务标准受理流程并形成移动的行业规范,比如其商业业务支撑系统规范,也就是我们通常所说的移动 BOSS 规范。中国移动对该规范进行了不懈的探索和改良,自 2002 年以来先后修订了很多次,并且升级了相应的规范版本。在我国很多的移动软件提供商,如北京亿阳信通和深圳华为都会遵照移动公司制定的流程规范来开发客户移动所需要的软件,比如移动计费系统、营账系统、呼叫中心系统、移动大客户系统和移动网管系统等。由此可见,我国的公司或企业其实是在 IT 服务管理流程的制定和改进上狠下了一番功夫的,甚至到了“衣带渐宽终不悔”的地步。

那么最终的结果又是如何呢?我们且看王国维治学和做事业的第三境界:“众里寻他千百度。蓦然回首,那人却在,灯火阑珊处。”该句出自南宋著名豪放派词人和军事理论家辛弃疾的《青玉案·元夕》。中外 IT 业界的很多公司和组织对 IT 技术发展和 IT 服务管理进行了不断的探求和实践,反复追寻、研究和总结,最终融会贯通而豁然开朗,并提炼出很多对当今 IT 治理和 IT 服务管理有用的国际标准规范或最佳实践,包括 ITIL、DevOps、ISO20000、ISO27001、COBIT、CMM、CMMI、SIX-SIGMA 和 eTOM 等。其中尤其以 ITIL 和 DevOps 作为服

务管理最佳实践而备受当前企业青睐，ITIL 4 和 DevOps 已经被业界定位为数字化转型必备的核心参考理论指导框架体系。

1.2　服务管理原则

当我们通识了企业在服务管理成熟度需要经历的三个阶段之后，再来看看服务管理到底能够在企业中起到什么样的作用。首先要解决服务管理在企业中的规划原则问题。所谓原则的设定，是从宏观上明确服务管理对企业的现实意义。

ITIL 4 的典型指导原则包括立足企业当下的成熟度，通过迭代式的价值交付来获得客户的满意度，在价值交付中强化过程的可见性，遵循精益思想的整体思考原则，实现交付的简单设计，并通过不断的过程优化和运维工具自动化的方式实现端到端的价值交付，这些都是“高大上”价值观的佐证。

价值交付的原则是 ITIL 4 的主旋律，基于这个主旋律再来体察当下企业或组织为何需要做好服务管理的现实意义。具体可以体现为如下几点。

1. IT 的服务战略需要满足企业的商业战略并为企业创造价值

IT 服务最终是为企业的商业战略服务的，企业要建立起 IT 服务战略和企业商业战略之间的紧密联系。这也是开发运维一体化 DevOps 和服务管理最佳实践 ITIL 要帮助企业解决的问题。

2. 可视化管理机制的建立

可视化管理是西方企业管理理念的精髓，在西方管理的理论中无处不提到管理的可视化和质量的可度量。以《项目管理知识体系指南（PMBOK®指南）》中所提到的监控过程组和 ITIL 理论中的七步改进流程为例，它们都侧重强调了可视化管理，并提供了具体的管控办法，如戴明环等。可视化也是 DevOps 有别于传统的良好实践，更多可视化的改进办法将在本书第 7 章详细介绍。

3. 资源的动态按需供给与资源共享最大化

资源是用来为企业提供更好和更有效的服务的，企业要通过目前最流行的 IT 技术来实

现 IT 资源利用率和 IT 服务提供灵活度的最大化。目前流行的云计算数据中心技术就可以实现这一要求,它极大地满足了业务系统的高度安全性、高可用性、资源利用最大化、灵活的服务部署和易于运维管理的需求。ITIL 4 和 DevOps 都提到充分利用云计算的特性来实现“基础设施即代码”的自动化部署的效果。

4. 服务管理变成战略资产

企业之所以选择 IT 服务就是为了提高企业的核心竞争力。IT 服务和服务管理可以成为企业实现其商业战略资产的一部分,这也是 ITIL 的战略管理实践的核心内容。

5. 通过技术、流程和人员的标准化来降低服务成本

企业要通过标准化在企业中所使用的 IT 技术、流程和人员的能力来实现业务服务大批量快速交付和服务管理的规模效应,这样才能够降低企业的运营成本、提高服务管理效率,从而提升企业的商业竞争能力。ITIL 的标准化实践就体现了这一点。

6. 有效的风险管理和高效的质量管理

IT 服务中的风险管理和质量管理是企业最关注的,因为不可控的风险和企业服务产品的质量问题对企业的影响有时是致命的。ITIL 理论把风险管理和质量管理纳入其中,并把它们作为核心的介绍内容。

7. 持续的服务改进和提高

服务及其管理是为企业打造核心竞争力,并实现企业的价值。企业在激烈的市场竞争中要想不断地提高自己的核心竞争力,就要打造一个能持续改进的系统支撑平台,这也要纳入企业 IT 服务战略的考虑中。ITIL 理论中专门有一个持续服务改进的实践方法来强调持续的服务改进和稳步提高对企业商业价值打造的重要性。

综上所述,企业高效的 IT 战略落地可以通过 IT 服务管理最佳实践(ITIL)和开发运维一体化 DevOps,以及虚拟化与云计算数据中心基础设施提供的支撑得以实现。下面我们先从以 ITIL 为代表的服务管理最佳实践入手来学习。让我们一起出发吧,在 IT 服务管理求知的路上有你也有我。

1.3　ITIL 版本发展历程

ITIL(Information Technology Infrastructure Library)是信息技术基础架构库,是一种最佳实践(Best Practices)的框架或一套 IT 服务管理的有效方法。我们可以把 ITIL 看作实现组织高效服务管理的手段,最终助力实现企业自身的商业价值。ITIL 理论的具体实施可以提升企业的 IT 服务质量,同时降低相应的服务成本与风险,更重要的是可以结合当前企业的环境来帮助企业从服务战略、服务设计、服务实施、服务运营和可持续发展等多个方面提供有效管理和解决方案。ITIL 的根本目的是建立一种有效的途径在提高 IT 服务质量的同时来为企业和客户创造更多的商业价值,而 ITIL 本身是实现商业价值的手段。

我们也可以把 ITIL 看作一个储存信息技术和服务管理类书籍的图书馆,在这个图书馆里的每一本书都阐述了一个具体的管理流程或实践,比如变更管理流程和服务级别管理流程等。

要想学习 ITIL,就要先了解 ITIL 的发展历程。ITIL 是由英国人发明的。英国是以严谨著称的国度,很多国际标准都是英国人制定出来的,比如格林尼治时间规则等。在 20 世纪 80 年代末,ITIL 的产生是由于英国政府意识到需要建立并标准化其政府部门信息系统的管理流程。当然,英国政府也吸纳了从企业界得来的经验,从而建立一整套服务管理体系,并加以实施,且从中受益。

ITIL 最直接的倡导者是英国的中央计算机和电信局 CCTA(Central Computer and Telecommunications Agency),该部门后来被命名为政府商务办公室 OGC(Office of Government Commerce)。随着 ITIL 项目的推进和具体实施,OGC 在 20 世纪 80 年代发布了 ITIL 的第 1 版。ITIL 的第 2 版发布于 21 世纪初,这个版本的核心书籍有两本:《服务支持》(*Service Support*)和《服务交付》(*Service Delivery*)。在 2007 年,ITIL 的流程模块得以进一步增加和修改,ITIL 的第 3 版也随之产生。同时,ITIL 的补充读物指南也总结了具体行业的最佳实践,并成为 ITIL 理论的补充资料。在第 3 版后 ITIL 2011 版又适时更新。ITIL 2011 版主要针对 ITIL V3 版做了微调并和 ISO20000 的 2011 版保持一致。2019 年 ITIL 4 的出版,为当下企业进行数字化转型的提供了理论支撑。

我们可以通过以下的时间表来了解 ITIL 的发展历程:

1986～1998 年英国的中央计算机和电信局(CCTA)开发了 ITIL V1。

1999～2006 年英国的政府商务办公室(OGC)开发了 ITIL V2。

2005 年国际标准化组织(ISO)依照 ITIL 的最佳实践发布了 ISO20000 标准。

2007 年英国的政府商务办公室(OGC)发布了 ITIL V3。

2011 年 OGC 发布了 ITIL 2011 版。

2019 年 ITIL 的原厂商 AXELOS 公司发布 ITIL 4 版。

在我国,由于 ITIL 是最近十年才比较流行,许多公司还在使用 ITIL V2 的理论来指导他们目前的服务管理工作。在本书详细介绍最新版本之前,我们有必要了解 ITIL V2 的主要内容,ITIL V2、V3 和 ITIL 2011 版本之间的联系与区别,以及 ITIL 4 的核心内容。

1.3.1　ITIL V2 的主要内容

ITIL V2 的核心书籍如图 1-1 所示,有《服务支持》和《服务交付》两本。

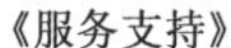
《服务支持》

《服务交付》

图 1-1　ITIL V2 的两本核心书籍

服务支持(Service Support):服务支持所包括的范围是 IT 日常运营和运维所要遵守的流程和职能,比如说故障(事件)管理(Incident Management)和变更管理(Change Management)流程。这些流程是 IT 服务提供商所应关注的最基本内容,也是绝大多数直接面向终端用户并提供日常 IT 运维服务的从业人员所应遵守的基本操作规范。职能一般是为了完成一个或多个流程的一组人员的集合。服务台就是我们熟知的典型职能部门。

服务交付(Service Delivery):服务交付更多的是考虑服务管理的质量度量、风险监控和成本控制。比如说 IT 服务提供商所承诺的服务标准是否达到,目前所提供的 IT 设备能否满足客户业务量持续增长的需要,有没有一个很好的灾难恢复计划,要遵循什么样的财务核算控制和成本模型(Cost Model)。在某种意义上讲,服务交付是在服务战术层面之上对服务质量的监督和控制,成为服务经理日常工作的主要内容。

ITIL V2 是让 ITIL 走向世界的成功版本,它的核心是“1 个服务台职能+10 个流程”,表 1-1是针对具体流程和职能所属书籍的对应表。

表 1-1 ITIL V2 主要流程和职能

所属书籍	流程和职能
《服务支持》(*Service Support*)	故障(事件)管理(Incident Management)
	问题管理(Problem Management)
	变更管理(Change Management)
	发布管理(Release Management)
	配置管理(Configuration Management)
	服务台(Service Desk)(注:服务台属于职能)
《服务交付》(*Service Delivery*)	服务级别管理(Service Level Management)
	财务管理(Financial Management)
	可用性管理(Availability Management)
	容量管理(Capacity Management)
	IT 服务连续性管理(IT Service Continuity Management)
	信息安全管理(Information Security Management)(注:此为 ITIL V2 的可选流程)

我们先来对服务支持所对应的流程和职能有一个初步的认识:

故障(事件)管理:负责 IT 系统故障(事件)生命周期的管理,它关注的是对故障(事件)现象的管理,并尽快把故障所造成的非正常服务恢复正常,从而把故障(事件)对商业服务的

影响最小化。

问题管理:负责 IT 系统问题生命周期的管理。问题是一个或多个故障(事件)的集合,是未知的错误。问题管理更多关注的是造成问题根本原因的分析和解决。在解决问题的过程中,问题管理会有两个主要部分:一是对所发生问题的根源分析,把未知的问题变成一个已知的错误;二是通过必要的问题处理或变更操作来消除引起该问题的深层根源以防止类似问题再次发生。

变更管理:对 IT 系统的变更请求进行评审和授权的管理过程;并且所有的变更结果一定要记录到配置管理系统或配置管理数据库中,即配置管理数据库的相关配置项也会相应改变。

发布管理:对 IT 系统的发布作为一个实体来打包、测试和部署的管理过程,要发布的可以是新的或者是需要变更的硬件、软件、文档和流程等。发布管理覆盖了从发布计划、发布构建、发布实施及实施后评估的全过程。

配置管理:企业对整个组织内部提供 IT 服务的所有配置项和配置项间的相互关系进行精确的识别定义、控制和管理的过程,以确保它们在 IT 服务管理生命周期内的一致性。配置项是指 IT 服务交付的实体,可以是企业的软件、硬件、网络设备和文档等。

服务台:为了完成服务支持中的故障(事件)管理流程的一组人员的集合。服务台是职能而不是流程。职能一般是为了完成一个或多个流程的一组人员的集合。

我们可以通过图 1-2 来清晰地了解服务支持中的所有流程之间的关系。

在服务支持中是由服务台的工作人员来第一时间受理 IT 系统的故障,例如中国移动 10086 的服务台座席对用户所报故障进行直接管理。由于技术或其他原因,服务台会把那些在自己的能力范围内不能够直接处理的故障升级给更高级的二线或三线支持团队去解决。如果故障频发,或故障有深远的影响,比如重大安全隐患,需要单独开一个问题单去做根本原因分析,这样故障单就会引发一个问题单。很多企业都把问题单称为 Problem Ticket。对问题的解决可能要通过一个 IT 系统变更请求,这样就触发了变更管理流程。在变更被真正授权和执行的时候就触发了发布管理流程。而任何流程中所对应的配置项和配置项关系的变化信息会被记录到配置管理数据库中,同时触发了配置管理流程。由此可见,在 ITIL 中的不同流程不是独立存在的,它们彼此是有内在的关联的。我们在学习 IT 服务管理时,不仅仅要学习每个流程所要达到目标、具体步骤和输出结果,更应该关注流程与流程之间的

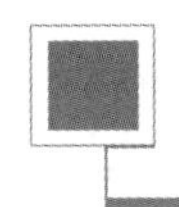

关系。

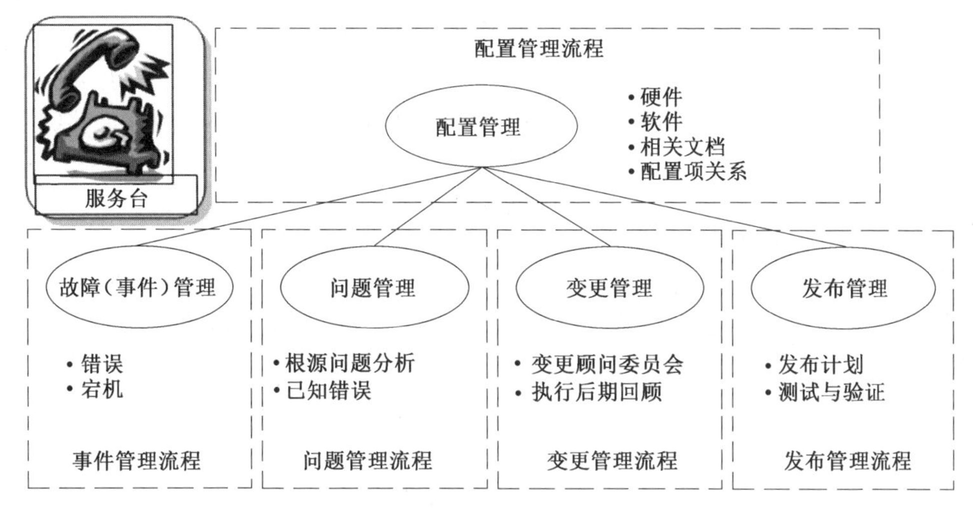

图 1-2　ITIL V2 服务支持

以下是故障(事件)管理流程和问题管理流程的区别:

故障(事件)的定义是服务的意外中断或服务质量的下降。问题的定义是一个或多个故障(事件)的原因或潜在原因。

我们常说的软件系统 Bug 是要根本解决的问题,但它的表现形式是故障。比如一个软件里面有 Bug,导致页面上的输入框不能输入任何东西。我们经常用重启这个软件或操作系统的方式来解决这个故障,这是一种临时的解决方案。故障虽然消失了,但并没有真正解决,说不定什么时候它还会出来。要想从根本上解决它,就得提交问题单,让问题管理去找根本原因,然后给出解决方案,方案一般是打补丁,消除 Bug。而这个解决方案需要通过变更管理去审批,然后进行发布管理,因为打了补丁的软件跟以前的版本不一样了,需要把新的版本发布出去。

如果 IT 系统突然宕机,这肯定是故障,我们一般也是先用临时解决的方式去处理它。经过重启,如果系统正常了,那要不要提交问题单去找根本原因呢? 一般来说要看故障发生的频率。如果这个故障几年才出现一次,而重启几分钟就解决了,那就没有必要找根本原

因,因为找根本原因没那么容易。如果这个故障发生的频率比较高,这个月已经出现两次了,那就得考虑提交问题记录,去找找根本原因了。如果重启不能解决故障,就得考虑将故障升级给后台的更加资深的技术团队去寻求进一步的解决方案。需要注意的是,此时的解决方案可以是永久的解决方案,也可以是临时的解决方案,比如更改文件目录的权限或变更参数配置等。这种升级并解决的操作仍然是在故障(事件)管理流程中实现的。如果针对已经解决的故障,需要进一步对相关技术问题进行根本原因分析,就可以考虑生产一个问题单,走问题管理流程来刨根问底。比如 IT 系统宕机是内存耗尽所致,为何系统会发生这种吃内存的现象,是否需要代码优化等。通过问题管理的深入分析发现能够彻底解决此问题的办法,同样需要通过执行变更和发布流程来变更生产环境,使此问题不再发生。

以下是故障(事件)管理流程、问题管理和变更管理流程关联的典型例题:

某单位企业资源计划(ERP)系统发生中断较长时间的故障(事件)。在快速恢复 ERP 运行后,管理层要求明确根源,直至消除导致此类故障中断的隐患, IT 团队基于 ITIL 的方法解决了领导提出的要求,以下说法正确的是(　　)

A. 先关闭故障(事件),再关闭问题,最后关闭变更请求单

B. 先关闭故障(事件),再关闭变更请求,最后关闭问题单

C. 先关闭变更请求,再关闭问题,最后关闭故障(事件)单

D. 先关闭变更请求,再关闭故障(事件),最后关闭问题单

参考答案:B。

答案解析:故障(事件)频发,要根本解决就需要开一个问题单。在改变生产环境前,需要开变更请求单。故在故障(事件)处理后,可以先关闭故障(事件)单;由于问题是基于变更来处理解决的,在变更审批通过并执行后,应先关闭变更单,再基于变更单关闭问题单。

服务交付有别于服务支持,它所对应的具体流程的描述如下:

服务级别管理:通过和客户磋商,掌握客户的具体需求,并且在和客户达成一致的情况下把具体的需求转化为服务承诺定义文档,即我们通常所说的服务级别协议(Service Level

Agreement)。当有了书面的和客户制定的服务级别协议后,服务级别管理接下来要做的就是设置服务度量指标,并且依照具体的度量指标去监控实际服务的执行情况。需要定期产生相应的服务报告来衡量所提供的服务是否达到客户的要求和满意度。

财务管理:提供制定 IT 服务的成本预算,并监控成本花费的执行情况,最终从客户那里收取服务所应有的收益的管理过程。

可用性管理:通过一系列持续性的管理行为,比如 IT 系统监控、服务报告跟踪和不断的服务改进措施,来优化 IT 系统架构和 IT 服务的能力去达到或超过承诺的服务可用性级别。比如一个全年提供 7×24 小时的服务或系统,其可用性要达到 99.99%,全年非计划宕机不能超过 52.4 分钟。所谓非计划宕机,是指计划外的故障或异常突发情况引起的宕机。

容量管理:在合理的服务成本控制下能够提供适宜而有效的 IT 资源管理,使得 IT 资源被合理地利用,并且能够适应当前和未来的商业需要。对 IT 系统容量的及时满足也可作为对客户承诺的服务级别协议的一部分。

IT 服务连续性管理:当服务由于系统硬件的故障或不可抗拒的灾难(地震、火灾或海啸等)而发生严重的服务中断时,IT 服务及软硬件设备如何能够在与客户之前承诺的故障恢复周期内恢复回来。在服务连续性管理中要制定灾难恢复计划,计划是指在业务中断后恢复商业服务所需步骤的详细计划。该灾难恢复计划要定义触发灾难恢复计划的条件、涉及的人员、组织架构和沟通的渠道等。在灾难恢复计划中还要设定,具体的恢复指标,如目标恢复时间(Recovery Time Objective,RTO)和目标恢复点(Recovery Point Objective,RPO)。

信息安全管理:信息安全管理在 ITIL V2 版本中是一个可选流程,即安全管理。安全管理是对 IT 系统的机密性、完整性和可用性的管理,也就是安全领域经常提到的 CIA(Confidentiality,Integrity,Availability)。机密性是保护敏感的信息不被非授权地泄漏或窃听。完整性是确保信息或软件的精确、完备和没有被恶意篡改,它强调的是系统相关数据的完整性。比如目前比较流行的网页防篡改软件就是为了保护网站的信息完整性。可用性是确保 IT 服务在有访问需求的时候总是可用的。

图 1-3 清晰地定义了服务交付所对应的流程和流程之间的关系。

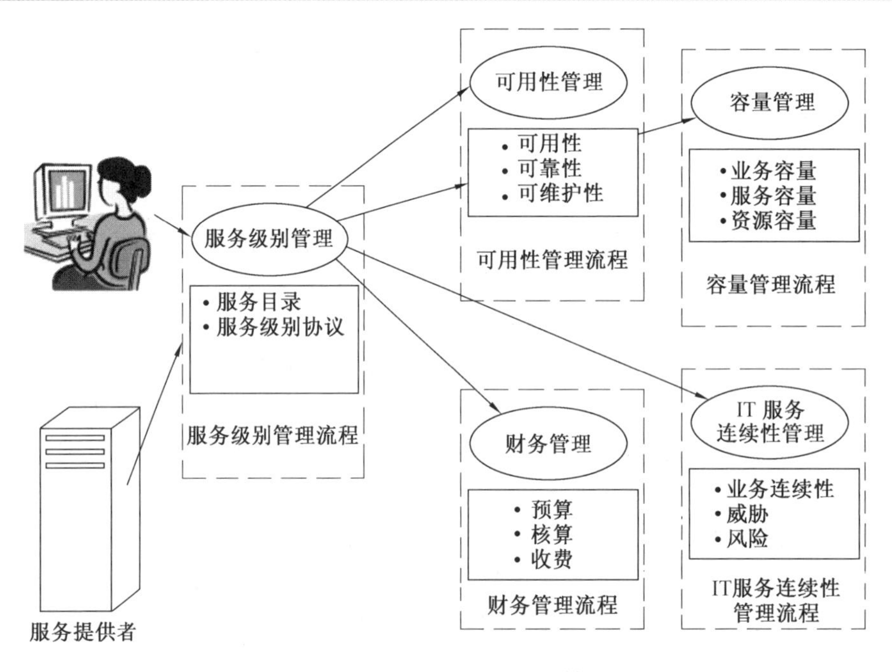

图 1-3　ITIL V2 服务交付

在服务交付中，服务级别管理流程是核心流程，而且流程与流程之间是有关系的。比如 IT 服务提供商和客户承诺的财务收费、可用性、容量、IT 服务连续性和信息安全的指标都会被定义到与客户签订的服务级别协议中。

以上是 ITIL V2 的基本介绍，所涉及的流程在 ITIL V3 及 ITIL 2011 版本都有所继承和改良。本书 1.3.2 小节将重点介绍这几个版本的这些继承和关联关系。

一个企业的服务支持和服务交付都是为了最终实现其服务战略和商业价值。为了能够更好地理解服务支持、服务交付和服务战略的层次关系，我们通过图 1-4 来进一步阐述它们之间的内在联系。

在细化服务层次之前，要了解“用户”和“客户”的区别。如果我们是 IT 服务提供商，简单地讲，用户是直接使用我们服务的人，而客户是购买我们所提供服务的人或组织，即给我们钱的人或组织。客户的具体代表可以是客户方的经理或高层主管。比如对中国移动来讲，用户可以是所有使用中国移动服务的手机用户，而客户是支付账单的个人或企业。对于

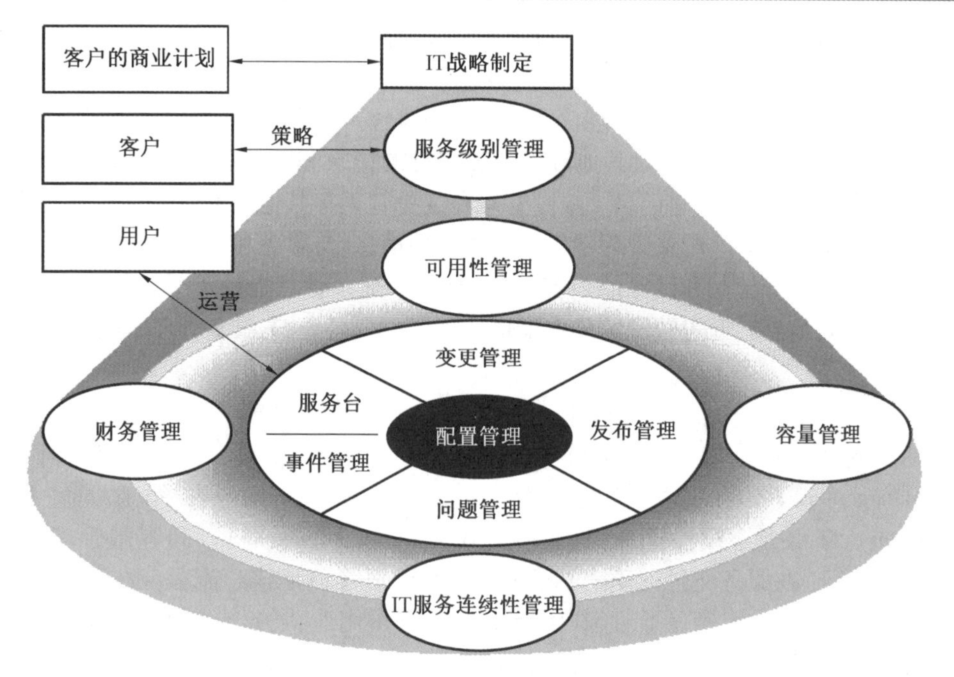

图 1-4　服务支持、服务交付和服务战略

一般的服务提供商,如一个专门提供银行服务解决方案的公司,它的用户可以是所有使用银行服务软件的银行员工,而它的客户就是银行本身,如中国银行和招商银行等。

了解“用户”和“客户”之间的区别后, 我们就能更好地理解服务支持、服务交付和服务战略的层次关系。

(1)服务支持。

服务支持部分是图 1-4 中内椭圆包括的所有流程,主要有故障(事件)管理(Incident Management)、问题管理(Problem Management)、变更管理(Change Management)、发布管理(Release Management)和配置管理(Configuration Management)等。并且在服务支持部分包括一个职能模块,即服务台(Service Desk)。服务台人员作为最终用户的唯一联系人(Single Point of Contact, SPOC), 要确保及时地响应用户的请求,并把服务请求或故障进行分类。

如果不能在服务台内部解决,要把服务请求或故障升级给相关的部门去解决。最后,服务台的工作人员要把用户的服务请求或故障的最终解决状态及时、准确地告诉用户。在服务支持范畴的所有操作流程中,配置管理流程是核心流程。因为配置管理记录了所有其他流程的变化信息,这些信息提供了对其他流程历史信息的记录和跟踪。例如,配置管理是通过配置管理数据库来体现的,它记录了故障管理和变更管理等其他流程管理的过程记录文档,并提供文档的版本控制。配置管理不仅仅记录文档信息,与服务相关的硬件、软件和人力资源信息也是配置管理记录和跟踪的内容,所以有效的配置管理提供了对其他流程管理进行过程控制的必要信息。配置管理的成熟度也体现了一个企业 IT 服务管理的成熟度。

(2)服务交付。

服务交付部分是图 1-4 中外椭圆上所对应的所有流程,主要有服务级别管理(Service Level Management)、可用性管理(Availability Management)、财务管理(Financial Management)、IT 服务连续性管理(IT Service Continuity Management)和容量管理(Capacity Management)等。在服务交付的所有流程中,服务级别管理是核心流程。在服务级别管理中,服务级别协议的内容涵盖了对客户所承诺的服务可用性、服务连续性和服务安全性等相应的度量指标。负责服务级别管理的服务交付经理(Service Delivery Manager)是客户的唯一联系人,直接对客户的服务交付质量负责。

(3)服务战略。

服务战略部分是指 IT 的服务战略。IT 服务提供商所提供的服务战略要和客户的商业战略目标相一致,也就是说,确保客户在使用 IT 服务的同时,能够为客户创造相应的商业价值及收益。

通过以上分析,可以看到服务支持、服务交付和服务战略三者在服务管理层面上是逐层上升的关系。服务的提供商在进行日常的服务运营时,首先要确保能够遵循“服务支持”所对应的流程标准规范;然后要根据客户所要求的服务级别来确保“服务交付”的质量;最后,要明确 IT 服务战略是为了客户的业务战略服务的。要想成为一个受客户青睐的 IT 服务供应商或合作伙伴,你所能提供的 IT 服务一定要满足客户的业务战略需要,最终成为客户的战略合作伙伴。

1.3.2　ITIL V2 和 ITIL V3 的联系与区别

ITIL 从 V3 版本以后就在强化 ITIL 对企业服务战略规划的指导意义,基于服务全生命周期的价值交付。图1-5 和图1-6 很形象地表明 ITIL 两个近期版本 V2 和 V3 的联系与区别。

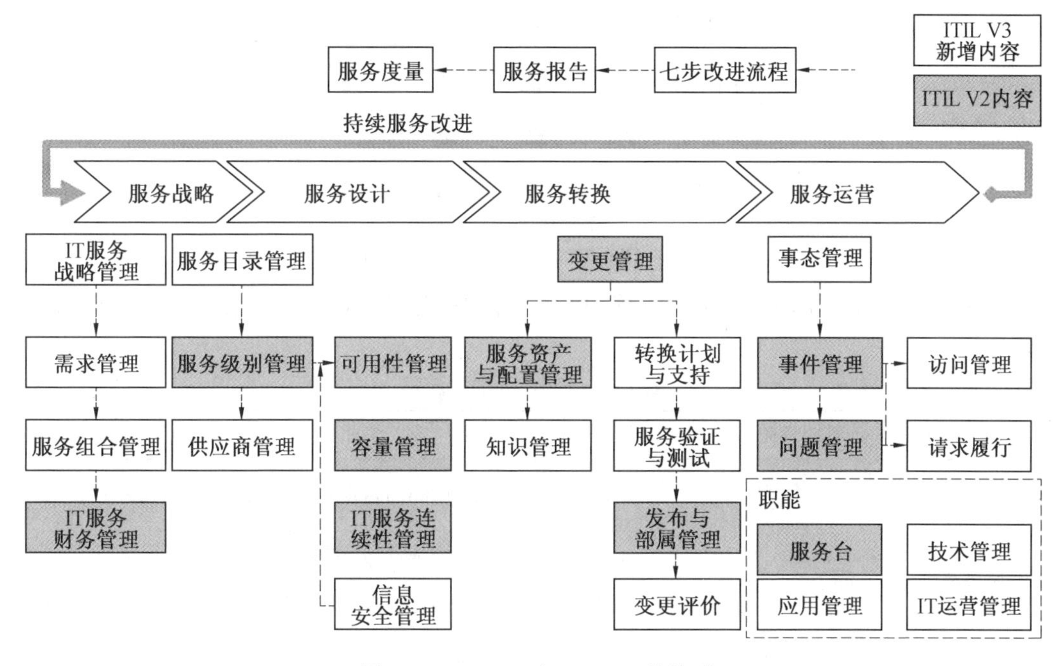

图1-5　ITIL V2 和 ITIL V3 的关系

图1-5 中框图为灰色的部分是 ITIL V2 的流程,所有白色的部分都是 ITIL V3 新增加的流程和职能。

通过图1-5 和图1-6 的内容比较可以看出,ITIL V3 对 ITIL V2 的很多内容进行了更新和改良,并且 ITIL V3 比 ITIL V2 关注更多的是对服务战略的深入阐述、服务战略与商业价值的关系、服务全生命周期的管理和持续服务改进。

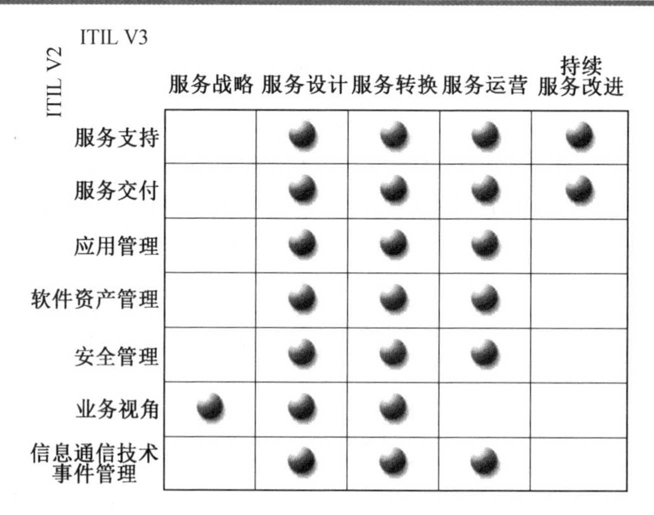

图 1-6　ITIL V2 和 ITIL V3 的区别比较

表 1-2 列举了 ITIL V3 的主要流程，共 26 个流程，分别打散在如下服务全生命周期的五个阶段中。

表 1-2　ITIL V3 主要流程

服务生命周期的阶段	流　　程
服务战略（Service Strategy）	IT 服务财务管理(Financial Management for IT Service)
	需求管理(Demand Management)
	服务组合管理(Service Portofolio Management)
	IT 服务战略管理(Strategy Management for IT Service)

续表 1-2

服务生命周期的阶段	流　　程
服务设计（Service Design）	服务级别管理(Service Level Management)
	服务目录管理(Service Catalogue Management)
	可用性管理(Availability Management)
	容量管理(Capacity Management)
	IT 服务连续性管理(IT Service Continuty Management)
	信息安全管理(Information Security Management)
	供应商管理(Supplier Management)
服务转换（Service Transition）	变更管理(Change Management)
	服务资产和配置管理(Service Asset and Configuration Management)
	知识管理(Knowledge Management)
	转换计划与支持(Transition Planning & Support)
	服务验证与测试(Service Validation & Testing)
	发布与部署管理(Release & Deployment Management)
	变更评价(Change Evaluation)
服务运营（Service Operation）	事态管理(Event Management)
	故障(事件)管理(Incident Management)
	请求履行(Request Fulfillment)
	问题管理(Problem Management)
	访问管理(Access Management)
持续服务改进（Continual Service Improvement）	服务报告(Service Reporting)
	服务度量(Service Measurement)
	七步改进流程(The 7-Step Improvement)

其实在 ITIL V3 中,每个流程都是有生命周期的,例如 IT 服务财务管理是从服务战略层面一直到服务运营层面的,这就是 IT 服务财务管理在整个服务管理中的生命周期。举例说明,IT 服务财务管理就是如何把 CFO 的战略思想和战略规划最终落实到企业每个服务运维人员甚至是财务人员的日常操作及流程的遵守上,从而建立服务战略和服务运营之间的关联机制,以达到 IT 服务提供商的整体和良性的发展。

ITIL 的 V3 版相对于 V2 版,除了流程个数从 10 个增加到 26 个之外,职能也从原先只有一个服务台职能扩展为 4 个职能。具体的职能有服务台、技术管理、应用管理和 IT 运营管理。举例说明,如果一个组织的服务器运维管理员也到机房去换盘或去换磁带,那么在这个组织中技术管理和 IT 运营管理这两个职能很有可能是不分的,因为服务器运维管理员日常是通过命令行操作来维护机器的,他在 ITIL 中属于技术管理的岗位。到机房去换盘或去换磁带属于硬件工程师的工作范畴,该岗位在 ITIL 中属于 IT 运营管理职能。技术管理和 IT 运营管理有区分的好处是,可以把技术管理或远程运维管理的工作外包给发展中国家或工资成本相对较低的区域,把外包不出去的工作尽量标准化,通过规范的运维操作手册来执行,并且找本地成本较低的人员来具体从事此类工作。ITIL 4 把技术管理和 IT 运营管理统一纳入技术管理实践,以下是针对 ITIL V3、2011 版和 ITIL 4 的比较说明。

1.3.3　从 ITIL V3、ITIL 2011 版到 ITIL 4

ITIL 的 2011 版和 V3 版的整体框架结构是一致的,它们都是针对 IT 服务全生命周期的管理。ITIL 2011 版相对于 ITIL V3 版增加的主要流程有“业务关系管理”和“设计协调”两个流程,并且更加强调 IT 服务战略管理对组织的重要性。表 1-3 列举了两个新增流程所处服务全生命周期的阶段。

表 1-3　ITIL 2011 版相对 ITIL V3 版增加的主要流程

服务生命周期的阶段名称	流程
服务战略 (Service Strategy)	业务关系管理(Business Relationship Management)
服务设计 (Service Design)	设计协调(Design Coordination)

除此之外,ITIL 2011 版不再把在服务全生命周期中的持续服务改进阶段的“服务报告”

和“服务度量”当作流程来定义，因为它们没有流程的基本特性，如标准的输入输出、特定的响应及触发机制、关键成功因素和关键绩效指标等元素。服务报告和服务度量作为服务管理的要点会在服务全生命周期中的每个流程本身来具体体现。因为流程本身的一个属性就是可度量。每个流程应该设计出适合自身的度量指标和流程绩效评估报告。

图 1-7 为 ITIL 2011 版的整体框架图，也是 ITIL 2011 版的全景图，如果你目前只是一个软件或系统开发人员，你的日常工作内容在 ITIL 框架里就体现在服务转换阶段下的“转换计划与支持”“发布与部署管理”“服务验证与测试”三个流程里面。一些开发人员不太了解 ITIL 理论是很正常的事情，因为指导开发人员的更多理论内容应该去看 CMM、CMMI 和敏捷开发。另外，图 1-7 也可以用来指导你的职业规划。如果你只是日常处理运维故障或问题的维护人员，建议最好也从事一些变更和发布的工作，可以实现自我的职场进阶，日后成为你所在组织的变更经理或发布经理，这样你就逐步具有一定的风险和问题管控意识了。如果变更和发布的管理工作已经驾轻就熟了，你可以考虑做服务经理或客户经理，重点管理几个大客户现有服务和新增需求的项目管理工作，之后你就可以考虑做高级经理或 CIO 了。

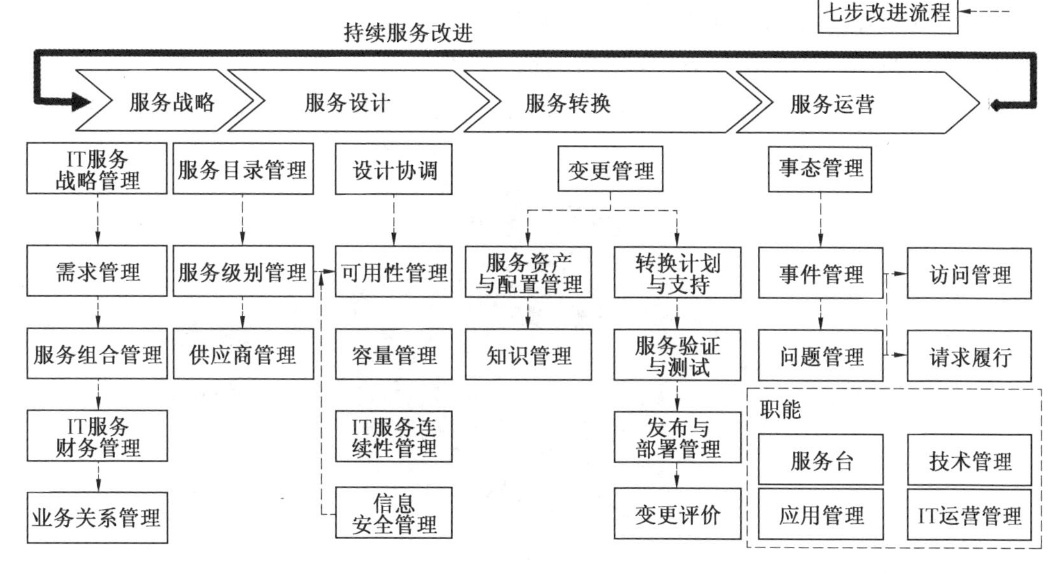

图 1-7　ITIL 2011 版框架概览

通过以上介绍不难看出 ITIL 2011 版的整体框架图对个人未来的职业发展方向的指引也是非常有好处的。

时代需要与时俱进,2019 年,ITIL 4 版应运而生。ITIL 4 版深度兼容了精益、敏捷开发和 DevOps 开发运维一体化的理念,考虑在云计算和大数据环境下如何做好高效的服务管理。关于精益和敏捷实践请参考笔者《PMP 项目管理方法论与敏捷实践》一书,关于 DevOps 的理念可以参考本书第 9 章的相关内容。

1.3.4 ITIL 4 的框架介绍

当今社会正处在一个数字化转型的时代,而数字化转型又被称为“第 4 次工业革命”,ITIL 4 中的“4”就是指第 4 次工业革命。ITIL 的英国原厂商 AXELOS 公司决心要把 ITIL 4 做成数字化时代的服务管理指南。当今的 IT 已经不仅仅为业务服务,还要驱动业务战略的发展,真正把 IT 服务管理变成组织的战略资产,即从战略层面确保企业成功。

ITIL 4 刷新了我们对 ITIL 只是服务管理最佳实践的固有认知,最新版的 ITIL 4 更加推崇以精益(Lean)思想为代表的价值交付。我们可以从最新版所提出的“服务价值系统”(Service Value System)谈起,服务价值系统简称 SVS。

图 1-8 是 ITIL 4 关于服务价值系统(SVS)的框架图,我们可以将此框架图作为 ITIL 4 的框架结构图。

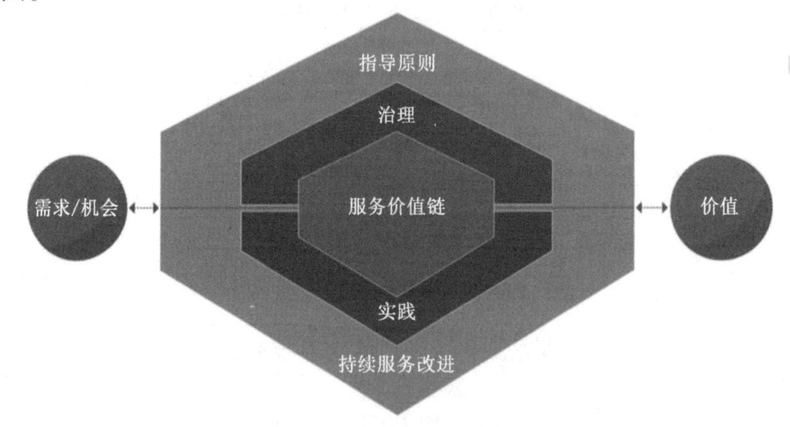

图 1-8　ITIL 4 及服务价值系统框架

服务价值系统的概念与 ITIL 2011 版所提出的服务模型(Service Model)的思想类似,即整合所有的最佳实践、方法论和资产(包括客户和服务提供商的资产),最终为客户创造价值。SVS 就是力求把这种价值创造的能力生态化和系统化。我们可以把 SVS 理解为支持服务交付的框架图,也是 ITIL 4 的整体框架结构。

SVS 框架图的输入是任何市场机会或客户需求。相对于 ITIL 以前的版本,ITIL 4 把客户的角色重新以服务消费者的身份进行定义。服务消费者由三种角色共同组成,即用户(User)、客户(Customer)和资金赞助者/发起人(服务资金的提供方,即 Sponsor)。用户负责提出具体的使用需求,客户负责设置需求的验收标准和度量价值是否实现,资金赞助者/发起人负责提供必要的经费。我们可以把资金赞助者/发起人看作服务消费者所属公司的财务部门或 CFO 角色。SVS 的输出是价值,因为服务管理的根本目的就是交付服务消费者所需的价值。SVS 的框架结构可以从整体上保证这种价值的交付成为可能,所以我们可以把 SVS 看作一种价值交付的能力模型。该模型提供了海纳百川、兼收并蓄的可能,比如它刻意保留了 ITIL 之前版本的绝大多数流程实践(诸如事件管理、问题管理等 18 个关键流程),也涵盖敏捷和 DevOps 的价值交付实践、国际项目管理标准、基于 COBIT 的 IT 治理框架,以及基于精益思想的持续改进方法等内容。

SVS 的框架图提到指导原则(Guiding Principles)、治理(Governance)和服务价值链(Service Value Chain)等诸多概念。指导原则是宏观的,不以 IT 运行组织的战略或目标的改变而改变。ITIL 的指导原则为组织制定好的决策提供依据。治理是关联到审计的,其作用是指导 IT 运行组织的日常作业规范。服务价值链可以作为组织的运营模型(Operating Model),所谓模型在 ITIL 的概念中视为为创造价值而做的典型的活动或步骤的集合,与精益价值流和价值流映射的内容相关。下面对 ITIL 4 的原则、治理和服务价值链做更进一步的详细论述。

典型的指导原则如下:

1. 关注价值

以价值共创的态度去交付服务,服务的交付不仅仅是服务提供商的事,而是所有利益相关方协作共创的结果。ITIL 4 更加强调客户或用户接受或使用服务的整个过程的体验,这

种体验被称为客户旅程。客户旅程是从最初的买卖服务双方的彼此接洽到招投标运作，再到服务的提供和交互直到服务退役的全过程。在这个过程中，服务提供商需要应用 ITIL 4 所推崇的运营模型和创新实践来最大化客户价值和利益诉求。同时也鼓励客户针对具体的服务提供持续的反馈，提供可能有助于价值共创的服务改进机会。

2. 从你所在的地方开始

基于精益思想的锻造，ITIL 打造出属于自己知识产权的持续改进框架，关于持续改进方法的框架图详见本书 7.2.1 小节。服务提供商可以基于持续改进框架，立足于当下服务现状，充分考虑服务消费者的需求期望，寻求客户旅程或用户体验的改善机会。

3. 有反馈的迭代式进展

与敏捷开发中的短迭代思想不谋而合，服务提供商需要通过必要的持续交付和客户旅程的不断探索来寻求更多的价值创造的时机。对客户和用户的诉求进行持续的评估，以可度量的方式获得客户旅程的体验反馈，针对客户或用户所提改进建议的后续响应动作也应该对用户进行透明的更新。

4. 协作并促进可见性

建立服务提供商、合作伙伴和客户的多方协作关系。秉承因为彼此看见所以合作简单的原则，也就是“因为看见所以简单”。例如，当服务无法按预期运行时，或者当客户所属的用户不知道如何使用服务时，可以通过安全、便捷和可视的手段快速申报故障（事件），在整个故障（事件）管理的全生命周期内提升客户或用户的旅程体验。另外，除了协作文化的建立，服务提供商内部还可以通过建立多样化的团队（Diversity Team）和不指责（No-blame）的文化来进一步激发团队内部的创新能力，营造彼此尊重、平等分享的文化氛围。

5. 整体地思考和工作

整体地思考和工作原则也属于精益的原则之一，不谋全局者不足以谋一域。服务提供商需要有更多的战略思维能力，从消费者所面临的业务战略切身利益出发，通过全局思维有效地理解客户真实的需要，与客户建立彼此信任和紧密的合作关系，最终成为客户所不可或缺的战略合作伙伴。

6. 保持简单和实用

保持简单和实用符合敏捷的简单设计和时下流行的设计思维的主旋律，服务提供商应该采取以用户为中心的设计思维，通过用户画像、思维导图和低保真界面原型的形式提供简单设计。这种简单设计是相对于我们通常所熟知的基于用户建模语言来说的，即尽量不要应用所谓的架构概览图、组件关系图和时序图进行复杂的设计。另外，基于消费者提出的设计改进事宜，服务提供者需要以认真的态度，公正和透明地对待这些提议。

7. 优化和自动化

持续的服务或产品的优化是一个永恒的主题。优化的动作不仅仅局限在提供给用户的业务服务流程的改良，还包括提供服务的软件自身的自动化测试、持续部署、自动化运维等诸多方面。关于软件自动化技术部分的详细内容，可以参阅本书第 9 章开发运维一体化 DevOps 的相关内容。

以上指导原则是 ITIL 用来指导做事的大政方针，这些方针与精益思想和敏捷宣言不谋而合。比如整体地思考和工作的原则符合精益思想，强调关注端到端的服务交付，考虑组织整体的合规性，而不是只考虑局部的利益最大化。

下面讲一下治理。治理这个字眼对我们来说并不陌生，尤其是每年都会经历内审和外审的企业或组织。如果贵公司或集团已经通过了 IT 服务管理标准即 ISO20000，那么你就可以把 ISO20000 看作一种基于 IT 服务管理的治理体系，需要每 3 年重新审计是否通过。审计人员会通过不断评估被评组织的当前情况，监控过程记录，并提出改进或整改建议，这些都是治理的标准动作。

SVS 中另一个重要概念就是服务价值链，该价值链共包括六个典型的价值活动，它们共同支撑具体的业务价值创造。这六个价值活动分别是计划（Plan）、改进（Improve）、参与/联络/接洽（Engage）、设计与转换（Design & Transition）、获取或构建（Obtain/Build）和交付与支持（Deliver & Support）。服务价值链的活动步骤如图 1-9 所示。

计划（Plan）的目的在于确保对组织内所有产品和服务的愿景、当前状态和改进方向达成共识。获取或构建（Obtain/Build）的目的在于确保服务组件在所需时间和地点可用，且符

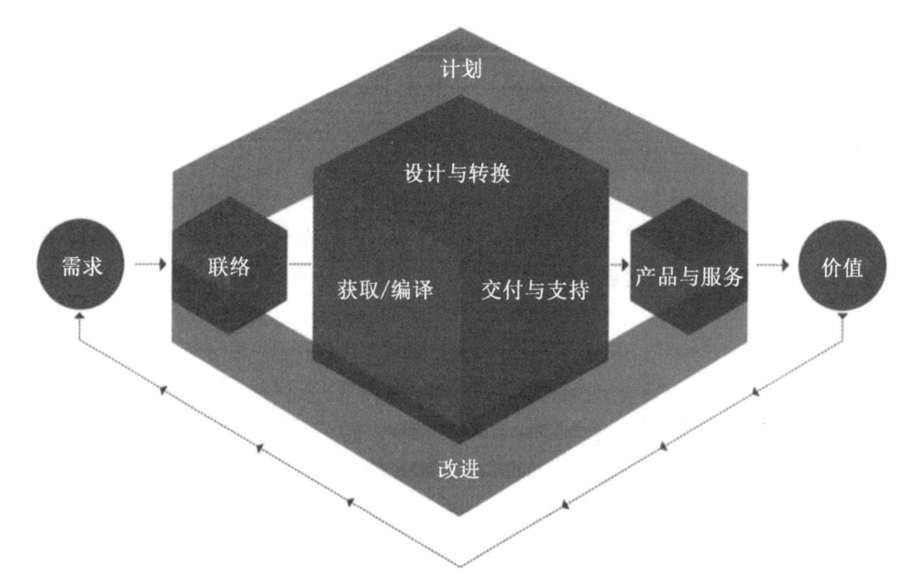

图 1-9　服务价值链流程图

合约定规范。参与/联络/接洽(Engage)的目的在于帮助理解利益相关方的诉求,并增加需求管理的透明度,以及与所有利益相关方建立良好关系。设计与转换(Design & Transition)的目的是确保产品和服务持续满足相关方对其质量、成本和投入市场时间的期望。交付与支持(Delivery & Support)的目的是确保服务在投产后持续满足相关方的期望和达成之前承诺的服务级别协议。改进(Improve)的目的在于确保在所有价值链活动中持续改进产品、服务和实践。

具体来讲,计划(Plan)可以从组织战略层面分享企业愿景和规划产品或服务的路线图,即什么时候该出哪个版本,并达到什么市场预期达成一致观点。改进(Improve)是用来拟定具体的改进事宜。参与/联络/接洽(Engage)促进相关方参与,参与的具体形式可以是服务改进项目的开踢会(Kick-off Meeting)或变更顾问委员会(CAB),关联 ITIL 的关系管理、供应商管理和变更实施等实践。设计与转换(Design & Transition)相当于针对服务改进提升项目的方案设计和落地实施的管控,方案设计的部分关联 ITIL 的服务设计实践内容,转换的部分类似于项目管理的内容。获取或构建(Obtain/Build)关联开发运维一体化体系 DevOps 的持续集成的内容,以及 ITIL 的验证与测试实践的内容,即确保待发布软件或产品的正确性。交

付与支持(Deliver & Support)则关联 DevOps 持续部署流水线和 ITIL 4 的发布管理。在把软件部署到生产环境后就需要关联 ITIL 关于故障(事件)管理服务级别管理等方面的内容。在 ITIL 4 中,部署的含义是把待发布的软件和文档移动到生产环境的指定区域,而发布是按照既定的发布计划,在某个时间点通过流量设置,把新部署的软件和文档对用户可用,即用户可视和具体使用。所以部署的关键字是“移动”,而发布的关键字是“可用”。另外,我们要确保已经投放到生产环境的产品或服务在运营层面的价值与最初在规划阶段所设置的战略愿景和价值预期相符。如果实际的执行与既定的愿景和价值预期有偏差,需要寻求必要的持续服务改进,即关联 ITIL 的持续改进实践。

我们可以认为服务价值链的活动步骤是 ITIL 所推崇的最终价值交付的核心实现方法。这些步骤不仅仅是一种理论的说教,其活生生地体现在 ITIL 具体的管理实践中。这些实践在以前的 ITIL 版本中称为流程和职能。ITIL 4 把这些流程和职能统称为实践,实践可以认为整合流程、职能、工具和资源来共同交付价值。简单来讲,实践是为执行工作或完成目标而设计的组织资源的集合。针对具体的管理实践进行详细剖析和举例,以大家都比较熟悉的故障(事件)管理实践为例,详见表 1–4。

表 1–4　针对故障(事件)管理实践的服务价值链

服务价值链的价值活动	是否属于服务价值链活动	对应角色	案例场景
机会或需求(Demand)	否	受故障影响的用户	办公室无线 WiFi 访问异常,需要尽快恢复使用
参与/联络/接洽(Engage)	是	服务台	服务台收到来自用户的故障申报,并按照既定服务级别协议(SLA)设定故障优先级,并生成故障(事件)单

续表 1-4

服务价值链的价值活动	是否属于服务价值链活动	对应角色	案例场景
交付与支持(Deliver & Support)	是	服务台	服务台按照既定的故障(事件)单转派时限要求,把此故障(事件)单及时转派给网络支持组
交付与支持(Deliver & Support)、改进(Improve)	是	网络支持组、配置管理员	网络支持组通过更换失效的无线接入点设备(AP)快速修复此故障,把此故障(事件)单的状态标记为“已解决”,并转回给服务台。由于此故障的修复操作属于标准变更的范畴,不需要经过变更顾问委员会(CAB)的审批,但是要经过网络支持组的组长或经理审批。新更换的 AP 已经由指定的配置管理员在资产配置库中进行序列号的更新。为预防这种故障再次发生的改进评审会在网络支持组内部及时召开

续表 1-4

服务价值链的价值活动	是否属于服务价值链活动	对应角色	案例场景
参与/联络/接洽(Engage)	是	服务台、受故障影响的用户	服务台收到此故障(事件)单的最新解决状态,主动联系受故障影响的用户,寻求用户针对故障是否恢复的最终确认。服务台在得到用户确认故障解决后,把故障(事件)单的状态标记为“已恢复”。故障(事件)单管理系统允许用户在 3 ~ 5 个工作日内把此故障(事件)单标记为“已关闭”,否则系统自动执行“已关闭”操作
价值(Value)确认	否	受故障影响的用户	故障被顺利解决,用户可以正常访问无线 WiFi
参与/联络/接洽(Engage)、改进(Improve)	是	服务台、服务台经理、WiFi 服务对应的服务经理	服务台收到来自受影响用户针对此故障(事件)单处理情况的满意度调查反馈。服务台经理和 WiFi 服务所对应的服务经理对指定的服务或处理流程进行评估,以寻求进一步的改进机会

服务价值链的活动步骤是对具体价值交付和管理实践落地的指引。服务价值链是创造服务价值的活动步骤的组合,与 ITIL 4 的不同管理实践的活动步骤不是一一对应的,但有一

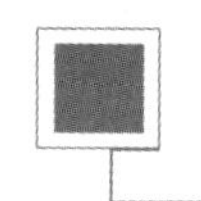

定的映射关系。基于精益价值流图的思想和服务价值链的典型步骤来寻求每个管理实践的增值部分,减少一切浪费和返工的可能,做到持续的过程改进。

ITIL 4 目前有 34 个管理实践,主要汇集了 ITIL 2011 版本的 18 个关键流程,把 ITIL 之前的职能进行重新定义,并归为实践框架之下。ITIL 4 把诸多实践归为三大类,即一般管理实践(General Management Practices,14 个)、服务管理实践(Service Management Practices,17 个)和技术管理实践(Technical Management Practices,3 个)。我们可以认为 ITIL 4 的管理实践基于服务价值链(SVC)的典型价值活动,以服务价值流的形式给服务消费者提供应有的价值。

一般管理实践(General Management Practices)的 14 个实践如下:

1. 架构管理(Architecture Management)
2. 持续改进(Continual Improvement)
3. 信息安全管理(Information Security Management)
4. 知识管理(Knowledge Management)
5. 度量和报告(Measurement and Reporting)
6. 组织变革管理(Organizational Change Management)
7. 组合管理(Portfolio Management)
8. 项目管理(Project Management)
9. 关系管理(Relationship Management)
10. 风险管理(Risk Management)
11. 服务财务管理(Service Financial Management)
12. 战略管理(Strategy Management)
13. 供应商管理(Supplier Management)
14. 人力和人才管理(Workforce and Talent Management)

服务管理实践(Service Management Practices)的 17 个实践如下:

1. 可用性管理(Availability Management)
2. 商业分析(Business Analysis)

3. 容量和性能管理(Capacity and Performance Management)
4. 变更实施(Change Enablement)
5. 事件管理(Incident Management)
6. IT 资产管理(IT Asset Management)
7. 监控和事态管理(Monitor and Event Management)
8. 问题管理(Problem Management)
9. 发布管理(Release Management)
10. 服务目录管理(Service Catalogue Management)
11. 服务配置管理(Service Configuration Management)
12. 服务连续性管理(Service Continuity Management)
13. 服务设计(Service Design)
14. 服务台(Service Desk)
15. 服务级别管理(Service Level Management)
16. 服务请求管理(Service Request Management)
17. 服务验证与测试(Service Validation & Test)

技术管理实践(Technical Management Practices)的 3 个实践如下:

1. 部署管理(Deployment Management)
2. 基础架构和平台管理(Infrastructure & Platform Management)
3. 软件开发和管理(Software Development & Management)

实践相对于流程有更加广泛的意义。实践中需要整合现有组织及其供应商和合作伙伴的资源和技术,依照服务价值链(SVC)的典型价值活动,遵循服务价值系统的框架结构和 ITIL 4 指导原则,成功实现具体实践的自身交付能力。

图 1-10 为 ITIL 4 所有 34 个实践在服务的全生命周期中的框架结构图。在框架图中,一般管理实践被标注为浅灰色,服务管理实践被标注为底色为白色的实线框,技术管理实践被虚线边框标注在此框架图的右下角的区域。

针对一般管理实践,如商业分析、项目管理和风险管理等内容,请参考笔者的另一本书《PMP 项目管理方法论与敏捷实践》。本书更多的还是介绍关于知识管理、信息安全管理、关系管理、供应商管理和持续改进等相关内容。

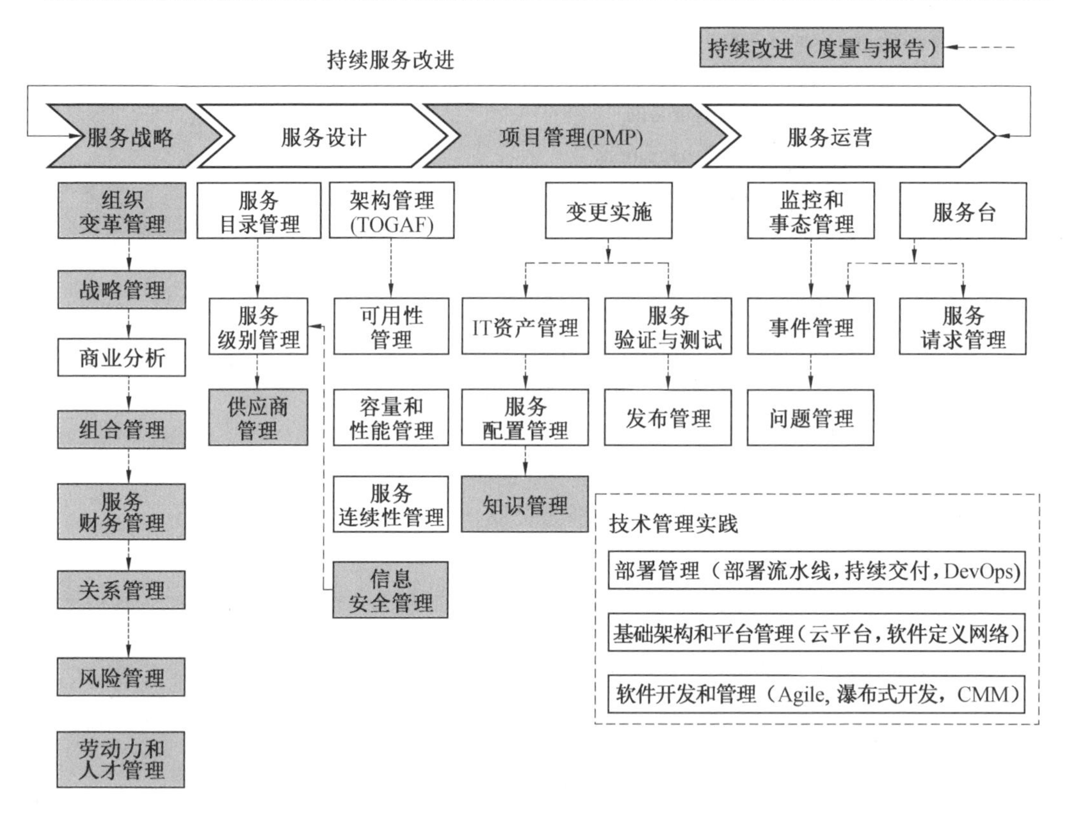

图 1-10　ITIL 4 实践框架图

针对服务管理实践，关联日常在 IT 服务管理中经常使用的流程和职能。比如目前很多组织都提供 400 或 800 服务台，并且已经在企业内部应用了 ITIL 的常规流程，如监控和事态管理、事件管理、服务请求管理、问题管理和发布管理等。这里需要注意的是，ITIL 4 把原先版本的发布与部署管理流程进行了拆分，把发布管理作为服务管理实践，把部署管理作为技术管理实践。部署管理的主要目的是实现快速地移动新的或变更的软件或技术组件进入生产环境。因此部署管理的实践完全可以参照开发运维一体化的理念 DevOps 的方式去落地，关于 DevOps 的更多介绍，请参考本书第 9 章的相关内容。

针对技术管理实践，包括之前提到的部署管理，更多地要借用目前比较流行的开发运维一体化（DevOps）和持续交付（Continuous Delivery）的实践。除了部署管理，还有基础架构和

云平台管理以及软件开发管理。云平台管理与云计算关联密切，而软件开发管理自然兼容传统的基于软件开发成熟度模型（CMM）理论体系、瀑布式开发模型，遵循敏捷联盟价值观的敏捷开发方法论等内容。关于云平台和云服务的知识，请参考本书第8章的相关内容。关于软件或IT基础架构的设计及管理，以及更多的DevOps实践的案例介绍，请参考笔者的另一本书《ITIL与DevOps服务管理案例实践》一书；关于更多的敏捷开发方法论的介绍，请参考笔者的《PMP项目管理方法论与敏捷实践》一书。本书针对技术管理的介绍内容主要集中在8.7节云计算和第9章DevOps部分。我们可以基本认为DevOps就是ITIL所说的部署管理的最佳实践。

由于很多读者对ITIL 2011版的理论和框架比较熟悉，而对ITIL 4的框架比较陌生，所以，本书通过表格对比来区分ITIL 2011的核心流程与ITIL 4的关键实践。表1-5就是对ITIL 2011与ITIL 4进行的全面比较。

表1-5　ITIL两大版本比较

	ITIL 2011版	ITIL 4
推出时间	2011年8月	2019年2月（官方书籍出版时间）
体系的定位	IT服务管理	数字时代的服务管理（什么服务都可以管）
体系的主要驱动方式	流程驱动	价值驱动
体系的核心架构	持续服务改进 服务转换 服务战略 服务设计 服务运营 ITIL 2011版的服务生命周期	指导原则 治理 需求/机会 服务价值链 价值 实践 持续服务改进 ITIL 4的服务价值系统

续表 1-5

	ITIL 2011 版	ITIL 4
体系包含的官方资料	五本书： 《服务战略》 《服务设计》 《服务转换》 《服务运营》 《持续服务改进》	●一本基础级别的书：*ITIL 4 Foundation* ●五本 ITIL 4 中级书：《创造、交付和支持》(CDS)，《驱动利益相关方的价值》(DSV)，《高速率 IT》(HVIT)，《指导、计划和改进》(DPI)，《数字化与 IT 战略》(DITS) ●34 个实践，每个实践都有独立的解读文章和参考文献
认证路线图	ITIL 大师 ITIL 专家 获得最少22个学分 5 全生命周期管理 6 15 Credits 16 Credits 3 SS 3 SD 3 ST 3 SO 3 CSI 4 OSA 4 PPO 4 RCV 4 SOA Lifecycle Modules Capability Modules 2学分 2 ITIL V3 基础认证考试 2	ITIL 大师 ITIL 管理专家(MP) ITIL 战略领导者(SL) ITIL 创建交付与支持 ITIL 驱动相关方价值 ITIL 高效率 IT ITIL 指导计划与改进 ITIL 指导计划与改进 ITIL 领导者数字和IT战略 ITIL 4基础认证考试 ITIL 4基础认证考试
给 IT 部门在组织中的定位	为业务服务(IT 是辅助部门)	驱动业务的发展(IT 是核心业务部门)
体系的管理思路	比较传统，基本沿用了“瀑布模型”的方法	比较前卫，融入了很多精益、敏捷和 DevOps 的思想
落地实施的核心思路	26 个流程+4 项职能	价值流+34 个实践

总之,ITIL 4 除了把之前的 ITIL 2011 版的流程纳入其实践的范畴,还把 DevOps 和敏捷纳入 ITIL 的实践中。ITIL 4 提出其框架体系服务价值系统(SVS),并应用服务价值链(SVC)的运营模型,借助 34 个实践,以价值流的形式为服务消费者交付价值。如果服务消费者的业务场景更多的是属于需要以敏捷开发的形式快速响应和交付产品增量给到市场的价值诉求,那么服务消费者可以采取敏捷开发和开发运维一体化(DevOps)的实践来形成高效的价值流。如果服务消费者更多的是通过服务台受理用户的服务请求或故障(事件)申报,可以应用服务台、服务请求管理、故障(事件)管理、问题管理和变更实施等实践为基础来打造必要的价值流。如果服务消费者更关注数据中心的日常管理实践,可以以服务目录管理、服务级别管理、可用性管理、容量和性能管理、服务连续性管理和持续改进等实践来规划云计算数据中心应有的价值流体系。ITIL 4 特意把 7 个实践称为核心实践,它们包括持续改进、变更实施、事件管理、问题管理、服务台、服务级别管理和服务请求管理。也就是说,以上 7 个实践对绝大多数企业都适用。

因此,我们可以把 ITIL 4 作为一个服务管理最佳实践的框架,成为未来企业或组织面对数字化转型挑战的全面和一体化的解决方案。

1.3.5　ITIL 实践体系的现实意义

不管是 ITIL 的第 2 版、第 3 版、2011 版还是 ITIL 4 版,我们要考虑的是 ITIL 到底能给客户的 IT 服务和商业战略带来什么好处。其实,ITIL 作为 IT 服务管理的解决方案,就一定要与客户的具体业务需求密切结合,并把 IT 从单一的技术理念扩展为多元的服务文化。

ITIL 给企业 IT 服务管理所带来的主要好处如下:

1. 增加用户和客户对 IT 服务的满意度(Increased User and Customer Satisfaction with IT Services)

因为 ITIL 通过制定有效的服务监控和服务质量度量指标,并通过可视化和标准化的服务管理的实践有效保证客户的 IT 服务质量,使服务达到或超过用户和客户的期望值,因此可以增加用户和客户对 IT 服务的满意度。

2. 提高运营的效率(Improved Operational Efficiency)

ITIL 强调一切按流程做事,并且流程可以固化到一些自动化的 IT 服务管理的工具中来指导服务运营。在遵循既有流程并不断改进和提高流程效率的过程中,企业自身的运营效率也在持续地提高。

3. 降低变更的风险(Reduced Risk from Change)

对风险管理的定义和认同,ITIL 的服务管理和 PMP 的项目管理是一致的。ITIL 不仅强调服务风险的识别、跟踪和控制,更强调通过服务的度量和可视化管理来有效降低服务风险发生的概率和影响程度。

4. 加速问题的解决时间(Faster Problem Resolution Times)

ITIL 制定了标准的服务管理和运营流程,并规定了流程之间的有效衔接办法。凡事都有章可循,发生任何问题都会在第一时间找到最适合的人员或组织来处理,提高了问题解决的效率和问题及时解决率。

5. 降低 IT 服务的成本(Lower Cost of IT Services)

一般在项目管理或 IT 服务管理中都会强调两个成本:一个是一致性成本,另一个是非一致性成本。一致性成本就是企业研发产品服务、测试并交付运营的成本。非一致性成本是企业的产品或服务在投放到市场后由于质量问题而导致的退货、返工和罚金给企业造成的损失。PMP 项目管理或 ITIL 服务管理都强调在有限地提高一致性成本的基础上来大量降低可交付产品或最终 IT 服务的非一致性成本,从而降低企业或 IT 服务提供商整体的 IT 服务运营成本。

6. 提高 IT 与业务的横向联系(Better Alignment between IT and the Business)

ITIL 的最新版本更加强调 IT 的服务和企业的商业价值之间的关系,打破 IT 和业务的壁垒,IT 的服务就是为了满足企业的商业战略并为企业创造价值的。ITIL 通过其标准 SVS 框架和最佳实践使商业价值的实现成为可能,并确保企业数字化转型的成功。

1.4　论数字化时代考取认证的必要性

2010年,全球手机的出货量首次大于计算机的出货量,这标志着移动互联网时代已经到来。微软公司作为IT领域的先行者,其以前的愿景是“让世界上每个人的桌面上都有一台计算机”,而现在的愿景则是为其所服务的客户进行成功的数字化转型。

伴随着大数据、云计算、容器编排、移动互联网、物联网以及人工智能等技术的突飞猛进发展,企业快步进入数字化时代已经不再遥不可及。我国也在大力推进以信息化和工业化为基础的两化融合,未来将实现移动互联网和物联网的全面融合和彻底打通。在这个大时代背景下,IT从业者被赋予了全新的使命,我们不难直接和客观地感受到当下乃至未来IT所需采集和管理的数据和技术组件是海量的,面临的管理环境是复杂的。这种环境的复杂性具体表现在诸多方面,比如数据采集方式和监控方式的多样化,云计算为基础的全新自动化运维的诉求,以及基于AI人工智能决策的数字化战略的制定等。

时不我待,IT从业者需要积极勇敢地面对时代的呼唤,并快速适应这种技能转型诉求。为了帮助当下IT人士快速实现转型的平滑过渡,很多国际权威认证机构适时推出了相应的认证体系。这些认证所涵盖的内容真实反映了时下所需,比如EXIN(荷兰信息科学考试院)推出了支持数字化转型顶端设计的VeriSM体系认证,PeopleCert(一家总部在希腊的公司)独家代理的数字化时代的服务管理体系ITIL 4认证(4即代表第四次工业革命)。ITIL 4框架体系中又包括很多管理和技术实践,如架构管理和敏捷实践等。针对架构管理实践,开放群组(The OpenGroup)推出TOGAF 9.2企业架构认证。针对敏捷实践,美国项目管理协会(PMI)推出敏捷项目管理ACP认证,EXIN也推出敏捷教练(Agile Scrum Master)和业务敏捷等认证。美国信息系统审计与控制协会(ISACA)也适时推出面对全新服务管理体系的治理架构COBIT 2019的认证,确保从IT治理层面为数字化转型保驾护航。

当然,企业的数字化转型也需要很多底层技术组件的支撑,企业的数字化转型具体表现在与竞争对手采用不同的工具或方法去实现组织战略和市场的竞争优势。具体的工具或方法可以是基于大数据采集和AI人工智能的决策分析工具,以及应用云计算基础设施的自动化运维管理工具等。相关国际化工具厂商也会推出相应的认证,比如针对国际流行的容器编排工具Kubernetes的管理员认证,该管理员认证简称CKA,对时下容器技术人才的筛选起到去伪存真的作用。另外, Pearson VUE国际认证考试中心提供具有国际认可的大数据数

据分析师证书,给很多客户和企业甄别大数据人才提供了官方参考依据。国际的云计算厂商如亚马逊和微软,国内如阿里、腾讯和华为等也推出丰富全面的云计算认证体系。这些国际或国内认证不仅有理论考试环节,还配有完备的实验操作内容。这些认证给需要 IT 转型的人员提供了明确的学习和努力方向,他们可以以最小的代价、最快速和正确的方式适应这个数字化时代。

总之,数字化时代对 IT 从业者提出了全新的技术和管理要求,对 ITIL 4、VeriSM、COBIT、TOGAF、云计算、容器、大数据和人工智能等相关知识的掌握从一个可选项到内在所必需。通过国际认证的洗礼,IT 人员将以更加职业化的方式适应未来市场的需要。可以说,具备国际或国内权威认证的个人必然是适应数字化时代的先行者,具备国际或国内权威认证的企业也必然是值得客户信赖的合作伙伴。关于 ITIL 4 和 DevOps 的认证介绍和考试样题,详见本书第 10 章和第 11 章的相关内容。

1.5 从 ITIL 4 落地故事品企业数字化转型

1.5.1 ITIL 4 故事发生的案例公司

A 市政建筑公司(以下简称 A 公司)的主要职责是负责该市政府投资建设工程项目的资金管理、项目前期审批、招投标管理、预决算和投资控制管理等。其所涉及的工程领域主要包括学校、医院、口岸、展览馆、科学馆等公共设施工程。

1. 公司主要部门

(1)统筹综合部。

负责年度投资计划的编制;负责政府工程统计数据收集填报、统计分析;负责财务管理、会计核算、工程款支付审核;负责部门预算管理及内部审计工作。

(2)采购合约部。

负责统筹工程建设项目的招标、合约管理工作;负责合同管理和承包商(分包商)管理;负责参建单位及人员不良行为记录和投标企业资信管理;负责统筹工程预算、概算、结算、决算等工程造价管理工作。

(3)工程督查部。

负责统筹工程建设项目质量安全文明施工及治污保洁管理工作;负责统筹在建项目的开工管理和验收管理;负责履约评价管理;负责新工艺推广应用;负责统筹制定技术标准、技术指引、监督重大项目工程技术方案审核工作;负责对施工过程中重大技术问题进行指导、组织攻关;负责建筑工业化、绿色建筑、海绵城市、地下管廊、建筑废弃物相关工作;负责组织工程后评估报告评审。

(4)工程管理部。

负责政府投资建设工程项目的具体组织实施工作。

(5)信息技术部。

负责统筹公司信息化、科技推广和创新发展工作;负责拟定信息化年度发展规划、年度计划和相关标准规范并组织实施;负责新技术推广应用;负责统筹运维管理等工作。

1.5.2　ITIL 4 关键促进角色

1. ITIL GURU

ITIL GURU 即信息技术部负责人,负责指导对信息技术的利用来支持公司的目标,具备技术和业务过程两方面的对接。在企业数字化转型方面具备丰富经验,并且在 IT 服务管理和 ITIL 方面也有深厚的认识。

2. ITIL SME

ITIL SME 即信息技术部产品经理,负责分析各业务部门的业务需求和系统功能设计。对 A 公司工程管理业务非常了解,并具备非常强的沟通能力和供应商管理能力。

3. ITIL PRO

ITIL PRO 即信息技术部的技术骨干,性格活跃,思维敏捷,爱好研究 IT 行业的最前沿的技术和发展动态。负责信息技术部的技术架构管理、云平台、容器云和 DevOps 自动化流水线建设。

4. ITIL ENG

ITIL ENG 即信息技术部网络安全和运维负责人,做事比较细致和谨慎。

1.5.3 工作愿景

1. 公司层面

以推动高质量发展为主题,以满足人民日益增长的美好生活需要为根本目的,不断改革创新,创造一流、打造精品,加快实现政府工程的高质量发展。

2. 信息技术部

以业务为驱动,通过政府工程建管数字化转型,实现政府工程高质量发展。

1.5.4 信息技术部的服务

(1)信息系统的建设和应用推广,实现工程管理业务全生命周期线上办理和内部办公全自动化和移动化。

(2)信息系统的运行维护和网络安全保障。

1.5.5 价值

客户是评价产品或服务是否有价值的唯一评价人。下面介绍一下业务部门的关键诉求。

1. 统筹综合部

领导对编制出统计报表的时效性要求非常高,而且应对不同的场景所展示的指标和统计口径会变动,例如对上级单位汇报、兄弟单位交流、对外正式发布等场景。但是公司所有工程的数据分散在不同项目里,且有些是纸质的数据。收集填报和统计分析数据压力非常

大，常常因为时效性和统计不准确、不全面而影响了正常工作的进程。

2. 采购合约部

参与工程建设的承包商种类和数量比较多，包括建筑工程施工承包商、装饰工程承包商、电子与智能化工程承包商等。常年与 A 公司合作的供应商超过 100 家。供应商管理比较零散，供应商的以往绩效数据散落在不同的工程项目中，有的甚至缺失。没有统一的供应商信用或者评级数据，管理缺乏可视化。

合同数据、工程档案数据、工程造价数据等关键信息也是分布在各自工程项目中，且不同项目管理成熟度不一致，导致数据完整度和准确性不能得到保障。

3. 工程督查部

主要依赖工程监理或者第三方对工程的质量、安全问题进行线下抽查。因为 A 公司的工程项目多，抽查的结果不能及时和直观地进行展示，且发现的问题缺乏闭环处置流程。

新工艺工法散落，缺乏有效的手段进行推广和宣传。

各工程管理水平不一，工程相关文档和数据参差不齐，导致工程后评估工作缺乏有效的支撑。

4. 工程管理部

管理的工程项目投资数额巨大、建设程序复杂、建设周期长、社会影响范围广，而且同时进行的项目类型多且数量大。每个项目涉及的相关方复杂，包括但不限于项目法人、建设单位、施工单位、设计单位、监理单位、造价咨询、住建局、发改委、环保局、水务局、安监局、消防支队等行政职能部门。变更管理全过程相关制度分散和不完整。

5. 基于业务的诉求，信息技术部自我定位的价值

建立纵向贯穿规划、设计、施工、运维全生命周期，横向聚焦质量、安全、投资、进度管理的政府投资工程的数字化管理模式，实现工程建设管理能力精益化和现代化。

1.5.6 服务提供商(Service Provider)

信息技术部的供应商数量较多,有常年驻场提供信息系统咨询、监理、开发、硬件集成、运维和网络安全保障等服务。

1.5.7 服务消费者(Service Consumers)

1. 客户

各业务部门负责人及业务骨干定义各自部门的信息化要求,非常关心信息化能否提升部门管理成熟度、给部门带来的收益以及能否解决业务开展中的"痛点"。

2. 用户

各业务部门、工程项目负责人、工程承包商等系统用户定义系统的具体功能及性能需求,非常关心所使用的信息系统对业务开展带来的体验。

3. 出资人(发起人)

公司分管信息化副总确定信息化发展战略方向和年度预算,评估信息化工作整体绩效,非常关心信息化能否为公司带来战略优势以及信息化的投资收益情况。

1.5.8 服务交付物(Service Offerings)

信息技术部提供给各业务部门的交付物包括以下内容(表1-6)。

表 1-6　信息化交付物清单表

<table>
<tr><th>部门</th><th>产品</th><th>访问权限</th><th>服务活动</th></tr>
<tr><td>领导层</td><td>决策数据</td><td>驾驶舱、领导看板</td><td rowspan="5">系统持续升级、系统运行维护、数据挖掘、大数据服务、网络安全保障、系统培训推广、BIM 咨询</td></tr>
<tr><td>统筹综合部</td><td>与工程相关报表数据</td><td>报表中心、投资管理、协同管理、进度管理</td></tr>
<tr><td>采购合约部</td><td>承包商、合同等数据</td><td>承包商分类分级系统、招标及合同管理</td></tr>
<tr><td>工程督查部</td><td>工程质量安全、工地现场、督查督办等数据</td><td>质量安全系统、廉政管理、智慧工地系统、指挥调度系统、督察督办系统</td></tr>
<tr><td>工程管理部</td><td>工程管理相关数据、BIM 模型数据、工程文档等</td><td>工程管理平台、BIM 管理系统、档案管理系统</td></tr>
</table>

1.5.9　服务关系(Service Relationships)

信息技术部作为 A 公司的 IT 服务提供商,上游关系即服务消费者为公司领导和各业务部门,下游关系即为信息技术部提供 IT 服务的各总包和分包公司。

1.5.10　输出和成果 (Outputs and Outcomes)

1. 输出

数据底座及数据中台、各业务系统包括统一门户、工程管理平台、BIM 管理系统、智慧工地系统、质量管理、供应商分级分类系统、领导驾驶舱、报表中心、档案管理系统等。网络信息安全防控体系。

2. 成果

通过打造全生命周期“智慧工程监管体系”,以成本效益高的方式不断提升政府工程的建设质量与速度、设计品质,引领城市建设和经济发展,持续增强人民群众的获得感、幸福感和满足感。

1.5.11 服务管理(Service Management)的四个维度

1. 组织和人员

信息技术部在岗编制人员 10 人,主要岗位为产品经理和项目经理。负责分管不同领域的供应商,包括顶层规划服务、BIM 咨询、监理服务、软件开发、系统运维、网络安全、硬件设备等。编制非常有限,需要高度利用供应商资源。

2. 信息与技术

信息技术部自身采用的技术:云平台、ITSM 流程工具、监控工具、态势感知系统、Axure、报表工具、大数据平台、安全扫描工具、JMeter 等自动化测试和自动化发布工具。这些工具大部分是由 ITIL PRO 建设的。

3. 合作伙伴和供应商

A 公司引入了三个大总包供应商。第一个供应商负责工程管理相关业务系统开发与运维,包括 BIM(Building Information Modeling,建筑信息模型)管理系统、工程管理平台、智慧工地、质量安全系统、承包商分类分级等业务系统。第二个供应商负责内部管理相关系统开发与运维,包括统一门户、移动办公一体化平台、OA 系统、报表中心、档案系统、在线培训系统、大数据平台、应用集成平台、领导驾驶舱等系统。第三个供应商负责网络硬件设备、工地感知设备、信息安全、智能办公设备集成等。A、B、C 总包商都有多个专业分包商承担对应的系统开发和运维工作。

除了以上总包供应商,还有提供监理服务、顶层规划服务、IT 服务管理咨询服务等供应商。

4. 价值流(Value Streams)和流程

ITIL SME 首先对 A 公司的核心价值流进行梳理,如图 1-11 所示。

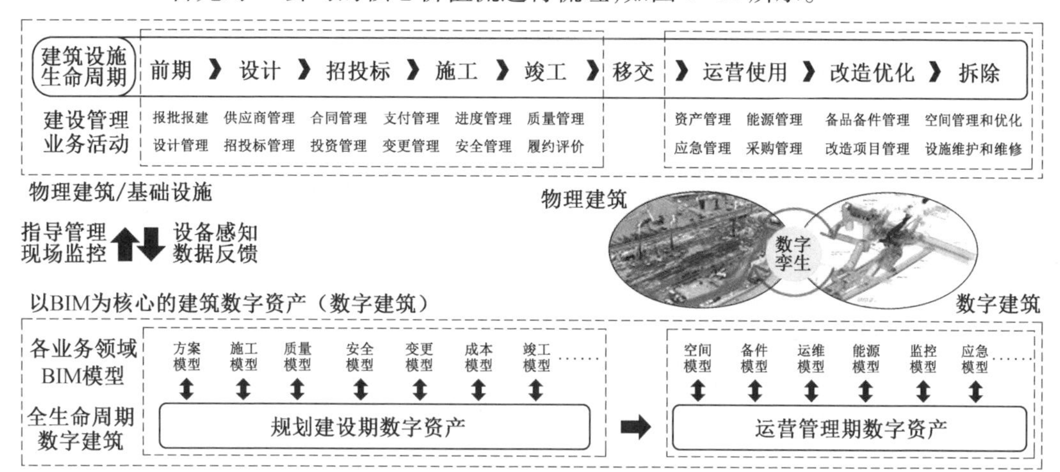

图 1-11　价值流图

从建筑的生命周期角度分析,A 公司的核心业务价值流可以分为如图 1-11 中所示的前期—设计—招投标—施工—竣工—移交—运营使用—改造优化—拆除 9 个阶段,每个阶段不断进行优化、信息化、数字化,逐步搭建基于 BIM 的全生命周期工程管理平台,通过与建筑相关的数据资产化,以实现数字化转型。

ITIL GURU 意识到在推进公司数字化转型同时,信息技术部也需要进行数字化转型,于是安排 ITIL PRO 同步推进了自己部门软件交付价值流、系统升级价值流、系统运行保障价值流的优化和自动化。

1.5.12　服务价值系统(SVS)

1. 指导原则

(1)专注于价值。

信息技术部的系统分为四大类:工程管理相关的业务系统、内部管理相关的管理系统、领导使用的辅助决策系统、信息技术部自己使用的技术工具。每一类系统都有明确的使用场景并能满足特定的客户需求。

这一原则也广泛地用在信息技术部的项目立项和项目论证环节。只有能达成 A 公司业务部门期望结果的项目,能更好提升信息技术部在公司价值的项目才能批准。例如 BIM 咨询项目、一体化工程管理平台建设项目、网络安全等级保护项目等。

(2)从你现在的位置开始。

信息技术部每年会要求 IT 规划顾问从服务管理的四个维度评估其成熟度。咨询顾问通过相关指标对其组织人员、信息和技术、供应商、价值流和流程进行度量,以评估其资源和能力水平、优劣势和持续改进等情况。

(3)有反馈的迭代式进展。

信息技术部通过借鉴当前互联网的开发模式,要求驻场提供开发的供应商必须遵循其敏捷开发的要求。通过前后端分离的开发模式,灵活地与客户确定需求并力求快速的功能实现。系统架构也在逐步向微服务的技术框架迁移。

(4)协作并促进可见性。

信息技术部基于行业成熟的报表工具,定制了报表中心系统。该系统可以支持固定报表、高阶自定义数据分析、业务主题分析等多种应用需要,为科学决策和信息共享提供全方位应用支撑,满足不同层级的管理需要,有效支撑团队协作和可见性。通过对组件进行简单的拖拉拽即可配置出满足特定需求的报表,并通过对接大数据中心,实现数据的自动更新,有效地解决了工作量的合理分配等问题。

(5)整体地思考和工作。

信息技术部在始终围绕纵向贯穿规划、设计、施工、运维全生命周期,横向聚焦质量、安全、投资、进度管理的政府投资工程管理体系,全面地思考数字化转型。对工程项目管理推行全生命周期 BIM 运用、全生命周期数据管理、全生命周期项目管理,提高建设全过程管理的科学性、实时性、闭环性和有效性,实现管理升级。

同时信息技术部自身也在不断引入行业内成熟度开发模式和工具,如敏捷开发方法、容器云、微服务架构、前后端分离开发模型等,实现 IT 服务管理能力的逐步提升。

(6)保持简单实用。

用数据说话是信息技术部内部汇报的主要工作依据,个人工作汇报、项目进度汇报、实

施方案汇报或者年度总结,都强调图表并茂。ITIL GURU 会在部门内带头强化会议管理意识,要求会前做好准备,拟好会议议程,遵守开会时间,开短会,会后做好跟踪,形成闭环机制。

(7)优化和自动化。

信息技术部当前在积极探索 BIM 模型自动化审查,提升模型交付质量。基于 BIM 实施标准和行业规范,研发 BIM 模型自动审核工具,基于信息化手段,提升模型审核的效率和精度,保证 BIM 模型正确可用,为 BIM 数据资产建设做好模型质量管理。

2. 治理

A 公司成立了信息化委员会,由公司领导班子成员组成。每年 1 月 ITIL GURU 需要向信息化委员会汇报上一年的信息化工作成果和当年的工作计划。信息技术部超过一定金额的项目、重大决策等事项都须经信息化委员会的批准。公司还借鉴了业界比较流行的企业治理框架 COSO 和 IT 治理框架 COBIT 的相关内容。信息化委员会所从事的日常工作中充分考虑了 ITIL 4 所提倡的 GRC (Governance, Risk & Compliance)的治理理念,充分考虑治理、风险和合规三方面的辩证统一,最终实现对企业业务的保驾护航。

3. 服务价值链

ITIL GURU 清楚信息技术部的价值流是为了赋能 A 公司的价值流。“磨刀不误砍柴工”,只有信息技术部的价值流得到了精益管理,才能实现更好赋能 A 公司的价值流。ITIL 4 的价值链模型给了 ITIL SME 梳理业务价值流的最佳指南。

以采购合约处与工程承包商签订合同的价值链和价值流的映射关系举例(表 1-7)。

表 1-7　服务价值链和价值流映射表

价值流	角色	对应价值链的活动	如何通过系统进行优化
草拟合同	合同管理员	接洽/参与	1. 合同模版管理 2. 合同模版分类管理 3. 选择标准合同 4. 编辑自定义内容

续表 1-7

价值流	角色	对应价值链的活动	如何通过系统进行优化
谈判合同	合同管理员、承包商	接洽/参与	5. 合同修订版本管理 6. 合同在线协同编辑
评审合同	采购合约处领导、公司领导	设计与转换	7. 合同评审路径模版管理 8. 评审环节管理
签订合同	公司与承包商领导	获取/构建	9. 签订状态跟踪 10. 支持电子合同签订 11. 支持印章系统对接
合同归档	合同管理员	交付与支持	12. 合同自动生成 PDF 13. 自动推送档案系统 14. 支持与支付和变更系统对接

4. 实践

实践是完成任务或者实现目标的良好做法。ITIL GURU 利用了 ITIL 4 中的管理实践来优化信息技术部的价值流。例如使用“架构管理实践”优化了价值链中的“设计与转换”活动，使用“供应商管理实践”优化了价值链中的“获取与构建”“交付与支持”等活动。

(1)架构管理。

围绕着工程管理全链条数字化转型，当前信息技术部的整体 IT 架构如图 1-12 所示。

(2)供应商管理。

信息技术部通过引入 ITIL 4 所推崇的服务集成管理的总包模式进行供应商管理，一方面降低了管理复杂度，另一方面提高了管理灵活度。

为了更好地应对业务需求的变动和具备更强的灵活性，与供应商签订的合同金额采用“固定金额+预留费”模式，即根据合同实施范围确定合同采购金额，同时匹配一定比例，如 10% 的预留费。预留费用于在项目决算时超出原合同范围的实施成本补偿。

为了更好地管理供应商绩效，供应商采购合同中的每个阶段款项分为“应付金额+绩效

金”,基于对该付款阶段的履约评价结果,取得绩效金的付款比例。例如,80 分以上,全额支付;60 ~80 分,支付 70% ;60 分以下,扣除绩效金。由甲方、监理方、供应商组成评分委员会进行履约打分。评分条款见表 1-8。

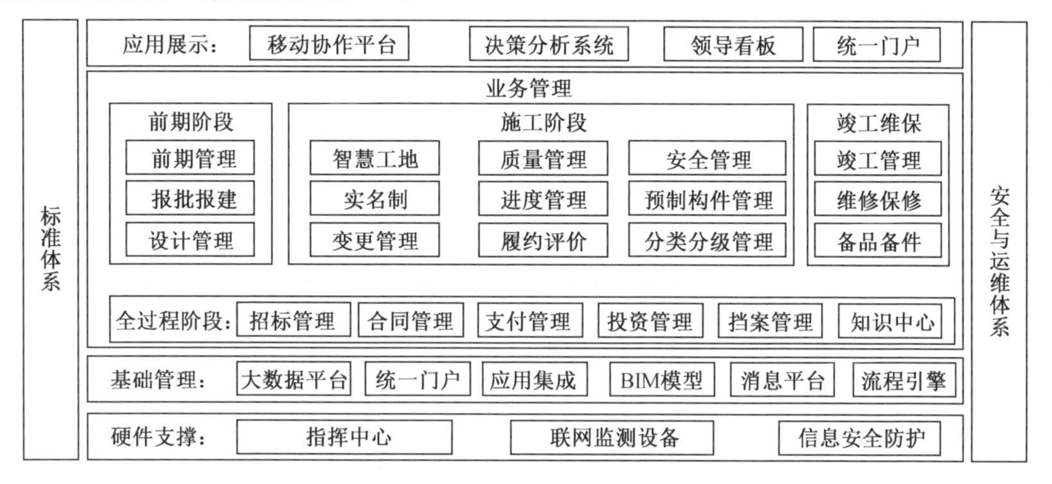

图 1-12　架构管理图

表 1-8　供应商选择标准表

序号	分项内容	满分分值	评价标准	得分
1	人员配备	15		
(1)	人员数量要求	5	优秀 5 分:配备的人员的数量满足要求且能及时到位 不合格 0 分:配备的人员的数量不满足要求或不能及时到位	
(2)	专业配置要求	5	优秀 5 分:配备的人员专业能力满足要求且各专业人员比较稳定 合格 3 分:配备的人员专业能力满足要求且各专业人员基本稳定 不合格 0 分:配备人员专业能力满足要求且各专业人员不够稳定	

续表 1-8

序号	分项内容	满分分值	评价标准	得分
(3)	项目实施负责人要求	5	优秀 5 分:配备固定的项目实施负责人且该经理具有高度责任心、良好的组织协调能力和专业的业务水平 良好 4 分:配备固定的项目实施负责人且该经理具有高度责任心、比较良好的组织协调能力和比较专业的业务水平 合格 3 分:配备固定的项目实施负责人且该经理具有高度责任心、基本良好的组织协调能力和基本专业的业务水平 不合格 0 分:配备的项目实施负责人不固定或该经理不具有高度责任心、良好的组织协调能力和专业的业务水平	
2	履约质量	25		
(4)	需求分析质量	5	优秀 5 分:科学组织调研工作,能够充分理解合同要求及用户需求 良好 4 分:认真组织调研工作,能够理解合同要求及用户需求 合格 3 分:调研工作组织一般,合同要求及用户需求理解一般 不合格 0 分:调研工作组织混乱,未能清晰理解合同及用户需求	
(5)	设计质量	5	优秀 5 分:业务方案设计完全符合用户需求,技术方案设计充分考虑可扩展性、可维护性、稳定性等 良好 4 分:业务方案设计比较符合用户需求,技术方案设计考虑可扩展性、可维护性、稳定性等 合格 3 分:业务方案设计基本符合用户需求,技术方案设计可扩展性、可维护性、稳定性等考虑一般 不合格 0 分:业务方案设计不符合用户需求,技术方案设计未考虑可扩展性、可维护性、稳定性等	

续表 1-8

序号	分项内容	满分分值	评　　价　　标　　准	得分
(6)	开发及测试质量	10	优秀 10 分:单元测试、集成测试、用户测试工作组织科学合理,生产系统运行稳定可靠 良好 8 分:单元测试、集成测试、用户测试工作认真组织,生产系统运行基本稳定 合格 6 分:单元测试、集成测试、用户测试工作有缺失,生产系统运行稳定性基本满足用户要求 不合格 0 分:单元测试、集成测试、用户测试工作混乱,生产系统运行稳定性无法满足用户正常使用要求	
(7)	资料管理	5	优秀 5 分:各种档案资料(包括需求、问题跟踪等各阶段对应文档)完全符合管理要求 良好 4 分:各种档案资料(包括需求、问题跟踪等各阶段对应文档)比较符合管理要求 合格 3 分:各种档案资料(包括需求、问题跟踪等各阶段对应文档)基本符合管理要求 不合格 0 分:各种档案资料(包括需求、问题跟踪等各阶段对应文档)不符合管理要求	
3	履约效率	40		
(8)	进度控制	30	优秀 30 分:超前完成约定的关键里程碑(含阶段性验收点、初验、终验等)进度计划 合格 18 分:配合按时完成约定的关键里程碑(含阶段性验收点、初验、终验等)进度计划 不合格 0 分:未配合按时完成约定的关键里程碑(含阶段性验收点、初验、终验等)进度计划	

续表 1-8

序号	分项内容	满分分值	评价标准	得分
(9)	核减比例	10	核减金额/合同总额≤5%,10 分,每超过 1% 扣 2 分;累计最多扣 10 分	
4	履约配合	20		
(10)	配合情况	5	优秀 5 分:能够认真主动地配合项目参与相关各方及相关部门的工作 良好 4 分:能够比较认真主动地配合项目参与相关各方及相关部门的工作 合格 3 分:基本能够认真主动地配合项目参与相关各方及相关部门的工作 不合格 0 分:不能够认真主动地配合项目参与相关各方及相关部门的工作	
(11)	保密工作	5	优秀 5 分:在没有得到相应许可的情况下,不对外公开涉及任何机密的资料 不合格 0 分:在没有得到相应许可的情况下,对外公开涉及任何机密的资料并造成不良的影响	
(12)	违规情况	10	优秀 10 分:无违规或投诉事件 不合格 0 分:有违规或投诉事件;若情节严重,全部评分项 0 分	
	合　计	100		

5. 持续改进

BIM 代表建筑企业的核心竞争力。BIM 技术是利用计算机软硬件技术,通过建筑信息模型的创建和使用,实现建筑信息有效传递和共享的技术。它同时也是建筑开发、建筑设计、建筑施工及建筑运维基于建筑信息模型(BIM)的过程和方法,并且贯穿于建筑的全生命

周期。

BIM 的核心是通过建立虚拟的建筑工程三维模型，利用数字化技术，为这个模型提供完整的、与实际情况一致的建筑工程信息库。该信息库不仅包含描述建筑物构件的几何信息、专业属性及状态信息，还包含了非构件对象(如空间、运动行为)的状态信息。借助这个包含建筑工程信息的三维模型，可以大大提高建筑工程的信息集成化程度，从而为建筑工程项目的相关利益方提供一个工程信息交换和共享的平台。

以下是针对 BIM 对 ITIL 4 持续改进模型的应用和解读。

(1)我们的愿景是什么？(What is the vision?)

在 A 公司推行全生命周期 BIM 技术运用，通过 BIM 模型管理各阶段数据，发挥其可视化、虚拟化、协同管理、成本和进度控制等优势，提升工程决策、规划、设计、施工和运营的管理水平，减少返工浪费，有效缩短工期，提高工程质量和投资效益(图 1-13)。

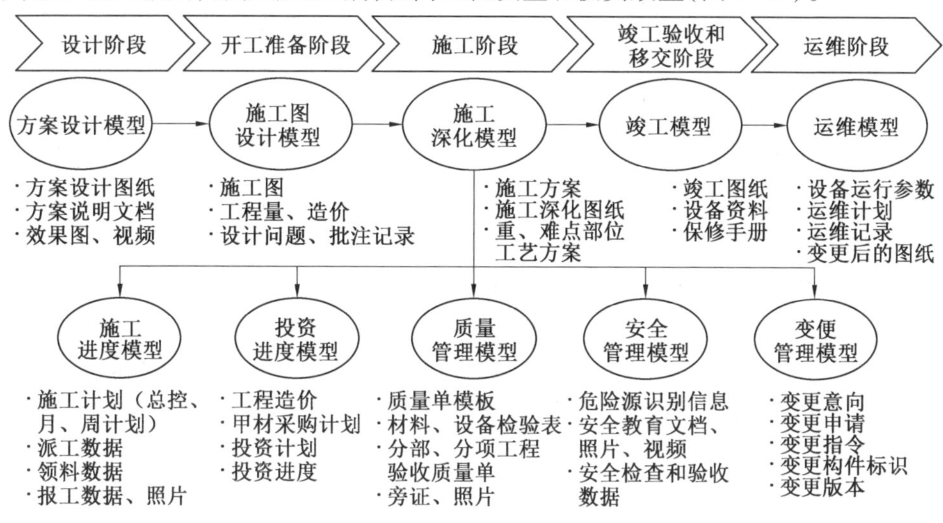

图 1-13　BIM 模型图

(2)我们在哪里？(Where are we now?)

A 公司当前引入了 BIM 技术，ITIL GURU 对 BIM 的应用现状进行了评估，发现了如下特点：

① 各参建方 BIM 水平参差不齐，达不到预期的要求。

② 各专业模型一堆,但无法集成,缺乏统一的标准体系。

③ 全过程信息的碎片化,各阶段信息传递脱节。在工程建设项目上,涉及的多个组织和公司,包括业主、设计公司、承建单位、监理公司,各自的利益诉求也不尽相同,存在故意扭曲信息化可能。各方 BIM 实施协调难度大。

④ BIM 实施与工程节拍不匹配。

⑤ BIM 模型和工程数据分散,缺乏统一的工程信息管理平台。

BIM 实质上是"工程项目集成管理系统",它不是简单的一个或两个软件,而是一个可以提升工程建设行业从策划、设计、施工、运营全产业链各个环节质量和效率的复杂系统工程,涉及的软件数量可能多达十几个甚至更多,而不是一款单一的软件就能实现全部的 BIM 应用。

(3)我们想要去哪里?(Where do we want to be?)

基于当前的现状和远景,ITIL GURU 制定了推进 BIM 应用的 3 个短期目标:

①制定 BIM 标准和管理规范:制定 BIM 技术标准、数据标准和管理标准,规范工作流程,确保各参建方在不同阶段交付符合业主要求的不同专业、不同版本的 BIM 成果。

②建设多方协同的管控平台:BIM 数据与设计、施工、移交各阶段的管理要素和管理对象相结合,如设计管理、进度管理、投资管理、质安管理等,提升工程管控能力。

③交付数字化资产:从实物资产运营要求出发,提出运维要求,在交付实物资产的同时交付竣工模型和可用于资产运营的运维 BIM 信息模型。

(4)我们如何到达那里?(How do we get there?)

通过采购从设计直至竣工交付全过程 BIM 咨询服务,指导 A 公司业务部门和 IT 人员进行 BIM 平台的建设和 BIM 技术的应用。

BIM 咨询顾问通过项目需求调研,明确项目各阶段的重点目标。根据项目实际进度计划与节点要求编制项目 BIM 实施方案,对各 BIM 参与方提出过程 BIM 应用点,并依循统一的标准体系,输出符合要求的 BIM 成果。对设计、施工过程中存在的设计错误或施工重难点起到指导作用。

在设计过程中,参与多方专业设计协同,在保证多专业设计信息同步与统一的基础上,对设计成果进行严格审核与评分,并不断优化设计、深化各项设计指标。

在施工前期,将设计成果移交给总包方,并协同施工单位进行施工过程深化应用。对重难点施工进行精细模拟与过程信息管控,保障施工质量与进度,并最大限度地管控所有施工

过程信息。

通过提出 BIM 要求、监控 BIM 过程、审核 BIM 结果,确保项目的工期进度、成本、质量安全等管理诉求。

(5)采取行动。(Take action.)

在具体实施过程中,采取了如下具体行动:

①建立 BIM 与信息化应用组织,明确组织框架、各方职责、工作流程及配套管理制度。

②编制 BIM 与信息化实施应用的边界,理清各方职责边界和系统边界。

③推广以 BIM 模型可视化、工程全过程信息管理与协同为主的 BIM 平台。

④审核各参建方提交的 BIM 成果,并进行统筹、集成、管理,最终交付完整的里程碑模型。

⑤通过有针对性的多专业培训,使各方充分理解自己的定位与任务,确保实施方法与流程顺利开展。

⑥利用平台管理和维护工程全过程相关数据与信息,建立模型和数据之间的关联,管理全过程的技术数据和业务数据。

(6)我们到达那里了吗?(Did we get there?)

经过 1 年的推进,当前 A 公司已发布了《政府工程 BIM 技术体系化应用行动方案》,以全周期理论来指导 BIM 体系化应用;升级了 BIM 平台,将施工进度动态管理、成本管控、质量管理和工地安全管理等业务与 BIM 模型结合,实现了工程业务办理和进度管控的可视化,并获得了多项国内权威 BIM 奖项。

A 公司当前已有 60% 的工程项目应用 BIM 系统开展工作。通过 BIM 管理系统建设,实现所有项目 BIM 模型和成果的集中存储、统一管理、在线调用。同时为项目各参建方提供 BIM 协同环境,基于系统开展问题标注、在线协同等管理工作,有效提升了 BIM 模型的管理和应用效率。

(7)我们如何保持目前的势头?(How do we keep the momentum going?)

A 公司将继续“BIM 咨询+平台建设”的模式,双管齐下,推动 BIM 技术横向在所有工程项目应用,尤其是新建工程项目,纵向贯穿整个生命周期。

①延伸规划阶段 BIM 应用。选择试点项目,梳理项目与地铁、交通、电力、水务等单位的对接内容,明确项目建设所需的外围条件,开展基于 BIM 的协同建设。

②强化设计阶段 BIM 应用。推动 BIM 正向设计,保证设计品质,实现图模一致。

③深化施工阶段 BIM 应用。加强基于 BIM 的工程质量管理,开展基于 BIM 的现场巡查工作,探索基于 BIM 的工艺工法库建设,提升项目施工质量。

④推动运维阶段 BIM 应用。探索 BIM 技术在工程项目中大修、结构安全、机电设备维护等方面的应用。

通过灵活应用 ITIL 4 的服务管理最佳实践,A 公司在推动工程建设管理数字化转型过程中实施成效显著。树立服务管理全生命周期的理念,从业务全覆盖的角度,打造基于 BIM 的一体化工程管理平台,支持各项业务高效开展和成功落地,最终成功实现组织级的数字化转型。

复习题一

题目 1:下面哪项 ITIL 概念涵盖了治理内容?(　　)

A. 七项指导原则
B. 服务管理的四个维度
C. 服务价值链
D. 服务价值系统

题目 2:下面哪项有关价值链的表述是正确的?(　　)

A. 每项实践均属于特定的服务价值链
B. 服务价值链是一种服务关系
C. 服务价值链隶属于价值创建模型
D. 服务价值链是运营模型

题目 3:所有价值链活动如何将输入转化为输出?(　　)

A. 通过确定服务需求
B. 通过整合多项实践
C. 通过单一职能团队
D. 通过实施流程自动化

题目 4:下列哪项价值链活动会传达服务管理的当前状态?(　　)

A. 改进

B. 联络

C. 获取/构建

D. 计划

第2章　服务与服务管理

从本章开始，我们逐一介绍ITIL 4的主要实践，便于大家从宏观上理解每个实践所处的具体阶段和位置，现从服务全生命周期的角度来展开介绍。服务战略（Service Strategy）、服务设计（Service Design）、服务转换（Service Transition）、服务运营（Service Operation）和持续服务改进（Continual Service Improvement）统称为服务生命周期的五个阶段。

服务全生命周期的概念是ITIL 4之前的版本提出的，对ITIL来讲，全生命周期的理念无疑是一个创举。虽然在ITIL 4中这个全生命周期的理念有所弱化，但是把ITIL 4所论述的34个实践投放到服务全生命周期的各个阶段进行分类阐述，会产生具象化的效果。所以本书会延续通过服务全生命周期的形式来阐述具体实践所处的阶段，尤其是对处在服务战略阶段的具体实践进行详尽的案例分析和举例。图2-1是ITIL 4的全部34个实践在整个服务全生命周期各阶段的全景图，此图源自第1章图1-10。

在以上框架图中，一般管理实践被标注为浅灰色，服务管理实践被标注为底色为白色的实线框，技术管理实践被虚线边框标注在此框架图的右下角的区域。

通过图2-1我们可以看到，服务战略阶段关联组织变革和商业分析等诸多实践，服务设计阶段会关联架构管理知识体系，而服务转换阶段通常涉及项目交付和实施的内容。关于组织变革和架构管理的更加详细的案例介绍，请关注《ITIL与DevOps服务管理案例实践》一书。关于项目交付和实施的更加详细的案例介绍，请关注《PMP项目管理方法论与敏捷实践》一书。而本书的立足点主要关注ITIL原生态的服务管理相关的实践内容。

一个新的服务的产生要经过从基于战略的商业分析、架构设计、项目可交付产品落地、服务运营，到持续服务改进的整个生命周期，这就相当于一个服务的全生命周期。要想了解ITIL实践在服务管理全生命周期中的具体应用，就要先从服务和服务管理的基础概念定义开始谈起。

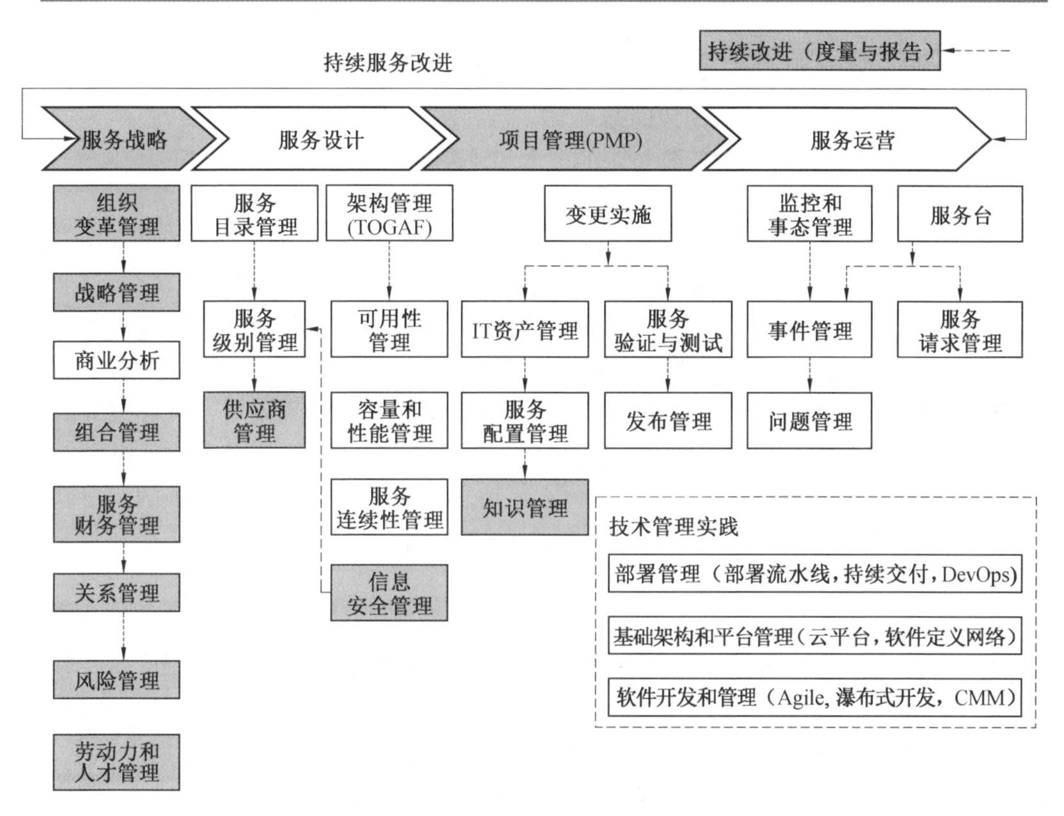

图 2-1　ITIL 4 实践框架图

2.1　服　　务

服务是一种通过共同创造客户想要价值的方法，客户不用亲自管理特定的成本和风险。服务的英文标准定义如下：

A service is a means of enabling value co-creation by facilitating outcomes that customers want to achieve, without the customer having to manage specific costs and risks.

从以上的定义我们可以体会到如下三点：

①服务是通过买卖双方(即甲乙双方)共创价值的手段。

②服务可以帮助客户达成期望的结果。

③服务的同时不需要客户管理特定的成本和风险。

在 ITIL 以前的版本中,价值的定义是达到客户满意度的级别,即达到客户的期望。客户的期望就是你的服务能够满足客户的需求。例如,如果客户是一个移动或电信公司,他想要达到的结果是能够提供给终端用户集中拨入访问的呼叫中心。那么服务就是提供给客户一个一整套关于呼叫中心的解决方案,其中包括硬件的选型与购买、软件与呼叫中心中间件平台的开发和安装部署、员工的应用培训、后期的维护和相关的增值服务等。此项服务的价值取决于是否满足了客户关于建立一个高可用性、高效率、低风险和低成本的呼叫中心的期望。由此,可以体会到服务和客户价值的内在关系。其实,服务就是为被服务的客户创造价值,并达成价值共创的理念。IT 服务提供商要确保其所提供的产品或服务是符合要求并适合使用的,达到既定的使用价值。

在 ITIL 4 中针对价值进行了全新的定义,价值除了要满足客户的期望之外,还要考虑在客户使用具体服务时的切肤感受,ITIL 4 把这种感受称为客户体验(Customer Experience)或客户旅程(Customer Journey)。在交付客户价值的同时还要考虑服务提供所需的成本、风险的应对和合规性的保障等诸多因素的管理,所以就引出了服务管理的概念。

2.2 服务管理

服务管理是如何使 IT 服务提供者能够了解他们正在提供什么样的服务,并且懂得在有效地管理服务成本和风险的同时,给客户创造价值。具体来讲,服务管理是以服务的形式为客户提供价值的一套专门的组织能力,并且将自身所具备的资源和能力转变为有价值的组织资产。其英文的标准定义如下:

Service management is a set of specialized organizational capabilities for providing value to customers in the form of services.

所谓专门的组织能力,表现为 IT 服务提供商用来实施服务所使用的所有流程

(Processes)或实践(Practices)。

1. 流程

为完成一个指定的目标而设计的结构化活动的集合(A set of coordinated activities combining resources and capabilities to produce an outcome that creates value for the customer)。流程是一个闭环系统,因为它有自加固和自修正机制。IT服务管理流程的概念和项目管理中项目的概念是一致的。流程可以通过获得一个或多个具体的输入,并在最后把它们转变成具体的输出。流程包含为保证达到目标而需要的所有角色、职责、业务规则和风险控制等。

一般流程都具备一些标准的属性。第一个属性是可度量的。服务经理通过对流程本身的度量来确保流程所在服务的质量和进行必要的成本控制。第二个属性是特定的结果。流程存在目的就是实现特定的输出结果,结果必须也可度量的。第三个属性是客户。每个流程都是为内部或外部客户提供他们所期望的结果。流程的价值是由客户决定的。第四个属性是对特定事件的响应。流程执行中会遇到很多事件的触发、交互和判断。特定的触发事件应该是被跟踪的。比如火灾、地震等灾难发生时,直接就触发既定的应急响应事件处理流程,相关的国家、公司或部门要对重大事件进行有效的跟踪并确保按原先制定的灾难恢复方案去执行,并在执行的过程中度量执行的效果,即对灾难进行有效的响应和达到预期的结果。

2. 职能

执行并完成一个或多个流程或者活动的一组人员及其所属工具和部门(Units of organizations specialized to perform certain types of work and responsible for specific outcomes)。职能是为了专门完成一些特定的工作或流程而建立的组织单元,职能总是为了一项特定的绩效或结果确定角色和相关的机构职责。比如,中国移动的服务台(10086)这样的职能就是由一群座席人员这样的角色组成,他们负责移动的故障管理流程。一般来讲,职能组织会拥有自身的知识管理体系,随着经验的积累会变成该职能组织的知识库。比如中国移动的服务台汇总、组建和管理自己的知识库来记录已经发生的故障或问题的解决办法和经验教训。一个完备的知识库会提高IT服务提供商的职能部门进行服务管理的效率和IT服务管理的成熟度。

3. 实践

ITIL 4 非常强调实践的概念,把之前流程和职能的内容都整合为实践。目前 ITIL 4 有 34 个管理实践,实践的内容就是强调资源整合,充分调用服务管理的四个维度的资源实现特定场景的价值流的内容。价值流的概念来自于精益思想,其标准定义是应用一系列步骤去交付产品或服务给服务消费者即客户的过程。典型的价值流可以是针对一个全新服务从需求提出到最终服务上线的端到端的价值交付,也可以是关于某个故障或问题从工单的创建到最终解决的价值交付。关于服务管理的四个维度的详细介绍可以参阅本书 4.2.2 小节的内容。本书从第 3 章开始会引入更多具体实践的内容介绍。

4. 角色

一个职务、职责,或给一个人或职能部门授权(A position, responsibility or duty within a process or function)。在流程中可以定义很多角色,如流程所有者、流程经理、流程执行人员和流程审计人员等。其实角色就是真正执行流程的具体人员。任何流程都是通过相关的角色来对流程进行处理和推动的。

例如,中国电信的用户可以拨打 10000 进行信息咨询和投诉建议。中国电信就会制定一个标准的"流程"去受理用户的咨询和投诉。流程中的活动包括接听和记录用户的呼叫内容;分析呼叫的类型并制定相应的优先级别;对用户的问题进行诊断;给用户提供相应的问题解答;对用户的服务满意度进行调查等。10000 服务台是由一组服务人员的团队组成。服务台就是具体来执行这个流程的"职能"。在服务台里的工作人员可以有不同的"角色",如接线员、客服组长和客服经理等。

为了对服务的实施和服务管理的质量进行有效把关,ITIL 定义了服务所有者和流程所有者等角色。ITIL 4 还加入了商业分析师、架构设计师和客户体验师等角色。以下是基本角色介绍举例。

(1)服务所有者(Service Owner)。

服务所有者主要关注的是服务本身,并对服务的整个生命周期负有责任,包括从服务的计划、设计、实施和维护的全过程。很多公司设置了一个服务交付经理(Service Delivery Manager)的职位,这个职位就是服务所有者的具体职责体现。严格来讲,服务所有者和服务经理还是有区别的,服务所有者是服务的主要负责人,而服务经理更偏重对服务的日常管

理。服务所有者和服务经理可以是一个人,也可以由不同的人担任。这在 ITIL 基础考试中是一个考点。

服务所有者负有如下责任:

①作为客户的主要联系人来处理服务相关的询问和有关问题(Act as prime customer contact for all service related enquiries and issues)。

②确保持续的服务能够满足客户的需要(Ensure that the ongoing service delivery and support meet agreed customer requirements)。

③发现服务改进的机会,并和客户去协商服务改进的可行性。在适当的时候来征询客户的评价或建议(Will identify opportunities for service improvements,discuss with the customer, and will raise the request for comments for assessment if appropriate)。

④在整个服务管理的生命周期里与流程所有者保持紧密联系和有效沟通(Will liaise with the appropriate process owners throughout the service management lifecycle)。

⑤请求获得需要的统计数据和报表来分析并监控服务的质量(Will solicit required data, statistics and reports for analysis and to facilitate effective service monitoring and performance)。

⑥将服务的实施情况直接汇报给 IT 服务总监(Will be accountable to the IT director for the delivery of the service)。

(2)流程所有者(Process Owner)。

流程所有者要确保在流程中所定义的活动都被有效执行。一般流程所有者也是流程文档的所有者。一些公司会定义一个专门负责制定流程规范的部门。尤其是像 IBM 和 HP 这样的大公司,他们会设有相应的流程制定部门、流程的实施与监控部门和内部的流程审计部门等。这些部门设有流程所有者或流程经理的岗位。需要注意的是,流程所有者更加侧重流程的战略方针的制定和流程版本控制,而流程经理则更注重流程的执行和管理。流程所有者和流程经理可以是一个人也可以由不同的人担任。这同样是 ITIL 基础考试的一个考点。

流程所有者的具体职责如下:

①定义流程的战略方针(Define the process strategy)。

②对流程设计提供协助(Assist with process design)。

③确保流程所需要的流程文档的存在并及时更新(Ensure that appropriate process documentation is available and current)。

④定义适当的制度和标准并在流程的生命周期中被执行(Define appropriate policies and standards to be employed throughout the process)。

⑤定期对流程进行审计以确保在流程中已经定义的制度和标准被完全贯彻和执行(Periodically audit the process to ensure compliance to policy and standards)。

⑥定期对流程战略做评估,并考虑是否对其做适当调整(Periodically review the process strategy to ensure that it is still appropriate and change as required)。

⑦对流程的信息或变更要及时通告,以确保相关的人员知晓流程的最新变化(Communicate process information or changes as appropriate to ensure awareness)。

⑧提供流程所必要的资源来支持在流程管理生命周期中活动的有效进行(Provision of process resources to support activities required throughout the service management lifecycle)。

⑨确保执行流程的技术人员能够具备所需要的知识、技术和对所实施的流程有很好的业务层面的理解,从而了解它们在流程中的角色(Ensure process technicians have the required knowledge and the required technical and business understanding to deliver the process, and understand their role in the process)。

⑩评估任何可以提高流程效率和效果的可能性(Review opportunities for process enhancements and for improving the efficiency and effectiveness of the process)。

⑪诊断当前运行的流程所存在的问题(Address issues with the running of the process)。

⑫对持续服务改进计划提供必要的信息输入(Provide input to the on-going service improvement program)。

需要注意的是,流程的所有相关活动并不是被限制在一个指定的职能或部门。但是,当详细的流程和工作指导文档被开发并开始执行后,职能或部门就必须把流程中定义的角色和相应要完成的活动赋予到具体的员工身上。为了辅助这项工作的完成,一个称为 RACI 的授权模型用来描述“角色和职责”同“流程和活动”之间的对应关系。

RACI 模型定义如下:

执行的人:负责执行任务的角色,具体负责任务的实施和解决。负有责任的人员要把工作做到位(The person or people responsible for getting the job done)。

负责任的人:即对任务负全责的角色,只有经其同意后,任务才可以关闭。只有一个人对一项指定的任务负有直接责任(Only one person can be accountable for each task)。即一项任务至多有一个责任人或批准人,这是ITIL考试的考点。

咨询到的人:咨询到的并且考虑其意见的人。流程中要包括在流程执行活动中可咨询到的人的知识和信息的输入(Involvement through input of knowledge and information)。

知会的人:应及时被通知结果的人员。被通告的内容包括流程的执行情况和相关质量信息(Receiving information about process execution and quality)。

通过以上RACI模型的介绍,我们可以知道这是一个在流程中定义角色和职责的权责矩阵。例如,当服务器管理员在解决完一个服务器宕机的问题后,需要把问题单关掉,那就需要执行一个"问题单关闭流程"。在这个问题单关闭流程里,服务器管理员就是负责执行关闭问题单的执行负责人;服务器管理员的经理要对关闭这个问题单所造成的影响负有完全责任,他是具体关闭问题单操作的批准人;问题关闭流程的制定者或服务器专家可能在关闭该问题单时会被咨询到,他们就是咨询到的人;该问题单所涉及的客户和客户服务经理就是需要知会的人。

服务管理不仅仅考虑如何执行流程,服务管理考虑的是对流程的全生命周期进行全面管理。而IT服务管理为确保IT服务和业务需求之间建立起必要的联系。换句话说,IT服务就是如何有效地支持商业运作。那么,如何实现更好的实施和管理当前的服务呢?如果你是一个IT服务提供商的IT服务经理或高级管理人员,你可能需要关注如下服务管理目标:

①IT和商业战略计划的关系(IT and business strategic planning)。

②IT和业务目标的有机结合(Integrating and aligning IT and business goals)。

③执行服务持续改进计划(Implementing continual improvement)。

④度量IT部门的效率和效果(Measuring IT organization effectiveness and efficiency)。

⑤论证IT服务的商业价值(Demonstrating the business value of IT)。

⑥优化IT投资成本和实现投资回报(Optimizing costs and demonstrating return on investment)。

⑦提高项目实施的成功机会(Improving project delivery success)。

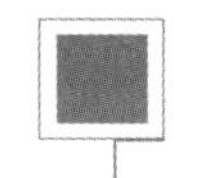

⑧利用 IT 去获得竞争优势(Using IT to gain competitive advantage)。

⑨管理 IT 变更和业务需求的一致性(Managing constant business and IT change)。

⑩论证并应用适当的 IT 治理标准和制度(Demonstrating and aligning appropriate IT governance and policy)。

IT 服务经理可以通过以上的服务管理目标指导日常的 IT 服务管理工作。建立有效的“IT 服务与企业业务战略的良性关系”是每一个企业的 IT 服务经理所面临的挑战。在接下来的章节里,通过对 ITIL 的服务管理的各种实践进行具体介绍和相应的案例分析来帮助你完成这一革命性的跨越。

复习题二

题目 1:下面哪项体现服务定义的精要内容?(　　)

A. 服务需要客户管理成本与风险

B. 服务强调提供客户想要的价值

C. 服务强调通过价值共创来实现价值

D. 服务不需要考虑交付成本

题目 2:通过促成客户想要的结果来实现价值共创的方式是什么?(　　)

A. 服务

B. 输出

C. 实践

D. 持续改进

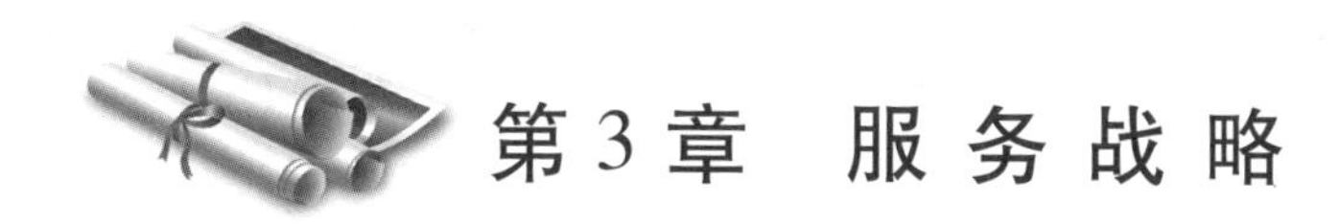

第3章 服务战略

通过第2章的学习,我们知道ITIL的服务全生命周期的阶段主要包括服务战略、服务设计、服务转换、服务运营和持续服务改进。本章主要讲的是服务战略。服务战略为如何服务设计、开发和具体实施服务管理实践提供了战略性的指导。IT服务战略就是通过有效的服务管理把组织的服务能力转化为组织的战略资产。本章主要针对ITIL 4所涉及的服务战略阶段的实践进行讲解。

3.1 目 标

服务战略是IT服务生命周期的第一个主要阶段。在学习服务战略之前需要明确一点,即客户购买你的产品或服务,他们在意的不是你的产品或服务本身,更在意是否能够满足他们的具体需要。因此,要想实施一个成功的服务,就必须要感知客户到底想要的是什么。比如说客户需要什么类型的服务、何时需要和为什么会在那个时期需要,等等。IT服务提供商应具有敏锐的洞察力去了解当前的和潜在的市场,服务战略这章的内容会给你提供一些指导思路。

服务战略是与需要提供服务的组织或企业本身文化紧密不可分的。服务提供商也许是只提供服务给企业内部的一个或多个部门,也许是提供服务给企业以外的其他企业。不管你的服务对象如何变化,你的服务战略要考虑的是"你能否体现你所提供的服务在目前市场上的竞争优势""你的服务与其他服务竞争对手有什么不同""你服务本身的核心竞争力是什么"等问题。

ITIL认为服务是有生命周期的,而服务战略在服务的生命周期中占有很重要的位置。服务战略主要关注的是如何把服务管理变成战略资产,并利用战略资产来实现企业或IT服务提供商自身的商业价值。

3.2 基本概念

3.2.1 服务战略 4P 原则

ITIL 定义了四个战略要点来帮助 IT 服务提供商或客户的战略合作伙伴制定服务战略。我们把这四个战略要点称为服务战略的 4P。

1. 愿景(Perspective)

与众不同的目标和方向。服务的战略要有适合自己特点的视角和方向。例如,某公司的战略是要变成一个全球整合的公司(Global Integrated Enterprise),这是其全球整合战略。就是把合适的工作在合适的时间交给合适的团队,实现全球资源的大融合,以此降低运营成本,达到企业内部瘦身的目的。并且该公司一直提倡创新和为客户提供低成本和高附加值的服务。

2. 位置(Position)

服务提供商在市场竞争的基准和依据。企业要分析市场上的竞争对手,并制定自己的竞争策略。很多企业都设有市场部,市场部的一个主要目的就是分析当前市场上自己企业和竞争对手的市场占有情况,并根据目前的情况来制定本年度的竞争策略、相应的市场份额和细则划分。

3. 计划(Plan)

服务提供商如何达成他们的远景规划。企业要有确实可行的方案和计划来实现战略目标和远景方案。例如,某公司通过使用开源的技术来降低成本,并提倡持续挺进高新技术领域来保持自己的竞争力。目前该公司主要关注智慧城市云计算、移动互联网和大数据等相关业务,这些业务都代表了当今新的技术增长点。

4. 模式(Pattern)

处理事情的基本参照方法。“工欲善其事,必先利于器”,企业要有处理问题的参照方法。例如,某公司为了实现对客户服务安全的承诺,在公司内部制定了一整套安全策略基线。在该策略基线里会分门别类地对目前流行的操作系统(Windows, Unix, Linux, Mainframe)、应用软件(SAP, CRM, System Monitor, Storage Software)、数据库(Oracle, DB2, Informix, SQL Server)、中间件(Websphere, Weblogic, OC4J, JBOSS)和网络环境中的安全设置进行详细的规定。该基线标准不但应用在该公司内部,对其他客户同样会根据不同商业客户的具体安全需求为客户制定客户化的安全策略解决方案,以确保满足双方同意的安全协议标准。由此可见,好的模式可以被有效地重用并高效地创造价值。ITIL 4 的服务价值链就是 ITIL 最新打造的运营模型。

IT 服务提供商可以按照以上四个要点来分解其服务战略。服务战略通过定义市场和开发所提供的服务产品把服务管理变成战略资产,最终为企业成功实现数字化转型服务。

3.2.2　服务价值创造模型

制定服务战略要本着给客户创造价值的原则。创造价值有两个部分要统一考虑:

功用(Utility):一个产品或者服务提供的功能,满足客户的特定需求,或者去掉客户当前系统的某些约束,比如解决客户系统的单点登录等问题。功用考虑的是做什么(What it does)。它相当于一个服务的功能性需求的满足,即客户到底要什么服务。

功效(Warranty):产品或者服务满足约定需求的承诺或者保证,包括如何保证服务的可用性(Availability)、服务的可扩展性(Scalability)、服务的连续性(Continuity)和安全性(Security)。功效考虑的是如何能够满足提供给客户的服务功能被正常地使用(How its fitness for use)。它相当于一个服务的非功能性需求的满足,即如何满足客户的服务质量的要求。

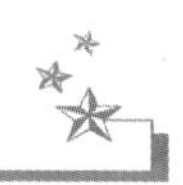

我们可以通过图 3-1 的服务价值创建模型来描述功用、功效和服务价值的关系。

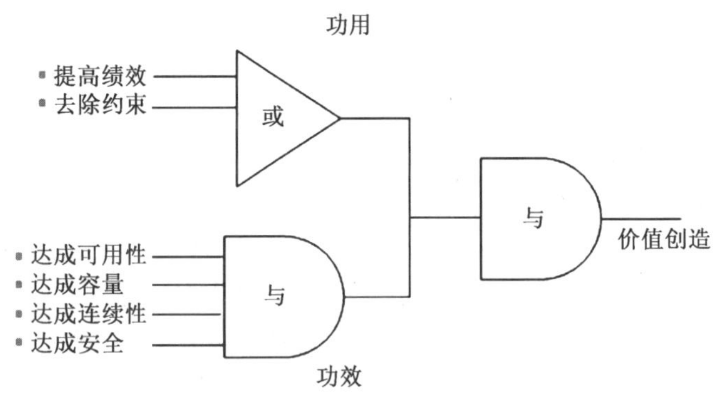

图 3-1　服务价值创建模型

服务价值的产生是要提高被服务对象的服务能力。例如,在服务实施的过程中,充分提高服务的可用性、可扩展性、连续性和安全性等相关能力,或者降低被服务对象不利的约束条件,比如除去企业流程实践之间的不必要的依赖关系。在 ITIL 4 中还强调客户和用户在使用服务的体验,并且在服务交付时要做到风险可控和制度合规。

一个成功的服务战略就是利用企业的服务管理把能力和资源转换为战略资产。服务提供商应该善于利用现有的资产,也就是可以组织和利用企业的能力与资源来创造价值。下面看看“能力”和“资源”的具体定义。

能力:指服务提供商的能力,包括组织能力、管理能力、人员、实践和知识等。能力是随着时间不断增长的。IT 服务提供商需要发展适合自己的特有能力,并开发出竞争对手很难复制或模仿的价值产品,从而留住目标客户,持续获得相当规模的市场份额。

资源:指直接输入的产品服务,包括财务资本、基础设施、应用、信息、人员或其他能够帮助 IT 服务的任何事情。资源被认为是组织或 IT 服务提供商的现有资产,并通过一系列的资产组合和应用来为客户创造价值的资产。要切记,人员既是资源又是能力的一种具体体现,这是 ITIL 基础考试的一个考点。

服务提供商应该善于利用企业现有的资产，也就是可以组织和利用的企业能力与资源来给客户创造价值。ITIL 4 把人员和组织能力作为其价值交付的四个维度之一，关于 ITIL 4 的四个维度详见本书 4.2.2 小节。ITIL 4 的四个维度是服务提供商进行价值交付的基础设施，ITIL 4 框架 SVS 中的所有实践都会关联四个维度实现价值交付。我们可以从第 3 章开始的具体实践的内容介绍来体会每个实践与 ITIL 4 的四个维度的内在关联关系。本书的第 4 章会对 ITIL 4 的四个维度进行重点阐述和举例说明。

3.3　关键实践

服务战略阶段包括很多关键实践，比如战略管理、服务财务管理、组合管理、商业分析和关系管理等。其中，组织变革管理、商业分析和劳动力人才管理等实践请参考《ITIL 与 DevOps服务管理案例实践》一书。本书主要对 ITIL 所涉及的服务战略阶段的经典实践进行详细介绍。

3.3.1　战略管理

企业的发展离不开企业的战略和战略管理。企业的战略是指企业自身对重大、带有全局性的或决定全局的问题的谋划和策略。企业的战略管理是指确定企业使命，根据企业外部环境和内部条件认定企业组织目标，保证目标的正确落实并使企业使命最终得以实现的一个动态的过程管理。自 20 世纪 60 年代起，企业战略和战略管理被世界上很多企业所关注。如今，企业战略的正确确定与有效执行已经成为决定企业在竞争中脱颖而出的关键性要素。企业的战略管理已经成为企业的资产，并在企业管理中居于核心的地位。

进入 21 世纪，信息技术的飞速发展给企业的战略和战略管理注入了新的含义。对应用信息技术最为广泛的电信运营商和银行这些企业来讲，信息技术与企业的经营模式实现了高度紧密的结合。例如，支持中国移动公司全国用户计费和营帐处理的“商业业务支撑系统（BOSS）”和支持中国银行日常柜面服务的“银行后台业务支撑系统（BANCS）”，它们如果没有 IT 系统软硬件的全方位服务和高效的运维管理作为支撑，很难想象如此庞大的系统能够真正运转如常和持续满足企业全天候运营的需要。事实证明，信息化改变人类生活的昨天、今天和明天。而代表信息化未来的 IT 服务战略将成为现代企业在制定其商业战略和商业

模式调整时所需要考虑的核心要素。IT 服务战略就是通过有效的 IT 服务管理把组织的服务能力转化为组织的战略资产。服务战略为如何设计服务、开发服务流程和具体实施服务管理提供了战略的指导。企业的 IT 服务战略主要解决的是 IT 如何适应企业未来商业模式发展方向的问题,这无疑成为许多企业的 CIO 或者 CEO 正在考虑的核心关键。比如很多企业的 IT 高层,他们会有针对如下命题的思考:

①如何使 IT 能够更加适应企业业务自身快速发展和变革的需要?

②如何更好地建立 IT 的服务管理与企业商业模式转变的良性循环?

③如何降低 IT 服务成本和计量企业 IT 的投资回报率(ROI)?

④如何提高 IT 对商业灵活性和敏捷性的支持?

IT 业界的专家和官方组织机构也在尝试定义相关标准,并试图回答以上的诸多疑问。例如,作为 IT 服务管理的最佳实践,ITIL 就提出了 IT 服务战略管理流程来试图解答企业对 IT 战略管理的相关疑问。

IT 服务战略管理流程,顾名思义,就是 IT 服务提供商应如何制订出适合企业的服务战略。ITIL 列举了如下问题来帮助大家去思考,从而制定出适合每一个 IT 服务提供商自己的服务战略。

①我们应该提供什么样的服务(What services should be offered)。

②谁应该是我们的目标客户(Who the services should be offered to)。

③如何去开发内部和外部的市场与渠道(How the internal and external market places for their services should be developed)。

④在市场中当前和潜在的竞争是什么(What is the existing and potential competition in these marketplaces)。

⑤客户是如何感知和度量服务价值的,客户创造价值如何才能够被真正实现(How the customers and stakeholders will perceive and measure value, and how this value will be created)。

⑥服务的质量是如何被衡量的(How service performance will be measured)。

IT 服务提供商通过以上问题的思考来定义服务市场和开发适合自己企业的服务产品和

战略资产。

那么,我们能够通过哪些成熟的方法来规划自己企业的IT服务战略呢?一般来讲,对IT服务战略规划是有一定方法论的。下面介绍一个业界比较成熟的方法论,该方法论分为以下四个步骤:

(1)初始化分析。

与企业内部的相关部门进行开放式讨论,发现企业商业挑战、IT目前瓶颈和痛点等。

(2)当前状态评估。

理解商业模型,包括企业的IT基础架构、人员组织结构、商业战略目标和商业流程等。依据IT咨询的范畴收集数据和信息,并绘制当前企业IT服务运营和运维模型的基线,即对当前状态成熟度的评估。

(3)未来运营及运维模型分析和方案设计。

分析采集到的当前运营及运维模型的数据,开发符合企业IT服务战略的未来运营及运维模型的解决方案。以以往的知识库和成功案例为依据,计算出需要为该未来战略所投入的成本开销和价值回报(VOI)等信息。

(4)结论准备和最终陈述。

设计满足未来IT战略的具体运营和运维模式转换所需要的项目清单。因为IT服务战略的落地实施是依赖一个或多个项目来具体实现的,所以此阶段就是对IT服务战略落地所进行的项目组合管理。对每个项目来讲,要有明确项目目标、项目范围、实施办法、计划周期和约束条件等。也就是通过总结出一系列的项目列表,并对每个项目的落地提出具体的项目计划与实施方案。最后,需要准备最终的结论论述文档,并对该结论进行最终陈述。

随着全球经济增长压力不断增大,市场环境复杂性不断提高,传统的增长模式已经难以奏效。新的科技创新与应用,包括云计算、大数据、移动互联及智慧地球等,为企业的发展提供了全新的机遇,并已经成为驱动企业实现更加智慧的成长模式的重要推动力。随着这些新技术不断获得应用与发展,整个社会越来越向着智能化、物联化、感知化的方向发展。在此趋势下,作为企业IT技术掌管者的CIO们正面临着这些新技术应用带来的巨大压力,而如何真正抓住这些技术发展趋势下的机遇,利用这些技术进一步提升企业核心能力已经摆在CIO面前。传统的IT运营模式更加强调凭借企业与组织的自身能力,以单纯项目驱动IT

发展，无法真正实现创新技术和应用的真正价值，反而束缚了企业现有 IT 与业务能力的发展。在这种情况下，CIO 已经深刻意识到转换现有思维方式，利用全新的方法构建、管理和运维 IT 的必要性。此时，CIO 开始通过与外部 IT 服务提供商建立合作伙伴关系，充分利用外部资源，并整合自身资源，来实现全新的 IT 服务战略管理，CIO 的角色也正在转变为“服务整合者”。

历史上从来没有一个时期，其科技和商业联系是如此紧密，而 ITIL 的 IT 服务战略管理实践也在试图诠释 IT 科技如何能够更加适应商业发展的灵活性和敏捷性。

下面我们以电信行业为例，对 IT 服务战略进行浅析说明。

从电话、宽带到移动互联网，电信伴随着科技的脚步已经成为我们不可或缺的生活资源。我国信息化起步于20 世纪60 年代，但是直到20 世纪90 年代电信业的基础建设才方兴未艾。随着 21 世纪初互联网的广泛应用，电信业也步入蓬勃发展期。2010 年以来，伴随着网络信息化大融合、移动互联网、云计算、物联网、商业分析、大数据和智慧地球等全新的业务增长点的出现，电信行业迎来了大规模爆发式增长的新阶段。

电信是关系到国计民生的支柱性产业之一。据不完全统计，全国固话和移动电话的持有量已经突破 13 亿，位居世界首位。其中固话用户 3 亿，移动电话用户 10 亿。

为了更好地了解电信行业，下面且看电信公司近 20 年的重组历程。

1994 年，中国联通成立，打破“中国电信”一家独大的垄断地位。

2000 年，电信移动分家。中国移动通信集团公司于 2000 年 4 月 20 日成立。

2001 年，中国铁通正式挂牌成立。

2002 年，电信南北分拆，中国电信集团被拆分成南电信和北网通两大运营商。

2008 年，通信运营商重新整合为电信集团、联通集团和移动集团，三国鼎立自此形成。

2012 年，广电获得基础网络运营商资格，成为第四家通信运营商。

随着 5G 的到来，整个世界都将步入高速的宽带时代，宽带国家战略和移动互联网的发展必然会带来电信行业产业结构和商业模式的转型。电信运营商以其强大的基础设施为依托，必然会在云计算和移动互联网领域有所作为。

在云计算等关键基础设施的战略规划方面，可能的原则如下：

①有效利用物联网和人工智能技术,实现云计算数据中心的工勘和机房巡检的自动化。

②搭建一体化运维管理平台,实现整个数据中心的自动化运维管理,包括自动化监控和应用软件的持续交付等平台能力。

③结合现有固网业务、移动业务、互联网增值业务、行业应用,确定哪些业务适合采用云概念进行产品包装,并提出相关产品的服务运营模型的描述,即基于云产品的价值交付的流程说明。

④在电信运营商的云计算平台上根据行业来规划所支持的应用软件服务系统,并在统一的服务目录中分行业展示。如电信或移动领域的计费系统、公共事业领域的电子政务系统、航空领域的机场管理系统和能源领域的智能电网解决方案等。在服务目录上的每个系统的介绍应该包括具体的服务功能描述、服务的客户代表联系方式和相关成功案例等信息。

⑤支持动态的业务与IT组件的联动分析。当业务发生故障时能够第一时间知道业务影响的范围和追溯到具体引发该业务问题的IT组件信息,从而实现可视化的服务失效影响分析和重大事件的应急响应和快速恢复能力,即具备业务连续性管理能力。

3.3.2 服务财务管理

1. 财务管理职责

服务财务管理的目标是提供服务的成本预算,并监控成本费用的执行情况,最终从客户那里收取服务所应有的收益,其具体内容如下:

①控制和管理全部的预算(Control and manage the overall budget)。

②帮助企业或组织计算所有服务和相关服务实施的费用(Enable the organization to account fully for the expenditure on services and relate these to services delivered)。

③建立详细的收取费用的模型(Develop detailed business cases for charges to services)。

2. 财务管理模型

可以把财务管理看成三个阶段:预算(Budgeting)、核算(Accounting)和收费(Charging)。图3-2是财务管理的生命周期模型。

预算:确保有相应的经费可以提供给IT服务,并且能够满足企业的财务标准。不仅仅

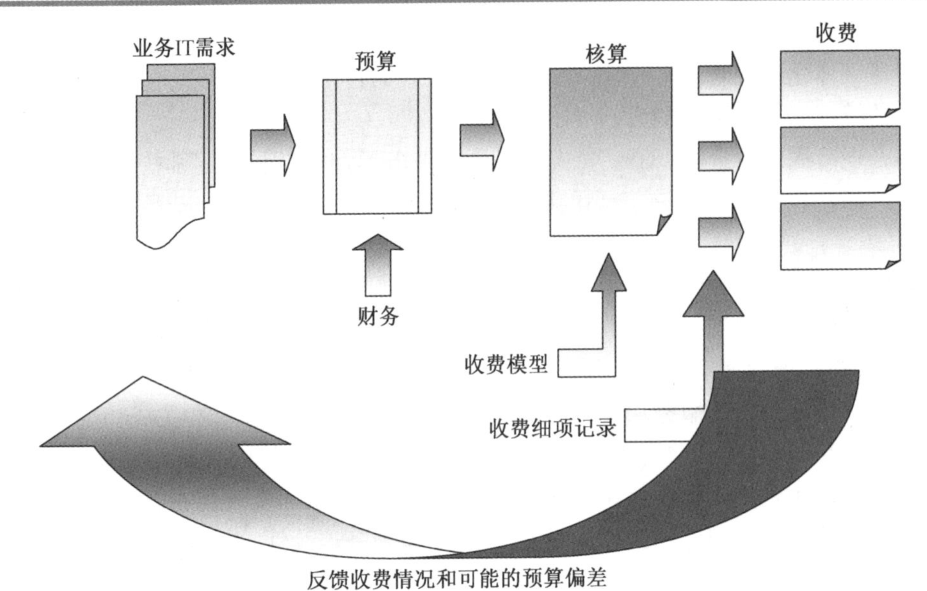

图 3-2　财务管理的生命周期模型

是 IT 服务提供商要有相应的预算控制，每个企业都会在年初制定自己全年的财务预算，比如预算会包括员工的工资成本、租赁的房屋水电和耗材成本及员工的培训成本等。

IT 的预算要考虑到当前和未来 IT 服务需求方面的变更对 IT 服务提供商自身财务的影响。这就需要 IT 有良好的资金预算模式，有计划地确保足够的资金维持持续的 IT 服务运营。通常有三种典型的 IT 资金预算模式：滚动性计划（Rolling Plan Funding）、触发性计划（Trigger-Based Plans）和零基计划（Zero-Based Funding）。滚动性计划是在一个计划周期完成后，立即启动另外一个规划周期。这种计划的好处是资金规划具有连续性，就像我国经济发展五年规划一样。触发性计划一般是在关键性的触发条件发生时才启动，就像我国在灾难发生时就会启动为赈灾预留的专项款项。零基计划是指不考虑以往发生的费用数额，预算支出从零开始规划，零基计划一般在只需要规划某项独立的 IT 服务的投入时才会被使用。

核算：采取适合的工具或流程去采集花费数据，根据财务标准监控适合的成本花费。企业的财务管理软件就是对企业的实际成本和财务账目管理的工具，财务账目可以包括不同的成本分类，如直接成本、间接成本、固定成本和变动成本等，即 IT 服务提供商需制定适合

自己的成本模型(Cost Model)。

收费:依照企业或服务提供商的收费政策去定义收取费用的方法,给客户提供正规的发票和相应的服务价格明细。IT服务提供商在提供服务的同时也要收取相应的费用。所使用的收费模式一般包括分级计费和按量计费等。分级计费可分为金银铜牌服务,不同级别的服务所对应的服务可用性指标和收费标准会不同。按量计费可以按用户的实际使用量、License数量、客户端数量等因素进行收费。具体的费用明细体现在邮寄给客户的账单或发票上,如中国移动或电信每月的通话费账单。

服务提供商在年初时会上报一年的IT花费需求计划,其财务部门或资源管理部门会根据报上来的需求计划拟订预算,并据此指导服务提供商内部的各个部门进行实际花费。IT服务提供商的IT花费是为其客户提供服务,当然IT服务提供商也会相应收取服务费用。

服务提供商要制定服务收费的政策或标准来向客户收取相应的服务费用。在财务管理的生命周期里还会有反馈和修订的环节,那就是服务提供商可以根据以往的财务账目和费用收取明细来重新调整未来的预算,其中往年的预算、财务账目和收费政策可以作为新的一年的参考。对于服务提供商来讲,财务管理是一个周而复始的过程。

那么,为什么要关注财务管理呢?简单地讲,财务或花费就像一个人的血液,它是不能够中断的。试想如果一个企业出现财务问题或资金链中断,那这个企业就危险了。作为以服务为盈利点的企业,财务问题是非常重要的。具体要通过财务管理实现如下行为:

①定义提供服务所需要的实际成本(Identify the actual cost of services provided)。

②提供精确和重要的财务信息去帮助做决策分析(Provide accurate and vital financial information to assist in decision making)。

③使客户了解服务的实际成本(Make customers aware of what services actually cost)。

④评估和管理日常花费的变更(Assist in the assessment and management of charges)。

⑤制定不同的收费策略(Charge Policy)来帮助客户选择具体的服务标准,并同时影响客户的日常操作行为。例如,中国移动通过制定不同的服务套餐(神州行、动感地带和全球通)来满足不同客户的需要,并且还制定不同时间段的收费标准来影响客户的行为,如晚上23:00到次日早上7:00期间的呼叫费用会很低,这样对那些要求降低通话费用的客户提供可以选择的可能。这种差异化收费策略是ITIL 4的重要考点之一。

⑥提供收取费用的详细发票(Positioning for Charging)。

服务提供商要制定相应的收费标准给客户,使客户详细地了解他们所应支付的财务科

目和金额。收取费用体现了 IT 服务提供商或其下属部门的运营价值。这里不得不提到一个具体的问题,IT 服务提供商不是所有的部门都提供直接的服务给最终客户或用户并创造价值的。有些 IT 服务部门是内部的 IT 运营支持的后缓部门,可能不能直接创造价值,但是他们为一线部门提供了很好的技术和业务支撑。那么,IT 服务提供商的内部支持部门的服务价值如何得到体现?这就需要 IT 服务提供商的财务系统有针对内部部门的财务分摊机制。也就是 IT 服务提供商的一线部门的利润应按一定比例分摊给支持它们日常运作的二线或三线后援部门作为内部部门的利润。因为二线或三线后援部门的利润某种程度上是一线部门为客户提供商业价值所必需的成本,这种做法也同时反映了成本管理核算的全面性。有效的财务管理可以清楚地计量 IT 服务提供商或企业中的 IT 部门的投资回报率(ROI),对内可以改善 IT 部门的地位,对外可以影响客户的行为。

投资回报率是指对投资价值进行量化考核的指标,具体的计算公式如下:

ROI=平均年利润增加额/项目投资额

ROI 往往是商业论证的一部分,在 ITIL 理论中又把 ROI 分为 Pre-Programme ROI 和 Post-Programme ROI 两部分。Pre-Programme ROI 一般发生在项目或服务工作执行之前来评估投资回报,估算的方法包括我们通常了解的净现值(NPV)、内部收益率(IRR)和收益成本分析(BCR)等。Post-Programme ROI 一般发生在项目或服务工作已经执行完成,通过“亡羊补牢”的方式证明给业务部门具体的项目和服务实施后的投资回报。

为了计算 ROI,需要将相关的利润增加额进行量化。对于一个 IT 外包服务项目来说,通过项目的标的总额减去项目投入的成本即可以得出该项目的利润增加额。再通过项目利润增加额除以项目投资额来得出该项目的投资回报率。内部 IT 的利润增加额比较难以计算,要想计算内部 IT 的利润增加额,就需要把现有的 IT 部门从成本中心转变为利润中心,也就是内部 IT 部门也需要向业务部门收费。收费的方式可以通过对所提供的具体 IT 服务类型的服务量进行统计或按量收费,也可以按不同级别的 IT 服务人员所投入的小时数乘以他们每小时的服务单价来收费。内部 IT 部门当年所收的全部服务费用总额减去在同一年度企业对 IT 所有的软硬件和人力成本的投入就得出内部 IT 的利润增加额。可以通过该利润增加额除以 IT 投资额来得出内部 IT 的投资回报率。

当然,计算 IT 服务提供商的投资回报不仅仅考虑利润的增加,还要考虑 IT 对企业成本的节省、效率的提高和风险的降低等。利润的增加、成本的节省、效率的提高和风险的降低是企业衡量 IT 投资回报的四个主要方面。

在 ITIL 4 中关于产品或服务的投资回报,特别强调作为服务提供商需要关注企业或组织的长远利益,而不是短期效益。长远利益不仅是对组织品牌和声誉的保护,还需要考虑对客户、员工乃至社会创造必要的价值。ITIL 4 为此设置了三条底线,即任何项目投资需要考虑对经济增长、社会发展和环境保持三方面的正向影响。除此之外,企业还要考虑产品或服务交付的延迟成本(Cost of Delay),即延迟交付可能的代价,所以 ITIL 4 服务管理理论中比较推崇最短工作优先(Weighted Shortest Job First)的方法,即服务提供商应该把有价值的产品或服务尽量切片成小的交付单元,通过短迭代的方式实现价值的尽快交付。组合管理实践就是 ITIL 对这种价值交付理念的进一步诠释。

3.3.3 组合管理

组合管理(Portfolio Management)提供能够持续满足业务价值的 IT 服务组合,并对服务的整个生命周期进行全面的管理。在整个服务生命周期中,它包括服务的商业分析、可行性论证、设计、转换实施、在线运行和服务退役的所有阶段。

组合管理的目的是通过对服务投资和回报的分析适时推出不同组合或种类的服务,并确保所推出的服务在服务的整个生命周期中能够达成预计的服务价值和满足业务的需要,所以该实践提供对其所管理的服务进行跟踪、投资和回报的管理,在服务的生命周期中评估服务的价值,且能够帮助 IT 服务提供商区分投资和服务推出的先后次序,并优化投资资源的有效分配,确保在风险和成本投入得到良好管理的同时实现服务价值的最大化,即组合管理实现投资决策的去伪存真。

作为一个服务投资和决策的实践,通常回答如下问题:

①客户为什么购买这些服务?
②为什么从我们这里购买?
③服务的定价和收费模式是什么?
④我们的优势、劣势、机会和风险是什么?

⑤我们的资源和能力应该如何分配?

组合管理的活动一般分为定义、分析、批准和立项四个阶段。定义阶段是从所有现有和计划的服务中收集信息,对收集到的数据进行验证,并创建最初的服务目录。另外还需要对即将推出的服务的可行性进行商业论证。分析阶段主要回答的问题有“组织的长期目标是什么”“哪些服务能够达成这个目标”“服务所需要的资源和能力各是什么”“我们如何才能达到这个目标”等。批准阶段是为了授权和拒绝提供相应的资源。立项阶段是在批准阶段确定批准服务所对应的项目章程,也就意味着服务的正式启动。

在服务中,组合的概念是指所提供的服务的信息组合,它包含三个阶段:

1. 服务管道(Service Pipeline)

在商业分析阶段所定义的服务(Service under development for customers)。分析不同服务的最大组合价值,并批准和授权服务项目的立项。服务提供商要了解当前市场的需求,设计和开发出符合市场需要的服务产品。例如,中国移动和电信会设置大型的呼叫中心,但是对那些跨地区的酒店和商场来讲,他们也有设置面向全国的呼叫中心的需求。酒店商场的呼叫中心会提供更有效的平台来推广该酒店或商场所提供的产品和服务。这种呼叫中心相对于中国移动和电信的呼叫中心来讲是小型的呼叫中心。呼叫中心开发商就可以根据小型呼叫中心的需求来给目标客户制定出符合他们需要的呼叫中心的实施方案;可以根据客户对具体的呼叫中心承载能力的要求提供不同组合服务,以满足客户对价位和性能等多方面的个性化需求。

2. 服务目录(Service Catalogue)

当前可以直接部署和授权给客户使用的服务(Consists of services presently active in service operations phase and/or approved to be offered to customers)。客户可以在此阶段选择可以直接被 IT 服务提供商提供的服务。IT 服务提供商可能提供多种不同的服务,如系统集成服务、软件开发服务、服务器和数据库维护、存储设备维保和灾难恢复服务,等等。服务目录还应包括关于在目录中服务的交付物名称、价格、联系人和申请流程等信息。服务提供商

可以把当前可能提供的服务列成一个服务目录菜单提供给潜在目标客户去选择。

3. 服务退役(Retired Services)

退役和不再支持的服务(Retired or phased out services)。任何服务都不是永远存在的，总有失效的一天。比如，微软 Windows 7 会由于微软 Win10 或 Win11 等高端的桌面 OS 操作系统的发布而不再被微软所支持。

3.3.4　关系管理

关系管理(Relationship Management)也是 ISO20000 服务管理体系的核心内容。而 ITIL 4 更加强调在服务的全生命周期加强客户体验，好的客户服务体验促进客户关系。关系管理的目的是在 IT 服务提供商和客户之间建立和维持良好的关系。关系的建立是基于能够和客户建立起长期的有效沟通，并从服务战略的角度及时满足客户当前的服务需要，从而发现和解决客户未来的商业需求，以此给 IT 服务提供商带来更多可能的商业机会。一般外企与客户建立长期稳定的关系是通过高峰论坛邀请客户参加，民企通常叫客户大会。

在满足客户当前的需要方面，关系管理中的活动内容是与客户签署的服务级别协议(也就是我们通常所说的 SLA)紧密相关的。与客户签署的 SLA 是日常和客户沟通交流的基础和依据。在解决客户未来的商业需求方面，关系管理、商业分析和容量管理的实践又是密不可分的。因为要想及时准确地了解客户未来的商业需求，就必须针对客户的当前情况建立起良好的商机捕获机制，洞察可能导致客户业务中断的容量问题和潜在的风险，这些都是建立在与客户良好关系之上的。由此可见，业务关系管理流程有建立 IT 服务提供商和客户之间的桥梁的作用，最终打造客户使用服务的“良好旅程体验”。

关系管理的具体落实一般可以通过如下三个方面来体现：

1. 服务报告和服务回顾会

服务报告也是 ISO20000 服务管理体系中的另一个核心流程，但是它往往与客户签署的服务级别协议中的度量内容有关。服务报告在 ITIL 的服务持续改进阶段中有更加具体的说明。IT 服务提供商会与其客户定期召开“服务回顾会议”，而服务报告就是在该会议中所需

讨论的重要内容。服务报告可以帮助 IT 服务提供商提供服务的决策支持信息,并成为与客户沟通的有效依据。服务报告本身需要被及时地完成,且报告的内容要有很高的可靠性、精确性和完整性。

一般来讲,服务报告包括但不限于如下内容:

①与客户签署的服务级别协议(SLA)相比较的绩效完成情况。

②严重不符合项及存在问题,如不满足服务级别协议和重大安全违规等。

③工作负载情况,如工作量和资源利用率等。

④重大故障和重要变更详细内容信息。

⑤趋势信息和主动性运维策略。

⑥客户满意度调查和分析。

⑦管理决策和服务改进计划。

IT 服务提供商一般会每个月或每个季度和客户就服务报告召开一次服务回顾会。在服务回顾会上除了讨论服务报告提及的项目之外,有可能还会讨论当前服务范围的变更、服务级别协议的修正和制定具体的服务改进计划等。由此可见,服务报告和服务回顾会是建立与客户良好业务关系的具体内容和操作办法,同时也是服务级别管理的关键要点。

2. 服务投诉和渠道升级

服务投诉指的是为客户建立必要的投诉流程和渠道升级。IT 服务提供商应该建立起一套完善的服务投诉流程,并提供统一的投诉事件升级号码给客户,如中国移动的 10086、中国银行的 95566 等。在服务投诉流程中要对客户的投诉有记录、分析、报告和跟踪等重要环节,并且把客户投诉的受理跟进情况及时通告给客户。在投诉解决完成后和最终关闭此次投诉前,需要询求客户对此次投诉处理的最终意见。投诉流程和升级渠道的有效建立是为了尽快化解 IT 服务提供过程中可能有的瑕疵或不如人意的地方,以提升客户的满意度和减少重要客户的流失率。

3. 客户满意度调查

客户满意度调查对 IT 服务提供商的服务改进起到有力的推动作用。通过客户满意度调查,全面了解客户对当前服务现状的满意程度,使 IT 服务提供商更加及时、准确地了解服务过程中的问题和不足。目前,很多大公司的服务台都设有服务满意度调查的岗位人员来

设计满意度调查问卷,并对完成调查后的调查结果进行全面统计分析。IT 服务提供商可以基于调查报告来识别可能的服务改进计划。

ITIL 4 把关系管理设定作为一般管理实践,重点关注在服务交付过程中的诸多相关方的管理,即在建立良好客户即相关方关系的基础上,打造服务价值的端到端交付。ITIL 4 对服务进行了全新的定义,把供应商的关系从提供价值交付到与客户一道通过共创和共赢的方式来交付价值。所以,价值的交付当然离不开客户的参与和配合。回想以往业务关系管理或服务管理的日日夜夜,很多业务经理或服务经理的主要工作就是与客户回顾服务月报、处理客户的日产投诉和发起年终的客户满意度调查。这就需要各个层面的紧密沟通。ITIL 4 非常强调全渠道的沟通(Omnichannel Communications),即为了管理终端用户针对其使用服务的用户体验(User Experience),服务提供商可以通过面对面、视频电话会议、邮件及即时消息等立体式全覆盖的沟通方式与用户无缝交流,做到及时反馈用户的询问和即时指导。ITIL 4 也非常鼓励使用终端服务的用户针对具体服务提供积极的反馈,而鼓励反馈的最佳方法是使反馈处理过程对每个人都可见,即通过可视化的方式来管理反馈的全过程。

在沟通和交流过程中,业务经理或服务经理应该做到积极倾听,提供积极主动的反馈而不是以被动应付的方式来处理日常事务。积极倾听强调站在对方视角以积极主动的心态来了解对方的想法,注意观察对方除语言之外的肢体动作所传递的更多信息,必要时用自己的话来重复对方的话,并寻求对方的再次确认。积极倾听的最高境界在 ITIL 4 中被定义为 Global Listening。一个积极主动的业务经理或服务经理应该把与客户的所有交互机会看成一个全新价值创造的“关键时刻”,即 Moments of Truth。

目前,很多企业的服务交付部门都非常推崇 Moments of Truth 的理念,强调关键时刻对客户服务的价值所在。那么何谓关键时刻?关键时刻特指服务提供者和终端用户之间的一个关键接触点或服务交互的契机,用户在这个关键时刻能够感受到其所使用的产品或服务的良好体验。通过关键时刻的定义,我们立刻就会联想到在业务经理或服务经理处理日常客户或用户投诉、IT 服务提供商的服务台员工在受理终端用户的故障申报时、定期与客户开例行会议都属于这种关键时刻。在这种时刻要准备好,以一种更加专业和积极的心态来面对这种关键接触点将成为所有 IT 服务提供商的管理者必备的职业素养。每个业务经理或服务经理需要做到的不仅仅是准备好了再出发,而是要时刻准备着和把握随时上场的机会。

总之,每个 IT 服务提供商都应该意识到这种关键时刻给组织带来的价值,IT 服务提供商的整体服务交付团队都应该具备在关键时间点做出正确响应与决策、提供正确服务资源

的能力，将可能的负面事件积极转化为正向的“关键时刻”的“霹雳手段”。其实不仅仅是 IT 服务提供商的业务经理或服务经理需要具备这种把握关键时刻的能力，IT 服务提供商的所有团队成员都需要具备这种素养。在所有团队中培养必要的人际交往技能，对客户诉求的移情能力和同理心是与客户建立合作伙伴关系的前提条件。

IT 服务提供商可以设置关系经理的角色来统筹关键时刻的有效运作。关系经理的职责一般包括但不限于如下内容：

①制定和发布关系管理实践和办法。

②负责关系管理实践文档的建立、更新与版本控制。

③针对服务报告，对客户的服务质量进行定期回顾，并对服务改进计划提出建设性意见。

④负责受理被升级的投诉，并确保有效地处理和关闭投诉。

⑤了解客户满意度情况，并对满意度调查的结果分析提供必要的信息输入。

⑥了解客户的新需求，及时反馈给相关项目或服务团队，并监管需求的落实情况。

关系经理一般也是服务级别管理经理。服务级别管理实践会在本书第 4 章服务设计中具体介绍。

复习题三

题目 1：服务提供方描述了一个组合，其中包含一台带有软件和功能操作支持的笔记本电脑。该组合属于下面哪一项？（　　）

A. 价值

B. 结果

C. 功效

D. 服务组合

题目 2：下面哪项描述了服务所提供的功能？（　　）

A. 成本

B. 功用

C. 功效

D. 风险

题目3:功效的定义是什么?(　　)

A. 通过开展活动而生成的有形或无形交付物

B. 产品或服务将会符合约定需求的保证

C. 可能导致伤害或损失,或使目标难以实现的事态

D. 产品或服务为满足特定需求而提供的功能

第4章　服务设计

通过第3章的学习，我们知道服务战略为如何服务设计、开发和具体实施服务管理实践提供了战略性的指导。IT的服务战略就是通过有效的服务管理把组织的服务能力转化为组织的战略资产。本章主要针对ITIL 4所涉及的服务设计阶段的实践进行讲解。

4.1　目　　标

服务设计(Service Design)也称服务设计包(Service Design Package，SDP)的设计，它是为了满足商业需要而设计新的或者为当前服务增加新的功能，并把增加的服务或功能引入生产环境。服务设计的主要目标如下：

①设计服务去达到承诺的商业输出结果(Design services to meet agreed business outcomes)。设计的服务是为了更好地满足企业的商业需求，所以好的服务设计是为了更好地满足企业的商业输出的需要，服务设计的输出即服务设计包，关联架构管理实践。

②识别和管理风险(Identify and manage risks)。任何新的项目或设计方案都有风险，在服务设计过程中要充分考虑对风险的定义、评估和管理。

③设计安全且适应能力强的IT架构、环境和应用软件(Design secure and resilient IT infrastructures, environments, applications)。作为一个成功的服务设计，好的安全管理和完备的系统基础架构是不可或缺的重要设计环节，它可以满足客户当前的和未来的需要。

④设计度量方法和标准(Design measurement methods and metrics)。服务设计最终会变成服务产品供客户使用。服务的质量将是客户在使用该服务产品后最关注的，所以在服务设计阶段也要设计出相应的服务度量方法和标准作为客户在使用服务产品时对服务质量评价的参考依据。

⑤提出维护计划、流程、策略、标准、架构和文档去支持有质量的IT解决方案(Produce and maintain plans, processes, policies, standards, architectures, and documents to support the

design of quality IT solutions）。俗话说“没有规矩不成方圆”，在服务设计过程中要制定好相应的服务计划、流程、制度和标准等。

⑥开发IT相关的技术和能力（Develop skills and capability within IT）。过硬和完备的IT技术是好的服务设计的支撑。服务提供商要不断提高自身服务产品的技术和能力。例如，中通客车在2008年度经济危机的大背景条件下依然保持了销售额度的高比例增长，其中一个主要原因就是该公司不断地要求在产品研发上的技术提高。

⑦贡献于整体的服务质量的提高（Contribute to the overall improvement in IT service quality）。好的服务设计会对服务产品有直接正面的影响，一个好的服务产品是对服务质量的一个基本保证，所以一个高效和完备的服务设计会对整体的服务质量的提高有着深远的影响。

4.2　基本概念

4.2.1　服务设计的五个方面

服务设计一般分为如下五个方面的设计：

1. 服务解决方案设计

服务解决方案应该包括对此项服务的所有的功能需求、需要的资源与能力等。具体来讲，方案需要分析协定的业务需求；检查现有的IT服务和基础架构，看有没有可以利用的内容；确定服务可接受标准（Service Acceptance Criteria）；协定支出和预算；评估并确认业务的收益，包括这个服务的投资回报率（ROI）等。

2. 服务组合设计

虽然服务组合是在服务设计阶段来设计的，但它由服务战略阶段来管理。服务组合设计更多地强调服务的组合价值，并对其价值的体现进行设计的过程。具体来讲，服务组合设计考虑推出什么服务、何时推出这些服务，以及如何体现这些服务的最大组合价值、为提供这些服务的资源和能力合理分配的设计等内容。

3. 技术架构和管理系统设计

该设计是为了提供服务所需要的业务架构、应用产品架构、IT 基础架构和运维架构等。技术架构和管理系统的设计是由不同类别的架构师来完成的。以下是针对不同类别的架构师进行的解读：

（1）企业级架构师（Enterprise Architect）。

企业级架构师立足于企业级别的 IT 系统架构，主要关注的是如何把 IT 的能力映射到企业的商业需要中。企业级架构师所关注的主要是 IT 与商业之间的关系和 IT 信息资源如何成为企业的战略资产。国际著名的标准化组织 OPEN GROUP 已经推出企业级架构的框架标准 TOGAF，该框架标准能够帮助企业建立世界级的企业架构和高效的业务架构。

（2）应用架构师（Application Architect）。

应用架构师是通过设计应用软件来解决企业目前所面临的实际商业问题，通过开发出来的先进软件或工具实现企业的商业运作自动化，并提升企业整体的服务能力，从而提高企业的运营效率。企业的应用软件可能是运行在不同的操作系统平台上（Windows、UNIX、Linux、Mainframe），并且有些软件是很多软件包的集合，例如企业的 ERP 应用系统就是财务软件、进销存软件和生产计划管理软件等的集合。应用架构师要通过恰当的方法去评估已经应用到当前企业环境的软件对外接口的设置、性能（Performance）、可用性（Availability）、可扩展性（Scalability）和可靠性（Reliability）等，这些信息都可能成为设计一个全新的应用系统所必备的输入信息。应用架构师在了解企业客户目前的 IT 环境后，就可以应用目前比较流行的软件设计模型，设计出符合客户要求的软件架构设计方案。

（3）信息架构师（Information Architect）。

信息架构师考虑更多的是在设计方案中企业的 IT 信息、后台数据库和数据仓库的搭建工作。他们所关注的是数据库（关系型数据库、文件数据库、面向对象数据库）、文件系统（本地文件系统、网络文件系统）和存储设备（SAN 存储、NSA 存储）的设计和搭建工作。具体来讲，在设计信息系统时，架构师要考虑数据库表空间的物理划分、表结构的设计、信息检索的优化、物理文件系统和存储空间的合理分配与有效利用等问题。例如，信息架构师可以给客户提供数据仓库和商业智能的解决方案。

（4）基础设施架构师(Infrastructure Architect)。

基础设施架构师要考虑基础架构的具体搭建工作。比如在一个数据中心，可能会有很多的工作站、服务器、中间件、存储设备、网络设备和机房的物理设备(电源、光纤、电缆和空调等)。架构师要统筹安排所有的基础设施的设计和搭建工作，使网络设备、操作系统和软件应用平台能够很好地协同工作。换句话说，就是基础设施架构师负责企业数据中心的设计和搭建工作。当前很多大的企业和网站都在搭建基于云计算和虚拟化的数据中心，如亚马逊、谷歌、微软、IBM 等。

（5）集成架构师(Integration Architect)。

集成架构师关注的是如何设计出好的方案来安装应用、软件和网络设备，使它们能够满足企业级的需要。这种方案可以使用不同的技术、不同供应商的产品、不同平台的软件和不同类型的服务器。但要注意确保它们可以协同工作。在一些做系统集成的企业，架构师设计并提供给客户一整套完备的系统集成方案。

（6）运维架构师(Operation Architect)。

运维架构师的设计方案是帮助客户更好地管理目前的基础架构和应用软件。日常的运维工作可能会包括系统的安装、系统所发生问题的跟踪和解决、系统的变更、数据的迁移、系统的扩容和新业务的扩展等。这就要求运维架构师充分了解客户的需要，并把客户的需要转换成指定的系统管理流程、产品和服务等。同时，运维架构师在日常的 IT 系统运维操作中还要起到技术指导的作用。

4. 流程设计

流程设计是对每一个 IT 服务管理流程的业务规则、活动的输入输出、角色、关键成功因素和关键绩效指标等的设计，如问题管理流程设计、变更管理流程设计和配置管理流程设计等。

5. 度量设计

度量设计是对度量系统、方法和组件的度量指标等进行设计。例如，关于审计合规性的度量设计等。

好的设计才有好的结果，以上五个方面的设计属于经典设计的范畴。经典的设计强调

有详尽的需求分析和管理流程、臻于完善的架构设计方法论、标准的研发体系，以及充分的黑盒和白盒测试等。这种重量级的设计体系比较适用于商业市场需求变化不大并且技术解决方案非常确定的场景。如果大家对经典架构设计方法论感兴趣，可以参考笔者的另一本书《ITIL 与 DevOps 服务管理案例实践》。

下面介绍时下流行的全新设计模式，即设计思维（Design Thinking）。设计思维是为了迎合时下乃至未来市场需求的不确定性和模糊性而产生的全新设计方式。它借鉴敏捷思维理念不断去适应动态的市场变化。设计思维的概念是由斯坦福设计研究院首次提出，目前已经成为主流共识。ITIL 4 也非常强调设计思维对服务设计阶段的影响。设计思维的基本步骤如下：

1. 移情（Empathize）

了解你正在设计的产品所关联的利益相关者。了解所涉及的特定相关方的具体需要，获得对客户的深度理解。移情可以配合心理学理论中的换位思考和同理心等诸多实践来达到更好的实践效果。

2. 定义（Define）

基于用户的核心诉求，通过敏捷的洞察力来构建可能的视点和用户真正的关切，清晰表达要解决的问题。

3. 创意（Ideate）

通过头脑风暴和思维导图等工具激发创造性的解决方案。在产品的早期构思会议中提出许多有建树的意见，以期更好的客户体验。

4. 原型（Prototype）

通过原型法和迭代探针式的尝试来论证具体想法的可行性。通过原型设计来达到产品的不断迭代和增量，迭代是指对当下产品功能的美观和细化，增量是不断增加新功能。原型法也可以把最初的产品路线图或蓝图通过不断勾勒的方式达到清晰呈现的效果。

5. 测试(Test)

测试是一个寻求反馈的过程,即把实施完本轮迭代和增量的产品功能拿给特定用户去测试他们的最初想法是否得到满足。产品设计和研发团队要秉承开发的理念,以"忠言逆耳"的心态来面对可能的错误,在产品设计的早期阶段或资源尽可能多地探索藏匿较深的错误。

设计思维是一种全新的设计理念,它有别于传统的架构设计方法论,强调更加贴合用户的真实需要,通过同理心和换位思考等手段真实地了解用户的切实痛点与核心诉求,通过观察和调研进一步收集用户需求,通过用户画像等手段强化针对用户需求的感性认知。使用头脑风暴和思维导图等创新技术来联合用户激发更多的自由思考,不断扩展问题的思考和解决空间。进一步通过原型法和短迭代交付的方式争取每两周交付一个最小可运行的软件特性给到用户去尝试使用,这样可以及时得到用户针对产品的反馈。

设计思维就是通过这种不断迭代反馈的方法逐步探求客户或用户的真正的声音,通过设计者针对自身同理心的建立和不断强化用户参与的方式,真切理解用户的真实需要。目前软件开发已经逐步从经典的瀑布式开发走向敏捷开发,开发的核心环节设计的思维也必须具备敏捷的基因,以真正的简单设计和迭代交付的可工作软件来实现敏捷宣言所提倡的持续价值交付。

4.2.2　服务管理的四个维度

一个好的服务管理要对整个服务范围内的一致性和完整性提供保证,ITIL 4 强调有效地利用如下四个维度去实现价值交付,即 ITIL 4 提出的四个维度的理念。以下四个维度可以应用在 ITIL 4 框架 SVS 中的所有组件,包括 34 个管理实践中。即每个 ITIL 4 的实践需要充分利用这四个维度的资源或能力来实现价值交付。

如图 4-1 所示,中间表征的是 ITIL 4 在 SVS 框架中的输出,即为价值。为了实现这个价值就需要 SVS 中各个组件,包括原则、治理、服务价值链和实践的共同作用。换句话说就是 ITIL 4 的四个维度作用就是提醒 IT 服务提供商要充分利用组织内部和外部可以调用的人力和物力资源,以及流程和工具来打造必要的价值交付能力。为了实现这种全方位的价值打

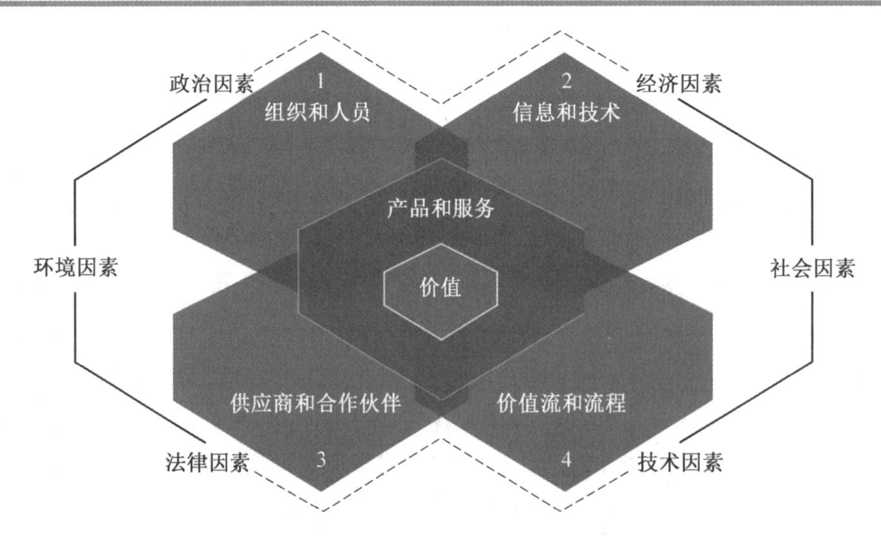

图 4-1　ITIL 4 服务管理的四个维度图

造，ITIL 4 的四个维度必将与 ITIL 4 服务价值系统(SVS)框架内的每个组件发生关联。以下是对 ITIL 4 的四个维度的具体解析。

1. 组织和人员：人、技术和提供 IT 服务的竞争力

要确保具有必要技能的人员来承担工作和任务。比如，中国移动的 10086 座席服务人员需要具有基本的客户沟通能力和常见问题的解决能力。用人是一个很大的学问，是所谓“用人之长，天下无不可用之人；用人之短，天下无可用之人”。我们要把最合适的人用到最合适的地方，这样人作为组织的战略资产的一部分才能够发挥最大的作用。

2. 信息和技术：用来实施 IT 服务的技术和管理系统

技术是用来支持服务管理的，有效的技术或产品能够很好地完成相应的功能和服务要求。比如，移动和电信公司的客户服务软件会自动根据客户的呼入号码很快找到客户的详细信息，并能够提供很好的操作界面来方便客服人员记录客户的查询、投诉和建议等操作。ITIL 4 中的信息和技术不仅仅局限于 IT 服务管理工具，还包括云计算、大数据、人工智能和区块链等。

3. 价值流和流程:有价值的过程和增值活动

流程是为了完成一个指定的目标而设计的过程化的集合。在流程中,角色和职责的定义是非常关键的。流程的执行需符合精益(Lean)的价值流图分析的理念,即价值最大化、成本最小化。

4. 合作伙伴和供应商:制造商和供应商等

要考虑合作伙伴的相关因素,你的合作伙伴可能是制造商或产品供应商。服务提供商不但要保持和你的客户的关系,还要维护给你提供原料产品的制造商和辅助你服务的供应商之间的关系。

服务管理的四个维度为 ITIL 4 的 34 个管理实践提供了必要的资源、技术和流程储备。

为了应对世界未来的不确定性和模糊性,ITIL 4 基于服务管理的四个维度之上又提出了 PESTLE 的模型,在图 4-1 中也有体现。所谓 PESTLE,是由政治(Political)、经济(Economic)、社会学(Sociological)、技术(Technological)、法律(Legal)和环境因素(Environmental)等英文单词的首字母的缩写组成。PESTLE 是用于组织评估外部风险的标准风险提示清单。ITIL 提醒应用 ITIL 实践的组织要充分考虑 PESTLE 所提出的诸多方面的风险,我们可以把 PESTLE 理解为一个经典的风险提示清单,以下是针对每种可能风险的详细举例。

(1)政治层面(P)。

政府及贸易政策、政治选举态势、国际冲突和官僚主义等。

(2)经济层面(E)。

税收、通货膨胀、利息、经济趋势、季节性问题、行业增长进出口比率和国际贸易国际汇率。

(3)社会学(S)。

文化、职业道德、人口统计学、媒体品牌、生活方式、文化禁忌、消费者的态度,观点和购买方式、道德问题、广告和社会责任宣传。

(4)技术(T)。

新发现、新兴技术、技术成熟度、研究与创新、信息与通信、竞争对手、技术开发和知识产

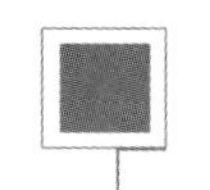

权问题。

(5)法律(L)。

当前和将来的法规、国际法规、监管机构、消费者保护健康与安全法规、税收法规、竞争法规和行业特定法规。

(6)环境因素(E)。

地理位置、气候和天气、能源供应、环境法规、生态法规和循环经济。

4.3 关键实践

服务设计阶段包含一系列的实践,其中包括服务目录管理(Service Catalog Management)、服务级别管理(Service Level Management)、容量和性能管理(Capacity & Performance Management),可用性管理(Availability Management)、IT 服务连续性管理(IT Service Continuity Management)、信息安全管理(Information Security Management)和供应商管理(Supplier Management)。

4.3.1 服务目录管理

服务目录管理给客户提供了集中的、一致性的信息来源,它的信息范围包括服务提供商或厂家所承诺的所有服务列表。对服务目录的管理有如下几点目标:

①确保服务目录被有效地创建和维护(To ensure that a service catalog is produced and maintained)。

②管理和维护日常的服务目录信息(To manage the information contained within the Service Catalog)。

③确保信息的精确性、完整性和更新的实时性,准确地反映当前服务的详细情况、状态和服务沟通界面等(To ensure that the information is accurate and current)。

服务目录管理流程的管理范围包括 IT 服务供应商对其所提供服务的定义、服务目录列表的建立和基于服务列表信息的准确管理。确保任何当前的服务内容都能够纳入服务目录列表的管理范围。为了有效地度量这一点,可以把服务目录列表中记录和管理的服务数目与现实环境中存在的服务数据的比率作为该流程考核的绩效指标。并且,在执行服务目录

管理的同时也需确保服务目录管理、服务组合管理和配置管理系统之间交互的一致性和彼此的依赖关系。

由于业务客户并不需要了解 IT 技术的太多细节，而 IT 技术人员也并不需要过多地了解业务的信息，因此可以把服务目录分为两个层次，具体如图 4-2 所示。

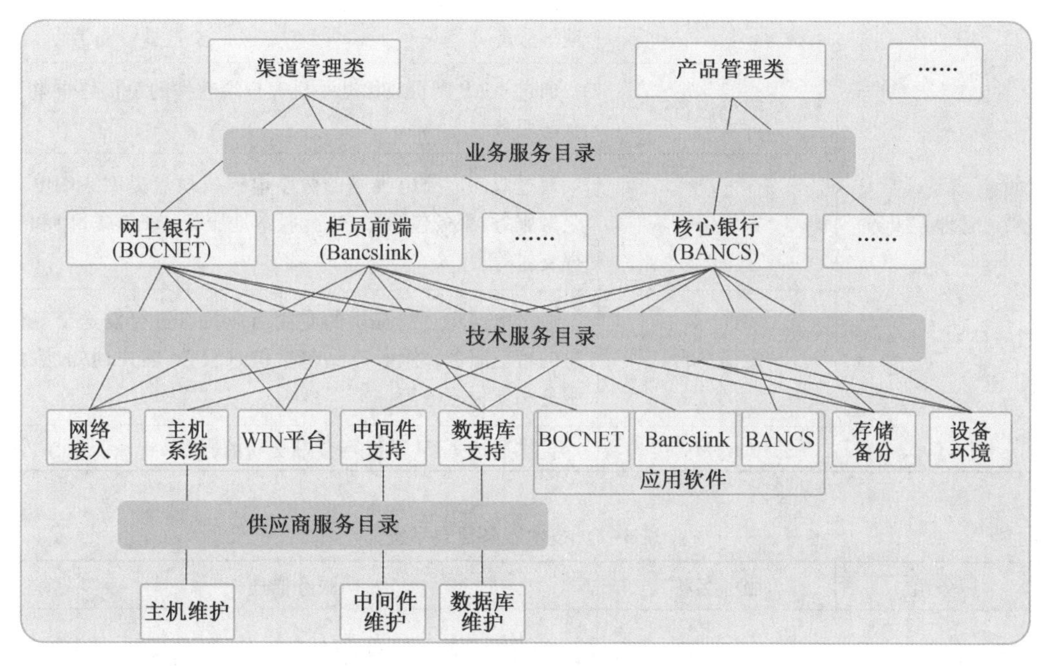

图 4-2　服务目录的层次关系图

业务服务目录（Business Service Catalog）：包括所有和业务运作相关的 IT 服务的详细信息（Contains all details of IT services delivered to customers with relationships to business units）。

技术服务目录（Technical Service Catalog）：包括所有用来作为服务支持与共享的 IT 服务和技术部件（Contains all details of services delivered to customers with their relationships to supporting services, shared services and components）。

由此可见，服务目录的管理是分层次的，并且也是很具体的。我们可以选用业界很流行的服务目录管理工具来进行管理，如 SAGE（http://www.sageworld.com/）。当然，一个简单

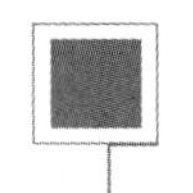

的服务目录管理也可以通过开发服务目录网站或使用 Excel 表格来实现。

现以银行业的服务目录进行举例(表 4-1、表 4-2):

表 4-1　业务服务目录举例

服务组	服务名称	服务描述
渠道管理类服务	网上银行	提供账户管理、转账汇款、账单缴付、投资理财和贷款管理等服务
	手机银行	通过 WAP 网页或移动手机客户端软件的手机终端电子金融服务
	家居银行	通过双向广播电视网的数字电视机顶盒提供终端电子金融服务,服务包括账户查询、本地服务(账单缴付)和电视支付等
	短信平台	通过电信运营商提供的专用行业接口进行发送金融信息的短信服务。服务产品包括信息服务、客户通知、账户服务和支付服务等
	ATM	提供通过 ATM 机进行金融交易的服务

表 4-2　技术服务目录举例

服务组	服务名称	服务描述
IT 基础设施维护服务	CICS 维护服务	CICS 系统的安装调试、性能优化、生产变更、日常维护、故障处理、问题解决、系统版本升级、应急方案制定和演练、系统运行状况跟踪分析等工作,确保 CICS 系统的稳定运行
	DB2 数据库维护服务	DB2 系统的安装调试、性能优化、生产变更、日常维护、故障处理、问题解决、系统版本升级、应急方案制定和演练、系统运行状况跟踪分析等工作,确保主机上 DB2 系统的稳定运行

续表 4-2

服务组	服务名称	服务描述
IT 基础设施维护服务	主机系统环境维护服务	主机系统环境的日常维护和管理,包括例行维护、故障处理、问题解决、系统版本升级、生产变更、应急方案制定和演练、主机系统运行状况的跟踪和分析等工作。负责主机系统的性能和容量管理,对其性能和容量压力进行跟踪和趋势分析,确保主机系统的稳定运行和各项生产任务及指标的顺利完成
	网络维护服务	生产网络路由器设备、交换机设备、网络安全设备、网络监控系统、流量管理设备及其他网络相关设备的软硬件安装、运维和管理,确保网络通信软硬件的安全稳定运行

简言之,服务目录管理就是要创建服务目录,并确保服务目录信息的精确性和更新的实时性。当已经获得服务目录访问许可的人需要访问服务目录时,他们能够很容易地访问和获得一致、完备的服务目录信息。

4.3.2　服务级别管理

1. 服务级别管理的目标

服务级别管理是要和客户磋商,掌握客户的具体需求,并且在与客户达成一致的情况下把具体的需求文档化。服务级别管理文档记录了服务提供商对客户的所有的服务承诺。比如保证 7×24 小时的呼叫中心的维保服务,关键应用或服务器的宕机时间在一年中不能超过 6 个小时等。这种服务承诺定义文档就是所谓的服务级别协议(Service Level Agreement)。和客户签署的服务级别协议可以是以合同的形式体现,并具有法律效力。该 IT 服务合同中应包括合同范围描述、合同所涉及的职责范围和依赖关系以及奖惩条款等。有了书面的与客户制定的服务级别协议后,接下来要做的就是设置度量标准,并且依照具体的度量标准去监控实际的执行情况。最后,还要定期产生相应的服务报告来衡量所提供的服务是否达到

客户的要求和满意度,并推动和协调服务改进计划(SIP)。

服务级别管理分为两个方面:一方面要尽量地把越来越多的服务作为服务级别管理的对象;另一方面通过对服务进行适当的定义、监控和定期的审查来确保服务自身价值的具体实现和服务级别协议的合理性。服务级别管理的具体目标如下:

①对所有的 IT 服务,都要有定义、文档记录、客户的签署同意、监控、度量、报告和审查部分(Define, document, agree, monitor, measure, report and review the level of IT service provision for all services)。

②建立和提高商业客户间的良好关系(Promote and build good relationships with the business and customers)。

③监控和提高客户的满意度(Monitor and improve levels of customer satisfaction)。

④提供具体的度量标准(Provide specific and measurable targets)。

⑤清晰的服务级别定义(Level of service defined clearly and unambiguously)。

⑥在合理的成本控制下积极地提高服务的级别(Proactively improve service levels where cost justifiable)。

⑦ITIL 4 强调把用户和客户体验的指标纳入服务级别协议,比如客户对服务台的满意度的指标等。

2. 服务级别管理的级别类型

在服务级别管理流程中,服务级别标准有三种类型。

(1)服务级别协议(Service Level Agreement, SLA)。

IT 服务提供商和客户之间进行磋商后正式记录下来的 IT 服务标准或合同(A formal, negotiated, document that defines in quantitative terms the IT service to be offered to a customer)。例如,IBM 和花旗银行签署的 IBM 主机维保服务协议。

(2)运营级别协议(Operational Level Agreement,OLA)。

IT 服务提供商内部 IT 部门制定的关于部门级的 IT 服务标准(A formal agreement owned by the service management team between IT functions defining a working relationship required to support an SLA or service)。例如, IBM 内部 IT 服务部门的 IT 服务承诺。

(3)第三方供应商支撑合同(Underpinning Contract, UC)。

IT 服务提供商和其下包供应商之间所承诺的服务标准或合同(A formal agreement owned

by the service management team between the IT organization and a 3rd party supplier defining a working relationship required to support an SLA or service)。例如,IBM 和美国电报电话公司(AT&T)所签署的网络支撑服务协议。IBM 是通过 AT&T 的网络接入到客户的网络,那么 IBM 就必须保证接入的这段网络的稳定性和安全性。这也是 IBM 要和 AT&T 签署关于网络的支撑合同的根本原因。

这三种服务级别标准的具体关系如图 4-3 所示。

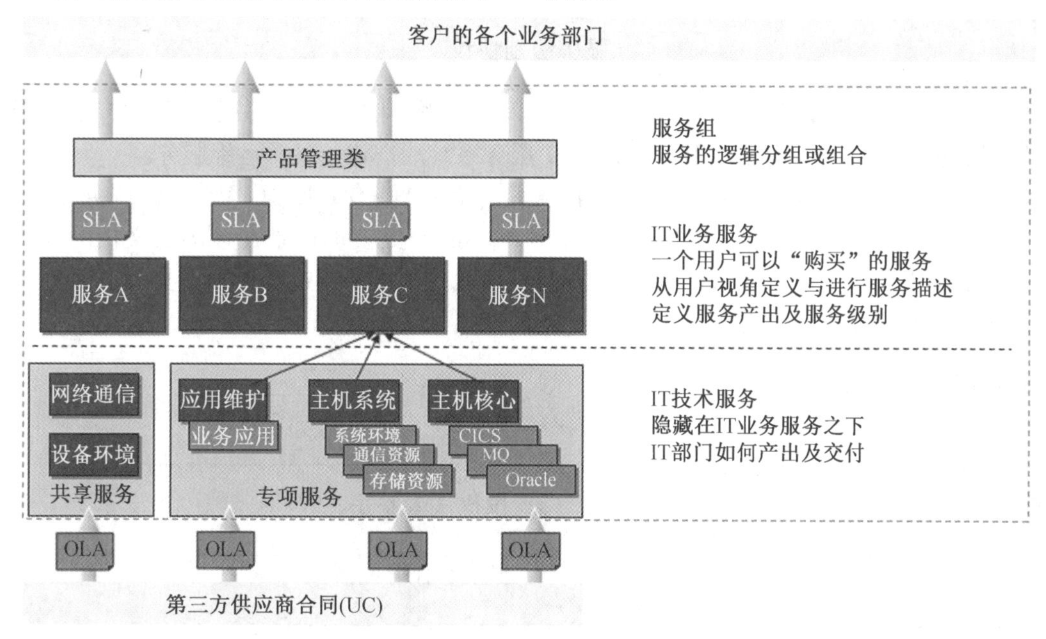

图 4-3　SLA、OLA 和 UC 的关系图

从图 4-3 中我们可以看到,服务级别协议是在服务提供商与客户之间签署的协议标准;运营级别协议是在服务提供商内部的服务提供部门之间签署的协议标准;第三方供应商支撑合同是服务提供商和其下包供应商之间签署的协议标准。

另外,服务级别协议可以分为基于服务的 SLA(Service-based SLA)、基于客户的 SLA(Customer-based SLA)和基于公司的 SLA(Company-based SLA)。也可以是以上三种 SLA 按不同层级组合的多级 SLA。基于服务的 SLA 就是一个服务多个客户签一个合同文件,如 Call Center 服务多个客户签一个服务级别协议。基于客户的 SLA 就是一个客户相关的多个

服务签一个合同文件，这个客户的服务包中可以既包括 Call Center 服务，又包括基础设施运维和应用设计开发的服务。基于公司的 SLA 是这个公司或集团通用的 SLA 指标协议，一般适用于大多数服务或客户的基本服务级别协议要求。服务级别协议所定义的目标一般是需要运营级别协议（OLA）和第三方供应商支撑合同（UC）所支持的，即 UC 和 OLA 需要更加严格从而可以支持 SLA 承诺的相关指标的达成。

以下是服务级别协议举例：

服务级别协议

本文档是××××（以下简称：乙方）和××××（以下简称：甲方）之间的服务级别协议。该服务协议所包括的服务范围覆盖甲方业务和 IT 服务系统的搭建与日常运维服务。

本协议从 20××年××月××日到 20××年××月××日有效，有效期为 12 个月。服务级别协议一般每年审阅和修正一次，对服务级别协议的小的变更会被记录在该协议文档的最后。任何变更都需要服务双方的认可和签字，并且任何变更都需要通过变更管理实践来控制。

本协议在终止前一直有效。

协议编号：××××××	生效日：________________
乙方：__________	甲方：________________
授权代表签字： ________________	授权代表签字： ________________
姓名（请用正楷）： ________________	姓名（请用正楷）： ________________
日期： ________________	日期： ________________
地址： ________________ ________________	地址： ________________ ________________
联系人姓名： ________________	联系人姓名： ________________

电话:____________　　电话:____________

电子邮件:____________　　电子邮件:____________

传真:____________　　传真:____________

本文档签署的是针对××系统的服务级别协议。××系统是以客户为中心、支持 7×24 小时联机交易处理,并由众多参数加以驱动。××系统的服务范围主要包括系统的需求处理、主机设备运维、主机操作系统的维护、中间件维护和核心应用的运维管理等。

承诺的服务支持时间是 7×24 小时,在非正常业务时间也可以接受服务请求和故障处理,并及时地升级故障给相关的技术团队进行解决。对常规的变更管理,需要提前计划服务中断时间。计划服务中断时间是确保 IT 运维团队能进行必需的主动性维护工作,并使 IT 能在尽量不影响业务的情况下对服务进行定期维护。

时间段	描述	标准服务	可选服务
服务时间	7×24 小时	×	
正常业务时间	8:00~18:00　除节假日	×	
系统维护时间	下班时间(20:00~24:00)是固定的变更时间 大型变更会在周六晚上进行,对外会影响最小,如软件升级、打补丁和系统参数调整等 服务中断通知:计划和非计划的服务中断时间都必须有中断通知机制 计划服务中断: 在计划服务中断之前最少 48 小时前发出通知	×	

服务管理是通过一定的管理和技术手段使服务价值的实现成为可能。服务管理一般是通过服务指标的度量和管理来实现。服务指标是反映业务应用状况,如服务交易响应时间和服务可用性等。有的参数是由客户感受而决定取值的。具体的服务指标定义见表4-3。

表 4-3 服务指标

指标名称	指标描述	指标类别	计算方式	绩效指标
应用系统可用率	系统端到端的可用率	可用性	公式=1-(故障时间段/服务承诺时间)×100%(不包括计划中断时间)	99.99%
平均故障恢复时间	故障的平均恢复时间	可维护性	计算时间	30 分钟
平均故障间隔时间	两次故障的平均时间间隔	可靠性	计算时间	6 个月
故障的成功解决率	故障在规定的服务级别约定时间内的成功解决率	可维护性	公式=1-(未在规定的服务级别约定时间内成功解决的故障数/总故障数)×100%	98%

根据监控和统计数据每季度产生服务报告。服务报告一般是以服务级别标准为服务度量的健康基准线,以红、黄和绿的方式在报告上分别标注服务管理的执行情况,从而满足管理层的可视化 IT 服务绩效的需求。报告会记录每项服务的服务级别指标基准和近三个月的实际服务绩效对比情况。对于满足服务级别指标的相应栏位标成绿色,如果相对于指标小于或等于上下 1%(该百分比需要和客户共同决定)的偏差,则标成黄色;大于 1% 的偏差,则标成红色。

服务报告分发的对象包括甲方的客户代表和乙方的服务经理等。最好有回顾会议对服务报告进行审核,回顾会议的形式见表 4-4。

表 4-4 回顾会议形式

会议名称	会议内容与范围	责任人	参与人员	频率
回顾例会	根据服务报告回顾本阶段的服务表现、交付能力等	乙方服务级别经理	乙方各 IT 服务经理	1 次/每季度
服务回顾会议	根据服务报告及客户反馈意见对本阶段的服务表现、服务指标情况、服务改进计划进行回顾	乙方服务级别经理	甲方代表和乙方各 IT 服务经理	1 次/每半年
SLA 回顾会议	对 SLA 内容与目标进行年度回顾	乙方服务级别经理	甲方代表和乙方各 IT 服务经理	1 次/每年

为了达到甲乙双方合作的预期目标,甲乙双方应建立可行的合作伙伴关系,其关键是建立流程上的关联,以确保对战略需求和运营需求理解的统一,以及未来的 IT 服务计划能满足双方的期望。表 4-5 概括了甲乙双方所尽的责任和义务。

表 4-5 双方责任与义务

序号	名称	甲方责任	乙方责任
1	服务级别协议(SLA)	沟通 SLA SLA 批准 服务级别需求	为客户制定 SLA 为 SLA 的变更进行谈判 为新业务及新需求提供帮助 获取 SLA 的审核批准
2	建立沟通渠道	就影响 IT 服务的业务变更与乙方进行沟通	确保与甲方建立有效的沟通
3	业务需求分析	提供未来业务目标与需求预测	提供咨询和历史信息以帮助甲方进行业务需求预测

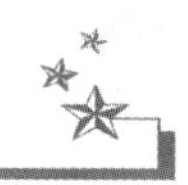

续表 4-5

序号	名称	甲方责任	乙方责任
4	预测服务内容	提供涉及如下变更的信息： 硬件需求 CPU 使用变更 磁盘空间需求变更 所需要的工具和软件 技术变更 平台变更 所需服务级别变更 组织变更 审核 IT 费用	基于甲方提供的预期提供能力规划 提供关于 IT 需求的咨询 技术变化 组织变化 费用预测
5	客户访谈	提供有关服务信息 提出有关服务意见	客户访谈 公布访谈结果 必要时制定行动计划
6	回顾	展示下一步计划和方向 提供反馈 关于组织变化的讨论 项目的回顾	回顾目标和成果 展示 IT 计划 收集客户输入和计划 项目的回顾

一般来讲,高服务可用性会相应地收取更高的服务费,可以参照的服务标准如下：

服务可用性达到 100%,为铂金级服务,按照标准费用的 120% 收取。
服务可用性达到_______,为黄金级服务,按照标准费用的 110% 收取。
服务可用性达到_______,为白银级服务,按照标准费用的 105% 收取。
服务可用性达到_______,为青铜级服务,按照准费用的 100% 收取。
服务可用性在 85% 与 90% 之间,按照标准费用的_______折扣收取服务费。
服务可用性在 80% 与 85% 之间,按照标准费用的_______折扣收取服务费。
服务可用性在 75% 与 80% 之间,按照标准费用的_______折扣收取服务费。

服务可用性低于75%，不收服务使用费。

平均故障修复时间超出承诺，惩罚的标准：________

若签订SLA后，甲方提出退订服务的要求，需要向乙方支付补偿费用。

费用标准：________

本协议条款自双方签署之日起生效，于双方已履行其全部责任和义务（包括担保义务）时终止（除非提前终止）。如遇协议一方严重违反其于本服务条款中的任何义务，并未能在对方发出书面通知指明该违约事项后30天内改正的，由未违约方经发出书面通知后终止。

服务级别管理是服务提供商和客户沟通与联系的接口。服务经理作为服务供应商的代表和客户服务的直接联系人，要确保对以下的相关事项负责：

①了解客户当前的和未来的需求。

②和客户进行磋商并达成双方都同意的服务级别协议，并最终签订合同。

③研究和解决任何存在的服务质量问题。

④实现服务改进及提高计划。

很多致力于成为服务交付经理或已经是服务经理的读者，可以好好衡量一下你目前所做的服务管理工作是否已经关注如上的关键事项。如果还没有，那就请务必着手把如上事项作为日常工作的一部分。

4.3.3　容量和性能管理

容量和性能管理的目标是在合理的成本控制下，提供适宜而有效的资源管理，使得IT资源能够被合理地利用，并且能够适应当前和未来的商业或业务需要。具体的容量管理包括如下四个方面：

①及时地考虑、计划和执行未来的IT服务需求。

②基于服务级别协议有效地管理IT服务的容量问题。

③管理和监控当前IT基础设施里的所有部件。这里的部件包括服务器、应用软件、存储和网络设备等。对IT基础设施的有效管理和监控，确保和服务容量相关的故障和问题能够被及时发现和解决。

④在有效的成本控制框架下去提高服务性能。

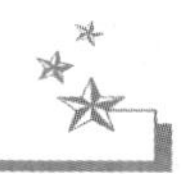

如果按级别分，容量管理可以分为业务容量管理、产品和服务容量管理和组件容量管理三个级别。

业务容量管理（Business Capacity Management）：客户发起的业务需要的容量管理。例如，一个呼叫中心每天所能够承载的呼叫的业务总量。

产品和服务容量管理（Product and Service Capacity Management）：产品和服务端到端的容量管理。例如，银行 ATM 机服务交易响应时间在可接受的范围之内，机房每周数据全备份服务在所需完成时限，比如 8 小时之内备完。

组件容量管理（Component Capacity Management）：IT 基础部件的使用率的管理（Management of the Utilization of Components）。例如，服务器 CPU 和内存的使用率。

容量管理也会考虑当前客户使用的应用程序运行环境要求（Application Sizing）、未来用户增长的预测（User Growth Forecasting）、当前服务的使用率（Utilization of Service）和目前存在的限制等。

ITIL 非常强调容量与业务需求的匹配关系。由于 IT 容量提供和业务需要是两个交织在一起的生命共同体。要想实现 IT 容量对业务需要的有效支持，IT 服务提供商首先要做到了解不同用户类型的基本情况，即 User Profile（UP）。再通过分析图表呈现用户使用服务的可能行为模式，即 PBA（Patterns of Business Activity）。ITIL 从 2011 版就有 UP 和 PBA 的概念，ITIL 试图用 UP 和 PBA 来了解业务需要，并给这个需要建模。容量管理就是在充分了解业务需要的情况下，有效地利用 IT 稀缺资源来满足业务需要，必要时可以通过制定在不同时间段提供差异化收费等策略来影响用户使用服务的行为。

容量管理也称服务的性能管理。针对性能管理，可以使用业界比较流行的性能管理工具产生相应的性能分析报表，通过具体的报表分析对当前服务性能进行及时的跟踪，并采取切实可行的性能调优计划。比如在某公司的服务器上用 NMON 工具对服务器的性能进行实时的监控和分析，并产生相关的报表。

总之，容量管理关注的是服务能力和性能相关的问题。许多企业通过使用容量管理信息系统（Capacity Management Information System，CMIS）去存储所有历史跟踪的数据、分析统计报表和制订容量管理计划等。容量管理信息系统一般是建立在数据仓库的基础上，通过对历史数据和报表的分析，IT 服务提供商可以了解对当前客户所提供的服务在目前和未来是否存在容量或性能问题。如果确实存在性能问题，服务提供商可以把具体的分析数据及

时汇报给客户,并制订相应的扩容计划。

4.3.4 可用性管理

可用性管理的目标是优化IT系统架构和IT服务组件的能力去达到或超过承诺的服务可用性级别。可用性是指服务可以访问的时间占整个给客户承诺的服务时间的百分比。可用性管理包括可用性计划和一系列持续性的行为,比如持续系统监控、报表跟踪和不断改进服务措施等。具体的管理行为可以细化到对一切可能影响系统可用性的故障、问题、变更和发布进行监控、跟踪和及时处理解决。

当然,服务的可用性指标也是服务级别协议(SLA)的一部分。如果不能满足向客户所承诺的服务可用性级别,就无法达到向客户承诺的SLA。IT服务提供商就可能会收到客户的罚单,由此造成的后果是相当严重的。

要想很好地执行可用性管理,先要通过图4-4来理解一些关键的概念。

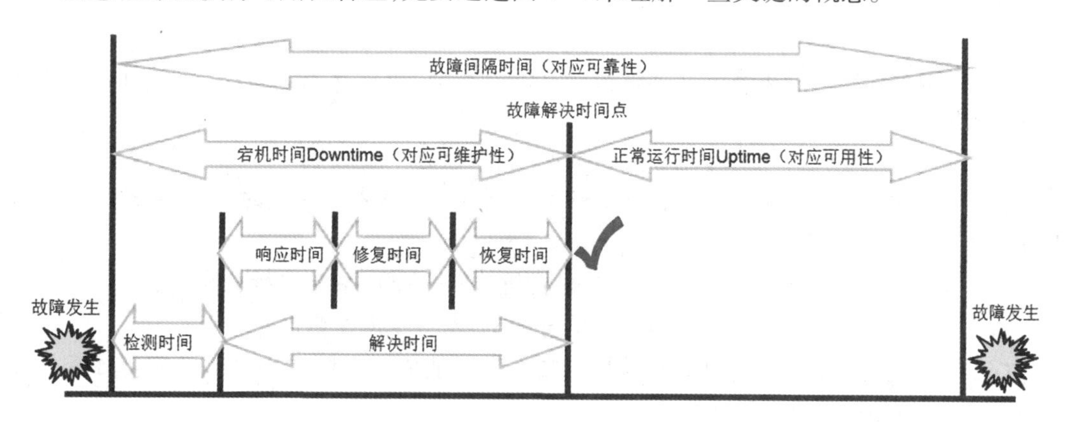

图4-4 可用性的关键概念图

故障/事件(Incident):一个非正常的服务操作或服务的意外中断(An event which is not part of the operation of a service which causes, or may cause, a disruption of the service and/or reduction in user productivity)。

宕机时间(Downtime):指从故障(事件)发生那个点开始到服务正常恢复的时间点之间的平均时长,具体的时间段包括平均故障响应时间、修复时间和服务恢复时间的总和。

正常运行时间(Uptime):指从上次故障恢复点到下次故障发生点之间的平均时长。

故障间隔时间(Mean Time between System Incidents):指在两次发生的故障点之间的平均时长。

通过图 4-4,可以观察到“故障间隔时间”就是“宕机时间”和“正常运行时间”之和。可用性管理就是要当前的服务尽量少地产生非正常的故障和减少不必要的宕机时间。“可用性”的计算公式如下:

$$\text{Availability}=(\text{AST}-\text{DT})/\text{AST}\times 100\%$$

其中,AST 是承诺的服务时间(Agreed Service Time);DT 是宕机时间(Downtime)。

如果这个比例越接近 100%,表示服务可用性越高。可用性管理就是通过各种手段和技术来达到较高的服务可用性,比如很多公司通过给服务器磁盘做镜像,或服务器集群方式,并且将后台的存储设备设置成 RAID 5 或 RAID 6 模式等措施来实现服务器和存储的高可用性。

除了可用性的计算公式,可用性管理还会考虑服务的可维护性、可靠性和可服务性。

(1)可维护性用于测量服务或配置项在发生故障后,可以恢复正常的平均时间,即平均故障恢复时间。

可维护性=宕机时间之和/服务中断次数

(2)可靠性用于衡量服务或配置项能够不间断地执行服务的平均时间,即平均故障间隔时间。

可靠性=(承诺的服务时间-宕机时间之和)/服务中断次数

可靠性=承诺的服务时间/服务中断次数

(3)可服务性是指第三方供应商满足合同条款的能力。合同的内容包括服务或配置项的可用性、可靠性和可维护性级别。

可用性管理的流程活动分为被动性活动和主动性活动两种。被动性活动包括可用性监控、度量、分析和管理与服务不可用有关的所有事件、故障和问题,属于服务运营的范畴。主动性活动包括可用性的主动规划、设计和持续改进,属于服务设计的范畴。

4.3.5 IT服务连续性管理

IT之所以有服务连续性或灾难恢复的需要,来自业务有连续性或灾难恢复的需要。IT服务连续性管理(IT Service Continuity Management)的目标是由于系统硬件的故障或不可抗拒的灾难(地震、火灾或海啸等)造成业务服务中断时,业务服务和IT服务设备能够在规定的时间范围内恢复回来。这就需要设计灾难恢复计划(Disaster Recovery Plan)和业务影响分析(Business Impact Analysis)方案。业务影响分析的内容可以作为灾难恢复计划的输入。而灾难恢复计划的目的是在业务中断后恢复业务流程所需步骤的计划。灾难恢复计划还要规定故障应急触发机制、涉及的人员和沟通的渠道等。比如招商银行的在线系统在深圳总部,而它的灾难备份中心设在南京。如果深圳发生不可抗拒的灾难,南京的灾难备份系统就会及时启动。在启动灾备中心时需要依据事先定义好的灾难恢复计划按步骤完成数据中心的切换。

那么,什么才是一个好的灾难恢复计划?ITIL理论建议:要在计划中完备、清楚地定义各角色及其职责。例如,发生故障时,谁负责电源设备的抢修,谁负责IT和网络设备的恢复,谁来评估灾难的严重级别,并且在不同级别中采取何种应急方案。当然,定期的模拟预演和对灾备计划本身的重新审查和修改也是必要的。例如,IBM就设有应急事件委员会,当灾难事件发生时,IBM的高层和相关的责任人会开会协商并根据预定义好的灾难级别对现有的灾难的严重级别进行判断,从而采取相应的措施。为此,IBM还设置审计部门,该部门会定期到IBM全球范围的各个子公司去做现场的检查和模拟演练。

企业的IT服务连续性管理是一个非常重要的环节。在美国的9·11事件之后,很多企业对自身运营系统的灾难备份管理高度重视。作为一个IT服务的提供商,如果客户有相应的灾备要求,那么灾难恢复的指标很有可能是你和客户签的服务级别协议的一部分。

针对客户对灾备需求的不同,在与客户签署的服务级别协议中可以采取如下不同的灾备策略和方案:

①手工变通解决方案(Manual Workarounds):在规定的时间范围内采取手动的解决办法来恢复服务。

②互惠协定(Reciprocal Arrangements):技术类似的企业或组织的数据中心互为灾备中心。

③渐进恢复(Gradual Recovery):即“冷备份”,需要准备电源、物理环境、网络线路和计算机设备等,恢复时间一般在72小时以上。

④中期恢复(Intermediate Recovery):即“暖备份”,可以依托第三方灾备服务提供商来提供此服务,恢复时间可以控制在72小时之内。

⑤快速恢复(Fast Recovery):即“热备份”,可以依托“两地三中心”的数据中心服务模式来实现24小时之内的服务恢复。

⑥立即恢复(Immediate Recovery):即提供不间断的灾难恢复服务,目前比较热的“双活数据中心”就是一种立即恢复的解决方案。

一个高效、完备的灾难恢复计划和业务影响分析方案对一个企业或者IT服务提供商来说,都是控制风险和维护正常服务所不可或缺的重要环节。很多企业都设有IT服务连续性经理一职来主抓IT服务连续性管理。该职位的职责包括对现有和新增加服务进行业务影响分析,在合理成本控制下进行风险评估和风险管理以抵御风险,并不断提高IT连续性的管理的能力。IT服务连续性经理和IT服务经理的角色在很多企业是相互重叠的,即IT服务经理承担了IT服务连续性管理的工作。

4.3.6 信息安全管理

信息安全是通过实施一组合适的控制措施确保企业或组织资产的机密性、完整性和可用性不被破坏,以确保满足该企业或组织的特定安全和业务目标。信息安全管理是一个热门的话题。现在越来越多的企业开始重视企业内部的安全问题,如信息业务交易平台的安全问题,在不同企业和不同平台间交换信息的安全问题等。尤其是银行和金融部门对安全设置是非常严谨的,比如某银行内部的技术服务人员要想取得相关的数据,就需要先通过一个叫作Citrix的远程共享软件,并且要经过几层防火墙。除此之外,他们还采用了物理的密码检测环节,也就是一个叫Token的电子设备。

Token是一个有电池的电子设备,大小和U盘差不多,它上面显示的密码是随时更新的,如图4-5所示。

当技术服务人员每次要访问后台的系统时,除了要输入系统的密码外,还要输入在登录的那个时间点上Token所显示的密码。从而,银行实现信息系统安全和物理安全的双重保护,即双因素安全保证。

图 4-5　Token

信息安全管理是防止任何的 IT 功能或数据被非授权的人员访问,使潜在的安全隐患和漏洞最小化，降低安全漏洞所造成的影响,开发相应的安全策略,并在可用性管理的环节执行该策略。为何安全策略会在可用性管理中去执行？因为安全管理的一个重要的因素就是可用性。而可用性的保障也是可用性管理的一部分。由此可见,每个流程实践并不是独立存在的,它们之间有着密切的联系。比如不善的安全管理会导致系统被黑客入侵而引起系统的瘫痪,这种系统的瘫痪会直接影响到系统的可用性。除了可用性作为安全管理的重要因素外,机密性和完整性也是安全管理的另外两个因素,也就是安全领域经常提到的 CIA (Confidentiality, Integrity, Availability)。

机密性(Confidentiality):保护敏感的信息以防泄漏或被窃听(Protecting sensitive information from unauthorized disclosure or intelligible interception)。比如企业的保密性的邮件不能被无关的人看到。

完整性(Integrity):确保信息或软件的精确和完备(Safeguarding the accuracy and completeness of information and software)。它强调的是系统相关数据的完整性,通常指数据库的数据交易失败的回滚机制。还有交易的一致性,比如你在 ATM 机上取钱,你所取的金额和实际上银行扣除的金额要相符。

可用性(Availability):确保信息和重要的 IT 服务在有访问需求的时候总是可用的(Ensuring that information and vital IT services are available and accessible when required)。每

个人都希望每次在 ATM 机上取钱时都能够取到,尤其是在过节的时候。

随着企业信息化程度的不断提升,很多企业都会在其内部搭建自己的信息系统和基于 IT 软件的业务管理平台。由于信息交换的互联网化,企业的 IT 系统不免会连接到互联网上,因此,企业信息系统随时随地都可能被互联网上的黑客侵扰。除了网络黑客的隐忧,网上病毒可以说是互联网的又一杀手。根据国内病毒厂商公布的数据,近年新增的病毒和木马的数量超过 2 000 万,比 5 年前增长了近 400 倍。

在承受黑客和病毒侵扰的同时,企业在内部的安全管理方面还存在各种各样的隐患和风险,比如如何保护企业的商业机密信息不外泄、如何减少员工的操作错误、如何在不可抗拒的外因(火山、地震和洪水)来临时能够保障企业业务的持续性运转等。由此可见,信息安全是企业持续发展的需要。

目前常见的应用系统的安全攻击有如下几个(不是全部)方面:

(1)数据库拒绝服务攻击。

拒绝服务攻击就是通常所说的 Deny of Service(DoS)。对于数据库来讲,由于一个数据库的实例的并发连接数是有限的,攻击程序可以模拟很多的数据库连接请求,耗尽正常应用程序和该数据库的连接请求,以达到数据库无法再响应新的连接请求。这种拒绝服务攻击不仅仅发生在数据库,它还可以对操作系统、网络和应用软件等发起攻击。

(2)SQL 攻击。

应用程序一般都会连接到后台的数据库,数据库会开放应用程序对数据库的 SQL 查询。如果应用程序没有对用户的输入进行安全检查,用户可以自行在网络浏览器的 URL 或应用的界面输入 SQL 查询语句,并获得数据库中的敏感信息。

(3)Cookie 和 Session 欺骗。

由网页充当客户端的 B/S 结构的应用通常会采取 Cookie 或者 Session 来存储用户的必要验证信息,并对用户的身份进行识别和跟踪。这些存储在用户本地计算机的 Cookie 信息实际上已经成为进行用户身份验证的令牌。如果恶意攻击者试图去获取这些令牌信息,并仿冒用户去登录系统将是非常危险的。

(4)后门程序攻击。

后门程序是应用系统开发人员在设计和开发某一个应用模块而顺便设置的秘密入口。这种后门不仅在软件上存在,很多硬件提供商为了便于对硬件进行测试、更改和增强模块的功能也同样设有后门。有时后门程序由于程序员或厂商的疏忽或其他原因,在最终把软硬

件产品交付给客户时并没有被去掉而导致安全隐患。

要想有效地实施安全管理,企业就需要建立符合自己组织需要的信息安全策略、安全管理流程和工具检测。具体的安全管理包括信息安全策略、风险评估流程、内部评审流程、信息安全事件管理流程、员工信息安全管理流程和信息资产管理流程等。企业要通过流程和安全监控管理工具来识别关键的企业资产,并对企业资产进行风险监控、评估、安全告警和安全事件管理。

对信息安全的管理是安全经理的职责,很多企业都设有这个职位。在给客户提供服务的过程中,安全经理全方位地管理服务的信息安全并控制安全隐患。企业的安全经理要考虑的具体事项如下:

(1)创建和维护安全策略(Produce and Maintain the Information Security Policy)。

制定信息安全策略是安全管理的第一步。有效的安全策略可以指导具体的安全流程文档的制定。例如,IBM 就制定了一整套安全策略,它分为对 IBM 自己内部的安全策略和对每一个独立客户的安全策略。并且在 IBM 内部有一个像安全策略委员会的组织负责对安全策略的维护和发布。

(2)沟通和执行策略(Communication and Enforcement of Policy)。

好的安全策略要在发布和执行后才有效果。IBM 为了支持安全策略的发布和执行,特意开发了很多安全策略管理软件。例如,在 Tivoli 软件家族中就有一个叫作 Tivoli Security Compliance Manager (TSCM)的软件,它可以通过图形界面很容易地制定安全策略,并且还有相应的客户端代理程序,可以直接从客户的服务器、数据库系统和网络设备中采集相关配置数据,进行比较分析,查看这些采集的配置数据是否符合预定义的安全策略。同时,该工具会对每一个独立的客户生成一个全面的针对安全策略的检验报告。这个报告可以作为相关的系统维护人员做系统变更和调整的依据,也可以作为与客户进行沟通和协商的第一手资料。

(3)指导业务影响分析和风险控制(Conduct Business Impact Analysis and Risk Control)。

业务影响分析和风险控制是 IT 服务运营商应该格外关注的地方,因为它会直接影响到其服务的可用性和连续性。安全经理在其中起指导作用。

(4)开发和记录过程控制文档(Develop and Document Controls and Procedures)。

在制定安全策略之后,开发和制定过程控制文档就显得尤为重要。只有采取具体的控制和度量目标,才能保证安全策略的有效实施。

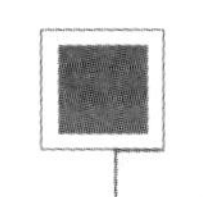

(5)安全问题的监控与内审(Monitor and Test Security Issues)。

对安全的监控和测试,可以通过内部安全审计部门和外部安全审计组织来执行。安全经理将主导内部的安全审计。外部的安全审计是来自第三方的审计公司,比如安永、普华永道等。这些业界著名的审计公司是客户请来审计服务提供商所承诺的服务安全是否达到预期的标准。安全经理可以协助审计公司执行有效的安全审计和健康检查。

(6)执行任何违背的补救(Execute Remedial Action for Breaches)。

不管是内部或外部的安全审计,最终都会产生审计报告供给客户参考。在审计报告中,往往会发现一些不符合要求的地方,并开一些有待解决问题清单,即我们通常所说的 Data Sheet。安全经理要主导和执行相应的措施来补救。

ITIL 4 强调安全管理人人有责,安全政策和措施应该融入日常的所有工作中。这与标准化安全管理体系所宣导的内容一致。

4.3.7 供应商管理

供应商管理是对供应商所提供的服务进行管理,以确保供应商的服务可以同样完成我们对客户的 IT 服务所应达到的服务承诺。对供应商的管理可以包括如下四个方面。

1. 管理供应商的关系

对供应商的管理,首先要维护与供应商之间的关系,确保 IT 服务供应商提供服务时能够有效地承担相应的责任和义务。一般 IT 服务提供商要协同其供应商一起给客户提供服务。如果没有对供应商进行妥善的关系管理,可能会间接影响到 IT 服务提供商提供给客户服务的质量。所以要区分供应商的良莠情况,只有优秀的供应商才能进入 IT 服务提供商选择产品或服务的备选“短名单”。服务提供商要有针对其供应商的选择策略、流程和评价标准等。针对供应商的选择标准可以包括有形的和无形的,比如供应商所获得的技术证书、标的报价和财务实力是可以有形量化的,可以归为有形的标准。供应商的商标品牌认知度、声誉与可否成为战略合作伙伴等有些时候是比较难以有形量化的,可以归为无形的标准。服务提供商与被选中的供应商需要共享风险与利润。有些供应商可以成为服务提供商的战略合作伙伴。

2. 洽谈和监控合同

服务提供商要和供应商签订合同和协议来明确责任和义务。对供应商的合同要符合服务提供商的商业目标。与供应商所签订的合同就是规范供应商的服务标准和行为。如果一个电信公司购买了IBM的服务器维护服务，IBM就成为该电信公司对外提供服务的第三方供应商。该电信公司可以选择IBM的服务标准，比如是否是7×24小时服务，还有IBM硬件部件的免费更换年限等。免费年限一般是3年，这些具体事项都要写入供应商管理合同中。

3. 创建和维护供应商合同数据库

一般服务提供商会有一个包括供应商的背景、供应商的技术能力的"供应商合同数据库"，它记录所有供应商的相关信息。具体的信息包括与供应商的合同、资金情况、供应商的背景、供应商的技术能力、每个供应商所提供的产品和服务的类型等。同时，该数据库也是用来管理所有供应商、合同和相关服务的平台。比如IBM作为世界上最大的服务提供商，它有自己的供应商管理系统。美国电话电报公司(AT&T)是主要负责IBM和客户网络之间的网络路由服务的第三方供应商。IBM要确保能够达到对客户的服务级别协议(SLA)，那么就一定要确保AT&T所提供的网络服务满足IBM对客户服务协议的需要。为了达到这个目的，IBM就会去不断地记录、跟踪并及时地调整与AT&T的合同和协议标准。

4. 管理供应商绩效

供应商的管理需要与服务提供商的战略指导保持一致，特别是要符合服务提供商内部的运维制度、流程、财务和采购规范等要求。为了确保供应商的绩效能够满足服务提供商对客户的要求，需要对供应商设定相应的绩效指标。例如，供应商的故障单解决率、故障单及时处理率、发布导致的故障数占整个发布的比率、系统可用性、重大故障的数量和数据备份的成功率等。以下是绩效打分举例(单项10分为满分)：

①故障单的解决率：100%为10分，大于95%为9分，大于90%为8分，其他为5分。

②发布导致的故障数占整个发布的比率：0%为10分，小于20%为9分，小于30%为8分，小于60%为7分，小于80%为6分，其他为5分。

③系统可用性：引发指定系统的可用性比率，可用性=100%为10分，大于99.99%为9分，大于99.9%为8分，大于99%为7分，大于98%为6分，其他为5分。

对供应商管理的关键是保护服务免受不好的供应商绩效影响，确保向客户承诺的服务级别和服务的可用性不因供应商的问题而有所降低。有些 IT 服务提供商会在企业内部设立供应商经理(Supplier Manager)这样的职位来专门负责供应商管理。供应商经理的职责是确保对供应商的管理实践和该企业的服务战略的一致性，维护和审查供应商与合同具体细则等。按照 ITIL 4 的指导思想，供应商应该不断打造自己的核心竞争力，最终成为其所服务的客户的战略合作伙伴。

复习题四

题目 1：下面哪项实践可用于确定指标，以反映客户的服务体验？(　　)

A. 持续改进
B. 服务台
C. 服务级别管理
D. 问题管理

题目 2：客户参与能够为“服务级别管理”实践提供哪些帮助？(　　)

① 可捕捉指标所需基础信息
② 可确保组织达到特定服务级别
③ 可定义服务请求的工作流
④ 可为进度讨论提供支持

A. ① 和 ②
B. ② 和 ③
C. ③ 和 ④
D. ① 和 ④

第5章 服务转换

通过第4章的学习,我们知道服务设计是将服务战略目标转化为服务资产的具体方法。本章主要针对ITIL 4涉及的服务转换阶段的实践进行讲解。其实,服务转换和项目管理是相通的,都是以项目的方式把设计的内容在风险可控的情况下落地到服务运营中去。

5.1 目标

服务转换(Service Transition)的目的就是把商业需求和设计变成可以操作的服务。具体来讲,就是把在服务设计阶段所设计的服务内容变成可以操作和执行的服务。如果由于某种原因,商业环境和需求在服务设计阶段发生变化,服务转换阶段也要进行相应的修改,提供给客户的自然是改变之后的服务内容。

服务转换体现了构建、测试和打包部署服务所需要的资源和能力,并在新的或变更服务发布部署之前提供一个完善的服务转换架构体系,评价所提供服务的服务能力和风险预估。IT服务提供商要确保建立的服务产品被及时注册到服务目录和服务资产配置管理数据库中。在服务转换过程中,一致的配置和知识库可以提高服务变更或发布的效率。通常在服务转换阶段,IT服务提供商会引入一个IT服务管理规划和实施的项目,通过项目管理的办法有效地控制服务转换的过程。在服务管理规划和实施的项目中,我们采纳的不是瀑布式模型,而更多的是遵循服务的V模型来进行。

图5-1就是服务V模型。图中左边部分有五个级别,分别表示从定义客户业务服务需求到开发服务解决方案的全过程,即瀑布式模型。右边部分表示左边所定义的级别的验证和测试过程,左边的每一个服务阶段直接对应右边的相同阶段的测试和验证。

为了对V模型有更深入的认知,我们以一个软件开发项目为例。软件开发项目一般是按照瀑布式模型进行需求分析、架构设计、开发和落地实施的,即V模型的左边部分。而右边部分更多的是软件质量保证(QA)和测试(QC)的范畴。V模型强调QA和QC需要贯穿整个软件开发的生命周期,即从需求评审和设计评审开始。QA和QC人员通过积极参与需

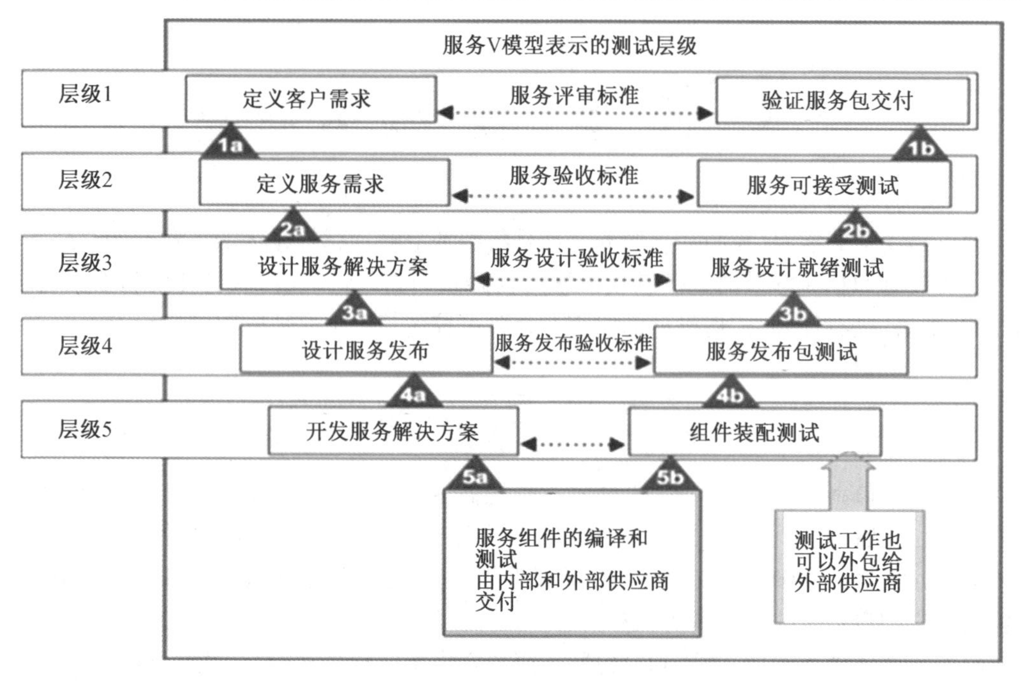

图 5-1　服务 V 模型

求分析和需求评审可以帮助发现需求定义存在的问题,并能更深入理解业务需求、特定的用户需求和产品功能特性,即测试左移。在理解业务需求的同时进一步明确测试目标。在软件系统设计阶段,QA 和 QC 人员可以确定产品测试的验收标准,并制定测试管理计划和设计测试用例。当测试人员在软件系统测试阶段清楚了解系统是如何实现的、采取哪些开发技术或标准后,可以提前准备测试环境,及时发起针对非功能性需求的系统测试。这种测试左移的思想是 ITIL 4 核心理念的一部分。

从另一个角度来讲,服务转换就是一种改变,改变就会有风险和与预期结果的差异等情况的发生。服务转换提供必要的变更管理控制机制去减少预期的和实际提供的服务之间的差距,并验证被更新的服务是否匹配最初的需求,从而减少对产品或服务本身的非预期的影响。这也是我们往往引进项目管理来控制服务转换过程的原因。

5.2　关键实践

服务转换包含一系列的实践,其中包括变更实施(Change Enablement)、服务配置管理(Service Configuration Management)、发布管理(Release Management)、知识管理(Knowledge Management)、服务验证与测试(Service Validation & Testing)。当然,变更实施、服务配置管理和知识管理实践都不拘泥于服务转换或项目管理阶段,因为组织变革也算变更,应该从服务战略开始考虑。

5.2.1　变更实施

在ITIL 4中,针对变更的标准定义是指“添加、修改或删除可能对服务产生直接或间接影响的任何内容”。变更实施的效果要确保有益的变更能够在对IT服务的中断最小的情况下进行,优化了整体业务风险。组织通过变更或变革实施为组织赋能,换句话说,变更实施就是一种运动,IT服务提供商或客户通过有效的变更或变革实施来增加其在市场上的价值交付能力。变更实施通常是针对IT信息系统的配置项的变更,其实,变更涉及的面很广,大可以是战略的调整,小可以是软硬件版本的改变。变更实施的根本目的是管理变更的全生命周期,实现变更预期的价值,并降低失败的可能。另外,为了确保变更所关联的配置项与配置管理相一致,所有的变更配置项的最新状态一定要记录到配置管理系统中。

1. 变更的风险控制

在变更管理过程中,变更的授权和风险控制尤为重要,由变更顾问委员会(Change Advisory Board,简称CAB)去评估和检测每一个变更执行的可行性。具体的会议参加人员可以包括变更执行的执行者、客户服务经理和变更经理等。当遇到需要紧急处理的变更,可能一时之间不能召集所有CAB的成员参加变更的评审会,通常IT服务提供商会设立一个紧急变更顾问委员会(Emergency Change Advisory Board,简称ECAB)对那些紧急变更进行快速审批。ECAB的成员通常是由CAB的部分成员组成的。在ECAB的评审过程中可能会放弃一些关键的评审环节,如变更的测试环节。这些环节可以在服务恢复正常后再追补一个变更

申请记录,并修改相关配置管理数据等。银行系统对这方面是非常重视的。大到中国银行,小到地方银行都是这么做的。银监会也会有相应的要求。

现对一个具体变更进行举例说明,该变更是在 IBM 服务器的 AIX 操作系统上升级补丁,当前的服务器上安装了 SAP 和 Oracle 数据库,也就是说,它是一个 SAP 的应用服务器。在补丁安装之后,系统管理员要重新启动服务器才能使补丁升效。服务器的系统管理员作为变更的主要执行者就要发起变更请求(Request for Change,RFC)。该变更请求和详细的变更方案要被有效记录和评审。下面来看看其他相关人员在该变更中充当什么角色。

SAP 和数据库管理员:参加变更顾问委员会的会议,在会议中提出自己对该变更的意见和看法。意见可以包括对变更时间安排、变更的潜在风险及所造成对应用程序和数据库不可访问等因素方面的质疑。如果确定这个变更要执行,当操作系统升级前要手动关闭 SAP 应用和数据库,在变更完成和服务器重新启动之后,手动重新启动 SAP 应用和数据库,并检查是否有应用和数据库级别的报错产生。如果有报错,要及时进行修复,在必要时要与服务器的系统管理员取得联系。

客户服务经理:代表客户去查看该变更是否能被客户批准,并要与客户协商变更的具体时间安排。因为有些客户会规定在某一个时间段不要做任何变更。并且客户服务经理更多会考虑该变更的成本、好处和相应的风险。当然,客户服务经理可以最终代表客户决定是否授权或拒绝此次变更。

变更经理:主导变更顾问委员会的会议,确定变更的优先级别,并询问变更风险控制的详细问题,比如该变更是否有详细的执行方案,有没有提前在测试环境测试过,变更有没有维护窗口,即变更窗口(Change Window),有没有变更执行失败后的回滚和补救计划(Back-Out Plan 或 Rollback Plan)等。同时,变更经理也是决定能否授权变更的关键人物之一。没有变更经理在变更管理系统中的授权,变更是不可能被执行的。

ITIL 对变更所需要考虑的问题也有标准的定义,下面就是在变更管理中要问的七个"R"的问题。

谁提交变更请求(Who **Raised** the change)?

变更的具体原因是什么(What is the **Reason** for the change)?

变更的回报和好处是什么(What is the **Return** required from the change)?

变更所带来的风险是什么(What are the **Risks** involved in the change)?

变更所要具备的资源需求是什么(What **Resources** are required to deliver the change)?

谁对变更介质打包、测试和实施负责(Who is **Responsible** for the build, test, and implementation of the change)?

本变更和其他变更的关系是什么(What is the **Relationship** between this change and other changes)?

服务台:知会这个变更的执行时间和可能造成的影响范围,并在变更执行之前统一发出变更通知给相关客户或业务部门。另外,在变更执行之后统一发出针对变更执行的总结邮件给相关各方。

某些严谨的企业对一个正常的变更缺省应有四个组来审批,他们是变更执行组、变更经理组、客户服务经理组和服务台。

2. 变更的类型

(1)标准变更(Standard Change):一个约定俗成的、预授权的、低成本、低风险的、众所周知的、执行过程已经被清晰定义的变更(A change that is low-cost, low-impact, well-known, and whose procedures have been well-defined)。可以是针对应用服务或IT基础设施的一种预授权的变更。如申请用户的系统账号密码的更改请求作为一种标准变更来处理。

(2)紧急变更(Emergency Change):由于重大业务影响的原因要立刻执行的变更(A change that must be implemented immediately due to business reasons)。如由于服务器硬盘损坏而导致服务中断,需要立刻更换硬盘。紧急变更要通过紧急变更顾问委员会审批通过后方可执行。

(3)正常变更(Normal Change):除了标准变更和紧急变更之外的所有变更。

不同的企业会定义不同的变更类型。目前,标准变更和紧急变更等概念被广泛接受和使用。

3. 变更控制流程

具体的变更管理流程举例如图5-2所示。

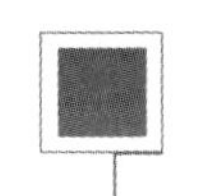

在一个典型的变更管理流程中往往会有三个角色:变更申请人(Change Requester)、变更执行人(Change Performer)和变更经理(Change Manager)。变更申请人发起变更,要准备变更的原因、提交支持变更的文档(操作指南)和定义变更的成功标准。变更经理根据变更申请人所提供的所有支持文档去审阅变更请求,然后决定是否批准或拒绝此次变更请求。真正的变更只有在批准后方能在生产系统中由变更执行人去执行。

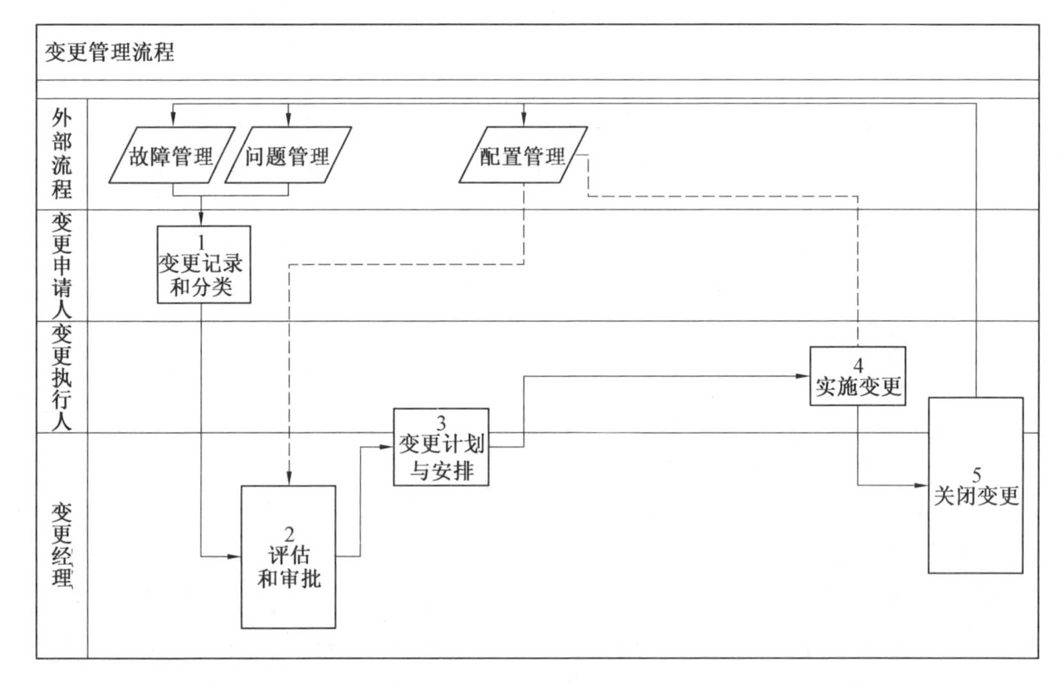

图 5-2　变更管理流程

变更控制流程是一个非常注重过程控制的流程,该流程的有效执行能够避免在 IT 服务管理中不必要的风险。IT 服务提供商要从运维管理制度的高度对当前服务或系统的变更进行全方位评审、执行中的过程控制和风险管理。

5.2.2　服务配置管理

服务配置管理(Service Configuration Management)是 IT 服务提供商对整个企业或组织内部所有服务配置项(Configuration Items,CI)和配置项之间的相互关系进行精确的定义、控制和管理,以确保它们在服务生命周期的一致性。

配置项是交付服务所需要的可确定的独特实体,一般的服务运维工作是有帮助的,比如硬件、软件、网络设备、文档等,即数据中心 IT 基础设施及应用中的所有必须控制的实体。配置管理是一个描述、跟踪和汇报数据中心 IT 基础设施及应用中的每一个配置项全生命周期的管理流程。例如,可以把准备开发的一个项目的可交付成果作为一个配置项提前放入配置管理数据库(CMDB)中。该配置项在配置库中就有了从需求分析,架构设计、开发、发布部署、运营到最后退出使用的整个生命周期,即配置项的生命周期。通过对每一个配置项全生命周期的管理、跟踪和控制,支持 IT 应用服务和基础设施的有效运行。所有的配置项和配置项的关系也记录到配置管理数据库中。这个数据库可以是 Notes 数据库或可支持应用访问的关系型数据库。对配置项数据库进行管理的系统通常叫作配置管理系统(CMS)。IBM、HP 和 BMC 公司都提供这样的 CMS 产品。图 5-3 是一个具体公司人力资源配置项的例子。通过图 5-3 可以看出人力资源是一个配置项的集合,每个公司成员(Team Member)都是一个独立的配置项,配置项的属性有该成员的名字(Name)、邮件地址(Notes ID)、技能(Skill Set)和目前所担当的职位(Position)等。

在说明一个配置项时,通常赋予配置项一个名字和描述,同时也详细记录诸如责任人、状态、配置等相关属性。配置项是分层次的,就像一个分层次的数据结构。比如软件可以包括微软的办公软件和系统应用软件,而办公软件可以包括微软的 Office 和 IBM 的 Notes;系统应用软件可以是 SAP 的企业资源计划系统(ERP)和客户关系管理系统(CRM)等。当配置项改变时,配置管理数据库中的相关信息也会做相应更新。在配置管理中还会对配置管理数据库进行定期审核,以确保所维护数据的完整性和一致性。

有效的配置管理能确保 IT 环境中所有 IT 软、硬件设备和系统的配置信息得到有效而完整的记录和维护,并且维护的内容还包括各个 IT 设备和系统之间的物理和逻辑关系,从而为实现有效的 IT 服务管理奠定数据基础。通过了解当前的系统的配置信息和相关的历史

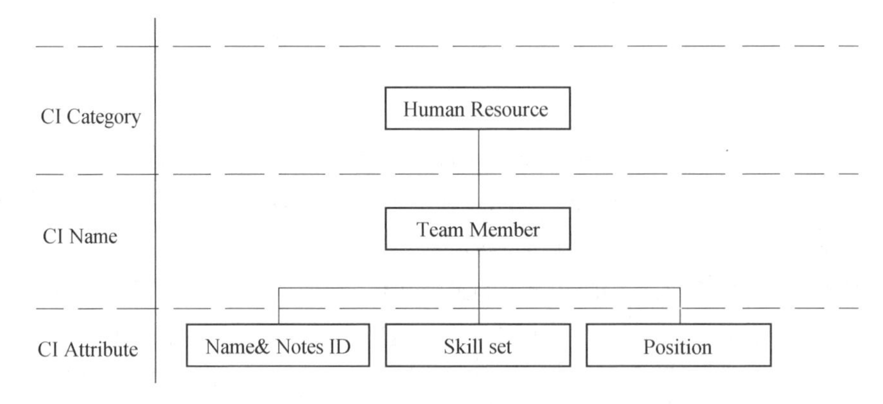

图 5-3　配置项的举例图示

状况,服务台工作人员就可以迅速而正确地判断故障的影响范围,并及时找出有效解决方案,从而确保系统的高可用性和高可维护性。

以下是数据中心中配置项分类、典型配置项和配置项关系的具体案例(表 5-1 至表 5-3):

表 5-1　配置项分类表

类型	实际 CI 分类	分类简称
专用设备	SYS. COMPUTERSYSTEM	专用设备
服务器	SYS. SOLARIS. COMPUTERSYSTEM	Sun Solaris 服务器
	SYS. LINUX. COMPUTERSYSTEM	Linux 服务器
	SYS. WINDOWS. COMPUTERSYSTEM	Windows 服务器
	SYS. AIX. COMPUTERSYSTEM	AIX 服务器
	SYS. VMWARE. COMPUTERSYSTEM	VMware 服务器
操作系统	SYS. LINUX. LINUX	Linux 操作系统
	SYS. WINDOWS. WINDOWSOPERATINGSYSTEM	Windows 操作系统
	SYS. AIX. AIX	Aix 操作系统
	SYS. VMWARE. VMWAREESX	VMware ESX 系统

续表 5-1

类型	实际 CI 分类	分类简称
数据库	APP. DB. ORACLE. ORACLEINSTANCE	Oracle 数据库
	APP. DB. DB2. DB2INSTANCE	DB2 数据库
	APP. DB. SYBASE. SYBASESERVER	Sybase 数据库
	APP. DB. IDS. IDSINSTANCE	Informix 数据库
	APP. DB. MSSQL. SQLSERVER	MSSQL 数据库
中间件/WEB 服务器	APP. J2EE. WEBLOGIC. WEBLOGICADMINSERVER	Weblogic ADMIN 应用
	APP. J2EE. WEBLOGIC. WEBLOGICDOMAIN	Weblogic 域应用
	APP. J2EE. WEBSPHERE. WEBSPHERECELL	Websphere 单元
	APP. J2EE. WEBSPHERE. WEBSPHERENODE	Websphere 节点
	APP. J2EE. WEBSPHERE. WEBSPHERESERVER	Websphere 应用
	App. DB. ORACLE. ORACLESERVER	Oracle 应用
	APP. J2EE. J2EESERVER	Tomcat 应用
	APP. WEB. APACHE. APACHESERVER	Apache 应用
	APP. MESSAGING. MQ. MQQUEUEMANAGER	MQ 消息管理
	APP. WEB. IIS. IISWEBSERVICE	IIS 应用
应用系统	APP. APPLICATION	业务应用系统
存储设备	STORAGE. FCSWITCH	光纤交换机
	STORAGE. STORAGESUBSYSTEM	存储子系统
	STORAGE. STORAGEPOOL	磁盘阵列
网络设备	NET. SWITCH	网络交换机
	NET. IPROUTE	路由器
	NET. FIREWALL	防火墙

表 5-2　典型配置项列表

配置项名称	配置项标准命名	配置项描述	配置项属性 1（CPU 和内存）	配置项属性 2（版本）	关联的配置项	关联关系
mhdbsr	SYS. AIX. COMPUTERSYSTEM. P780. MHDBSR	P780 的逻辑分区（虚拟机），门户网站数据库服务器	4CPU 64G 内存	AIX 7	SYS. AIX. COMPUTER-SYSTEM. P780	位于
mhappsr	SYS. AIX. COMPUTERSYSTEM. P595. MHAPPSR	P595 的逻辑分区（虚拟机），门户网站中间件服务器	4CPU 32G 内存	AIX 7	SYS. AIX. COMPUTER-SYSTEM. P595	位于
mhwbdb	APP. DB. ORACLE. ORACLEINSTANCE. MHWBDB	门户网站数据库		Oracle 12g	SYS. AIX. COMPUTER-SYSTEM. P780. MHDBSR	运行于
mhdomain	APP. J2EE. WEBLOGIC. WEBLOGICDOMAIN. MHDOMAIN	门户网站应用中间件		Weblogic 9.2	SYS. AIX. COMPUTER-SYSTEM. P595. MHAPPSR	运行于
mhwb	APP. APPLICATION. MHWB	门户网站软件应用		V7.0	APP. J2EE. WEBLOGIC. WEBLOGIC-DOMAIN. MHDOMAIN	运行于

表5-3　配置项关系表

关系名称	描述
依赖	该关系用来描述逻辑实体(主要包括系统服务、系统软件和应用软件)之间的互为影响的关系。一方的正常运行取决于另一方是否正常运行,如果被依赖方(子)出现故障,但是没有有效备份,那么依赖方(父)一定出现故障,反之则没有这种必然联系
连接	该关系用于描述物理实体(包括各种硬件、网络设备)之间外部的互为影响的关系。如果连接的一方出现故障,但是没有有效备份,那么连接的另一方也可能存在故障
运行于	用于描述软件CI(包括应用和系统软件)运行于系统平台软件或硬件CI(包含PC服务器和小型机)之上
备份	用于描述两个CI之间的均衡负载/双机热备关系。对于手工切换备份方式的,通过CI状态进行区分描述
关联	描述数据、文档、账号和各配置项之间的关系。如关于某系统的使用手册
包含	该关系一方面用来描述逻辑实体(主要包括系统服务、系统软件和应用软件)之间整体和局部的关系(父与子的关系);另一方面用来描述物理实体(主要包括各种硬件、网络设备)之间内部的互为影响的关系。如果被包含方(子)出现故障,但是没有有效备份,那么包含方(父)就存在故障
位于	表示配置项A位于配置项B,例如A设备位于B机房
成员	表示配置项A是配置B项的组成元素,例如WebSphere Server是WebSphere Cluster组成元素
构成	表示配置A由配置B构成,例如计算机系统集群由计算机系统构成

5.2.3 IT 资产管理

IT 资产管理实践的目的在于计划和管理所有 IT 资产的整个生命周期,以帮助组织实现价值最大化、控制成本和管理风险。IT 资产也属于整个企业固定资产的一部分,应该进行妥善管理,比如控制软件的序列号许可、软硬件的安全与合规使用,确保服务价值交付所需要的资产处于相对管理和控制之下。

IT 资产管理一般涉及资产的接受、入库和分发等相关工作,必要时可要求资产供应商参与验货。资产的库存管理和定期盘点是 IT 资产管理的日常工作。对资产盘点过程中发现的资产数据差异进行原因分析,并及时更新资产数据。

通常在 IT 资产管理过程中的具体步骤如下:

(1)应本着“先计划、再批准、最终采购”的原则进行资产购置,并按有关财务业务审批权限的规定进行审批。

(2)资产管理员需要全程参与资产的购置和续约等过程,对重要和大额资产的采购,应进行相关可行性分析论证。

(3)资产采购部门需要将资产介质和购置的过程文件交由资产管理员统一存放和管理。

(4)务必做到统一资产库,以及标准化流程实现资产的调拨和管控,如果有异常情况比如软件的许可证即将在 30 天内过期,需要及时触发预警通知程序。

5.2.4 发布管理

要想了解发布管理(Release Management)的职责,就先要了解一下什么是发布、发布包和发布单元。发布是由硬件、软件、文档流程组合在一起去实现一个或多个批准的 IT 服务变更的过程,一次集中发布的所有内容统称为一个发布包。而发布单元是一些可以在一起发布的硬件和软件的集合,一般只解决一个需求的变更或软件 BUG。发布包大于发布单元,一般一个发布包包括多个发布单元。发布管理的主要作用是拟定完善的发布计划,并明确发布所需的技能、工具和其他资源,与组织中的其他团队(如销售和市场营销部门)通力合作,将这些发布计划的预期效果、可能风险和应对措施的预案传达给相关用户和客户。需要注意的是,针对发布计划的批准过程非常重要,一般需要组织发布评审会,走正式的发布评

审的管理过程。任何没有得到批准和授权的发布都是不符合规范的,是被当作违规来处理的。在敏捷开发的组织中,往往是发布与部署分离,即实现多次部署后的一次整体发布。部署可以针对发布单元的增量部署;发布是基于发布包的规模发布,强调发布计划和审批、发布包的版本控制。而部署的职责就是将新的或者变更的硬件、软件、文档、流程等移动到生产环境中的技术活动。发布管理确保 IT 提供商能够快速交付变更、降低成本、减少风险,确保交付实施的内容与客户最初的需求相一致,并保证客户的终端用户可以按照业务目标使用新的或者已经变更的服务。

发布类型和变更管理的变更类型相似,包括主要发布(Major Release)、次要发布(Miner Release)和紧急发布(Emergency Release)。我们可以认为变更类型和发布类型的定义是基本一致的。

另外,不同组织的发布策略往往是不同的,一般会有如下两组不同的发布策略。

(1)大爆炸式(Big Bang)与分阶段式(Phased)。

大爆炸式是一次性地把新的或变更的服务部署到所有用户区域。例如,IBM 考虑把 IT 服务管理工具(Maximo)一次性在全球多个信息中心同时上线。

分阶段式是先在某地区部署服务,随后再逐步推广实施。例如,IBM 在全球 Tivoli 监控系统从版本 5 到 6 的升级就是先部署欧洲区域、再逐步推广到亚太区域的。

(2)推(Push)式与拉(Pull)式。

推式是将需要部署的服务从中心推广到目标位置。例如,IBM 的信息中心安全扫描软件 Tivoli Security Compliance Manager(TSCM)对新的安全策略的发布就是通过 TSCM 服务器以推的形式发送给被扫描的目标客户端的。

拉式是目标客户端通过访问中心点的软件,下载和更新所需要的软件。例如,某公司的员工可以通过访问公司内部的中心软件发布平台下载 Symantec 防病毒客户端软件、Firefox 浏览器和 SAP 客户端软件等。

Visual Source Safe(VSS)或 GitHub 等软件都可以用来存储待发布的软件代码及相关介质 CI 的版本。这里需要注意的是,最终介质库(DML)是用于构建和发布的唯一的出处,也就是所有软件在发布到生产环境之前都从 DML 中获得最终授权发布的介质,比如已经正确编译的二进制执行程序就可以存在 DML 中,DML 在软件开发领域可以等同于制品库的概念。目前,应用敏捷和 DevOps 实践的移动互联网公司往往在其软件部署后会执行必要的发

布管理活动。互联网公司一般强调不间断地自动化持续部署,按照既定的发布计划持续交付新特性给用户去使用和体验,寻求用户的即时反馈,以实现未来更好的用户价值交付。针对基于 DevOps 的自动化部署方式,包括蓝绿部署和金丝雀发布等,详见本书 9.13 节 DevOps 应用自动化部署方式。

发布管理的关键绩效指标一般包括"紧急发布的数量和比率""发布引起的故障的数量""按时发布的百分比""平均发布的成本"等。

5.2.5 知识管理

在知识经济时代,知识就是生产力。IBM 近年来提出了"智慧地球"的概念。其实,知识就是智慧。大到一个国家,小到一个企业或个人,都要很好地对知识进行管理。知识管理(Knowledge Management)作为服务管理的一个重要的概念,其目的是三个"确保":

①确保具备适合知识的适合的人在正确的时间实施和维护服务。

②确保利用正确的信息来帮助决策和运营支持。

③确保组织在整个服务生命周期中可以通过可靠、安全的信息与数据来改进决策管理。

IT 服务提供商一般会选择成熟的知识管理工具来建立自己的服务知识管理系统。知识库管理工具应该具备如下基本功能:

①能够查询故障、问题、变更和发布等流程中各个角色所需要的知识信息。

②具备强大的检索功能,支持关键字检索、全文模糊检索匹配等多种检索方式,并且支持中文、英文等世界主要的通用语言的检索。

③能够规范知识库条目的创建、审核、检索流程,调整知识库中故障和问题记录归类的结构,以便更快访问知识库的相关内容。

④支持附件插入功能和附件的自动显示,允许把各类文件格式作为知识的具体输入内容。

⑤支持知识的关联,可以记录多条相关知识,系统自动记录知识单的阅读和引用次数,并能够根据引用次数进行知识条目的排名。

⑥记录知识单、故障单和问题单的索引关系,能够相互引用和关联。

知识库管理工具可以解决 IT 服务提供商或组织自身管理信息和知识发布的需要,比如微软在网上发布的知识库管理数据库(http://support.microsoft.com/)就属于这个范畴。有

效的知识库管理能给客户提供高效和高质量的服务，并且可以通过服务知识管理系统本身更加清晰地了解企业服务自身的能力和价值所在。

5.2.6　服务验证与测试

服务验证与测试不同于发布与部属中的测试环节，该实践是在服务转换阶段对新的服务或变更的服务进行验证和测试，以确保服务设计包在落地实施时满足在设计环节的特定要求，即验证服务是否满足服务的功用和功效的需求。服务验证与测试流程的具体目标是在服务转换中规定的成本、进度等约束条件下为客户提供价值，并确保服务符合预期的目标和效果。ITIL 4 强调服务验证与测试实践应该贯穿整个开发生命周期，测试的种类可以是主要由开发人员负责的单元测试，以及测试人员负责的集成测试和回归测试等。验证与测试需要遵循 IT 服务提供商内部的发布及变更策略和明确的开发规范。例如，测试人员不能来自设计和开发团队，测试数据和生产数据分离，测试用例只能在特定情景中被重用等原则。为了确保测试能够被重复执行，该实践引入了测试模型的概念，测试模型是测试计划、测试内容和测试脚本的集合。通常测试活动包括测试计划、准备测试环境、实施测试、测试报告、测试完成和测试关闭。不仅软件的发布需要测试，服务需求和服务设计阶段的内容都可以纳入验证和测试的范畴。评价验证与测试执行的好坏可以参考在发布故障或错误对业务影响量的减少，建立测试环境所需成本的降低和自动化测试的有效性等关键绩效指标等。另外，我们要认同两个观点：预防胜于检查，测试需要从产品需求分析开始，即正确践行测试左移的理念。

复习题五

题目 1：什么是变更？(　　)

A. 添加、修改或删除可能对服务产生直接或间接影响的任何内容

B. 确保提供有关服务配置的准确且可靠的信息

C. 提供新的和变更的服务与特性以供使用

D. 将新的或变更的硬件、软件或任何其他组件移至生产环境

题目 2：下面哪项关于变更授权的表述是正确的？（　　）

A. 每一类变更和变更模型均要分配变更授权人

B. 将变更授权方集中到一人身上是最为有效的授权方式

C. 应加快对正常变更的授权，以确保尽快实施

D. 标准变更风险高，应获得最高级变更授权

第6章 服务运营

通过第5章的学习，我们知道服务转换是通过建立一个服务转换框架为新的或者需要经过变更改良的服务从服务设计到服务运营的落地实践提供指导，并在转换的同时，控制变更的风险和降低失败的可能性。本章主要针对 ITIL 4 涉及的服务运营阶段的实践进行讲解。

6.1 目 标

服务运营（Service Operation）是按照与客户签订的服务级别协议，对终端用户提供服务，并且能够有效地管理相关应用和基础设施，确保高效地完成日常服务运营，从而保证客户和服务提供商双方的根本利益。由于服务运营是通过服务运营人员为终端用户直接创造价值的，所以服务运营的目的就是在承诺的服务级别协议的基础上成功实现服务的价值。这一点 ITIL 4 考试中经常涉及，这也充分体现了运营或运维的重要性。

6.2 关键实践

服务运营包含一系列的实践，其中流程包括监视和事态管理（Monitor & Event Management）、事件管理（Incident Management）、服务请求管理（Service Request Management）和问题管理（Problem Management）等。

6.2.1 监视和事态管理

事态的定义是任何可被检测或者辨别的，配置项有意义的状态改变，可能会对 IT 基础设施及其支持的 IT 服务有重大影响的通知。监视和事态管理实践的目的在于系统化地观察服务和服务组件，监控并及时报告配置项状态改变的管理实践。

事态一般可以分为信息(Information)、告警(Warning)或异常(Exception)。事态可以是一般的正常信息,比如添加一个硬盘的信息日志;也可以是一个监控的告警,比如文件系统的空间使用百分比接近预设的85%的阈值;或可能是一个异常,比如数据库连接异常。对事态的监控一般是通过监控工具来实现的,监控工具主要可分为如下两类:

主动监控工具:定时扫描配置项的状态和可用性,并对任何告警或异常采取必要行动。

被动监控工具:被动接收配置项产生的通知信息日志,并做必要的关联和行动判断。

IBM 的 Tivoli 产品线中有一个主动系统监控的软件叫 Tivoli 监控服务(Tivoli Monitor),利用这个软件可以对服务器操作系统、应用和网络层面进行监控,把事态记录到 Tivoli 的事态管理日志中,并通过邮件或短信的形式通知系统管理员,这样就实现了有效的事态管理功能。当然,不仅 IBM 有这样的产品,像亚信、华为或亿阳信通等电信服务提供商也同样推出其网络和系统监控的产品,供移动或电信运营商去选择。

该实践提供事态的检测和控制,它通常也是触发故障管理、问题管理和变更管理等其他流程的入口,存放在配置管理系统中的原始事件处理过程记录会成为服务报告和服务持续改进工作的输入。在事件管理流程中,如果判断一个事态为异常事件,往往会把该事件升级成为一个故障或问题,那就会触发故障管理或问题管理流程来进行处理和解决。

事态的监控范围包括信息中心的配置项(网络、服务器、中间件、数据库和应用系统等),机房物理环境(空调、UPS、温度、湿度、烟雾和火灾检测等),软件资产的使用许可,机房准入和入侵安全性检测等。表 6-1 是事件管理的监控指标范围举例。

表 6-1 事态管理的监控指标范围参照表

监控对象	监控对象的中文说明	指标的中文名
CPU	中央处理单元	CPU 使用量
Disk	磁盘	传输请求工作负荷
		磁盘传输率
		队列中的磁盘 I/O 请求

续表 6-1

监控对象	监控对象的中文说明	指标的中文名
File System	文件系统	文件系统使用
		文件系统利用百分比
		文件系统可用百分比
		文件系统可用空间
		文件系统容量
Memory	内存	可用内存
Network	网络	网络包数
		网络错误数
Paging Space	交换页面	交换输入页面
		交换输出页面
		分页输入页面
		分页输出页面
		页面错误率

对业务的价值主要体现在建立尽早地告警和异常检测的机制，通过与其他运营管理如故障管理或问题管理进行集成，以达到提高运维效率并有效降低系统宕机时间的目的。另外，事态管理为自动化的系统监控和运营提供了一个基础保证。运维人员可以从繁重的人工监控和系统检查中解脱出来，投入更多的精力用于服务设计和功能改进，以达到更高的客户满意度。

通常策略原则主要包括事态只通知给关注相关事态的接收者，采取标准的事态定义和分类(Standard Classification)，强调自动化(Automated)和集中化(Centralized)的事态管理，标准化事态处理和事态升级流程，所有事件都应该被有效地采集和记录。

监视和事态管理的活动通常包括事态的发生(Occurrence)、通知(Notification)、监测(Detection)、过滤(Filtering)、关联(Correlation)、响应选择(Response Selection)、回顾(Review Action)和关闭(Close)等。信息中心的服务器配置项会在特定的条件下发生告警事件并通

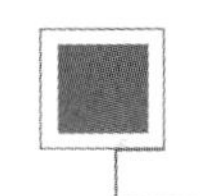

知监控代理,通知的方式一般遵照开放标准(SNMP 协议)。一旦事态通知产生,监控代理会监测到该通知,并采取过滤方式决定是记录还是丢弃该事态通知。对于已经记录的告警事态,通过预定义的关联规则与其他告警或异常进行关联,以进一步判断该告警的严重程度。选择适当的事态响应方式,或监控工具自动响应,或人工干预,或自动升级为事件单或问题单等。重大事态在关闭之前可以对其处理状态进行回顾和检查。

实践的触发器即触发事态的条件包括信息中心配置项状态的改变或达到既定的性能阈值设置、业务流程中断和自动化工具的异常等。事件管理需要考虑恰当的过滤级别,以避免事件的漏报或多报的情况发生。任何纳入数据中心管理的新服务都需要考虑定义适当的事态触发条件和过滤级别。

实践的关键绩效指标用来评估事态管理的效率和效果,比较通用的绩效指标有"重复事态的数量和比率""需要人工干预的事态数量和比率""导致事件或问题的事态数量和比率""引发容量或可用性问题的事态数量和比率"。

6.2.2 事件管理

事件是指在 IT 服务中的一个非计划中断,或者 IT 服务本身服务性能的降低。它包括系统崩溃,硬件或软件故障,任何影响用户当前业务使用和系统正常运作的故障,影响业务流程或违背服务级别协议的情况等。对事件管理的最主要目的就是通过对事件生命周期的管理,尽快把由于事件所造成的非正常的服务恢复正常,从而把事件对业务服务的影响最小化。事件管理的价值是能够尽快监测和解决事件,降低业务中断时间,提高服务的可用性,并将 IT 活动和业务优先级紧密关联,动态分配资源快速解决重大事件。

事件可被事件管理工具检测到,或者用户可以联系服务台工作人员(Service Desk Operator)通报任何事件。事件是有类别(Category)和优先级别(Priority)的。优先级别取决于事件的紧急(Urgency)程度和业务影响(Impact)的大小。优先级别如图 6-1 所示,具体的计算优先级别的公式为:

优先级(Priority)= 紧急(Urgency)×影响(Impact)

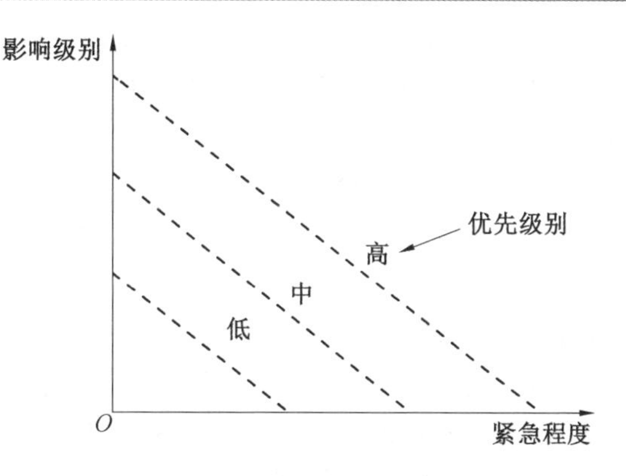

图6-1　优先级模型

事件是由所谓的一线服务台人员进行直接处理的。如果服务台人员不能以现有的信息或能力解决该事件,那么他们就需要进行横向的职能升级(Functional Escalation),把事件升级到二线和三线的技术部门,比如服务器系统管理组或SAP应用管理组等二线或三线组织。当然,还可以进行纵向管理升级(Hierarchical Escalation),通知管理层,以获得能够尽快解决故障的更多资源。下面通过图6-2来了解具体的升级办法。

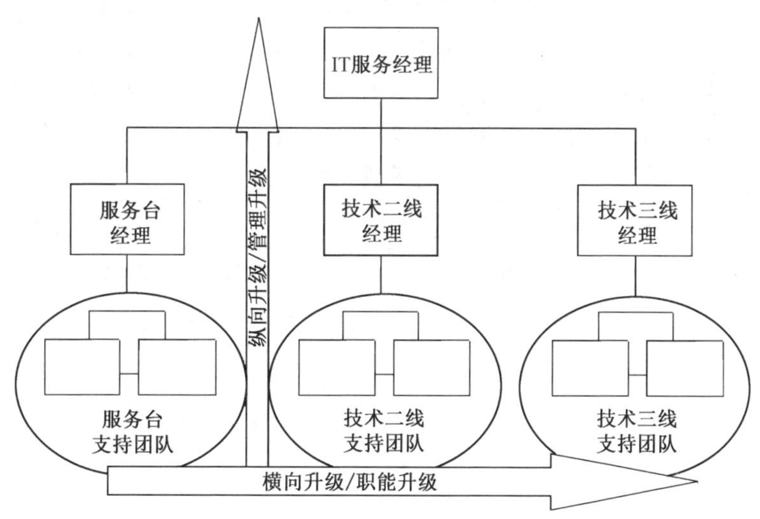

图6-2　升级模型

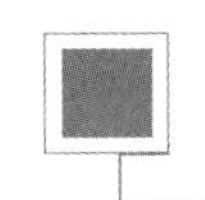

图 6-2 的两个箭头表示两种升级办法，横向的升级是把事件从服务台升级到二线或三线支持；纵向的升级是升级到服务台经理，再到 IT 服务经理，最后由 IT 服务经理统一协调和安排人力资源来解决事件。

服务台的一线人员或二、三线人员采用相应的解决方案，处理事件后，应该由服务台一线人员及时联系用户，在用户满意后，执行关闭事件的处理。这一点在确保服务质量和用户的满意度上是至关重要的。

事件管理关注快速地解决事件现象而非查找事件背后的根本原因。所以事件管理更加强调事件解决的时效性。因此，引入了时间跨度的概念。时间跨度是指事件处理各个阶段所限定的具体时间要求，比如事件响应时间、分派时间、受理时间、解决时间和关闭时间等。为了加快重复事件或类似事件的处理，事件管理中定义了一些“标准”的处理模型，模型一般包括处理事件预定义的步骤、职责、时间跨度和升级流程等要素。这样可以保证特定的事件按照预定义的步骤在规定的时间内完成处理。另外一个重要的概念就是重大事件（Major Incident），对重大事件需要单独的流程、独立的团队、更短的时间和更高的优先级来处理。

事件管理流程通常包括故障的识别与记录、故障分类分级与初步诊断、调查与诊断、解决与恢复和故障关闭。事件的识别与记录是该管理实践的起点。

事件分类分级和初步诊断的目的是判断事件优先级别和事件分类，在现存的解决方案中查询与该事件解决相匹配的方案，或根据个人经验尝试在线对事件进行处理。若没有找到合适的解决方案，该事件需要及时分配给具有合适技术技能的二线或三线技术支持团队。

以下是事件管理的分类和分级的举例（表 6-2、表 6-3）：

表 6-2　事件分类样例

事件分类	事件子类	事件类型描述
应用事件	应用 Bug	应用功能缺陷，需要功能优化
	应用报表统计	报表数据的生成错误
	应用性能	应用查询或功能处理性能低下
	应用系统接口调用	接口调用失败、异步处理模块异常

续表 6–2

事件分类	事件子类	事件类型描述
数据库事件	数据库异常中断	数据库实例异常和宕库等现象
	数据表空间和索引	表的分区、表空间设置和索引设置的问题及优化
	数据库性能	数据库批量后台进程操作阻塞、并发线程过大
	数据库连接	数据库连接超时
主机系统事件	系统备份失败	操作系统全备份或增量备份的失败
	系统时间同步	操作系统时间同步异常，客户端和服务器存在时间差或时区的差异
	系统补丁升级失败	操作系统的补丁升级异常或升级失败
	系统微码异常	系统微码异常或升级失败

表 6–3　事件分级样例

事件分级	事件级别描述
重大事件	能够导致特别严重影响或破坏的事件，关键系统遭受特别重大的系统损失，造成系统大面积瘫痪，丧失业务处理能力，影响到绝大部分用户，造成特别重大的负面社会影响；需立即调动所有的资源 24 小时不间断进行恢复工作
严重事件	能够导致较严重影响或破坏的事件，明显影响系统的执行效率，业务处理能力受到影响，影响到部分用户，造成较大的负面社会影响；需立即调动必要的资源 24 小时不间断进行恢复工作
一般事件	由于某些数据异常引起的事件，降低了个别用户的体验，降低了业务处理效率，影响到个别用户，基本没造成负面的社会影响；需在规定时间内完成恢复工作

调查与诊断是对事件进行分析以便提出解决方案,不同技术领域的事件分析员将参与到该活动中以寻求一个事件解决方案,在必要时会升级至原厂开发商以便快速解决故障,消除事件所造成的影响。

解决与恢复是尝试使用解决方案或变通方法来解决此事件。对于已经解决、但是没有找到造成该事件的根本原因的情况,可以创建问题单以进一步跟踪。另外,需要记录事件处理过程中的经验,形成可重用的知识,并存入知识管理系统中。

事件关闭是与终端用户对事件的处理情况确认后关闭事件单。需要确保事件单的信息、分类和优先级信息正确和完整,以作为日后产生阶段服务报告的数据输入。因此在事件关闭时,对事件分类进行核实并在必要时修正事件分类是十分重要的。

事件管理的关键绩效指标用来评估实践执行的效率和效果,比较通用的绩效指标有"每类事件的平均成本""重大事件的数量和比率""未正确分派的事件的数量和比率""未正确分类的事件数量和比率""事件的平均解决时长""错误分级的事件比率""绕过服务台支持的事件比率"等。事件管理的绩效指标的执行结果一般会在运维周报、月报或季报中体现。IT 服务提供商需要定期与客户讨论相关事件绩效指标的完成情况和当前绩效相对于以往绩效的趋势比较分析,发现改进的机会并把服务改进的内容写入服务持续改进计划中。对于已经列入服务持续改进计划中的具体内容,需要专人负责,并做到持续跟踪和最终解决。

6.2.3 服务请求管理

服务请求是来自用户向 IT 部门提出的各种需求的通用描述,包括 IT 相关信息的获取、访问权限申请或标准变更的请求等。

服务请求实践负责管理服务请求的整个生命周期,该管理过程包括以下一些目标:

①提供用户请求和接受服务的渠道,并有效地实施服务。

②为用户提供服务的信息和获取服务的具体步骤。

③回答用户的一般询问信息,解决用户的投诉和建议等服务请求。

一般服务请求具有低风险、低成本和经常发生等特点,这种服务请求的处理可以作为服务台工作的一部分。ITIL 4 非常强调超级用户(Super User)的角色,即由此类用户维护用户的自助服务社群(User Community),在社群内部协助解决一般用户的常见服务请求或事件。

超级用户的存在大大降低服务台受理服务请求或事件单的数量。当然服务台的座席人员会按照既定的工作流程拿到服务请求单,并严格按照既定流程来执行和实现该服务请求。最后服务台联系用户关闭这个服务请求。整个服务请求的处理过程就是服务请求实践主要的服务内容。如果能够集中、快速和有效地处理服务请求,那么就会相应提升管理水平和节约成本。所有的请求都必须得到有效的记录和跟踪,并且要注意的是很多服务请求还要获得必要的批准授权。比如对一些关键的企业内部权限获取的请求,要获得企业关键服务器或数据库的超级权限,在执行请求之前,服务台工作人员要审查该请求是否得到批准和授权。如果没有得到授权,这种请求是不能被执行的。因为如果提供给不相关的人超级用户的权限,就意味着给客户的服务带来致命的安全隐患,后果是很严重的。

不同的服务请求有独特的工作流(Workflow),工作流的数量要进行一定的限制。如果新的服务请求类型需要加入到服务目录中时,可以考虑是否沿用当前的工作流模型。针对工作流的重用的原则是ITIL 4考试的考点之一。

服务请求的实践活动通常包括菜单选择、财务审批、其他审批、执行和关闭等活动。用户可以通过自助的服务工具软件来完成。在该工具软件的界面上,用户通过选择预定义的菜单提交其具体服务请求。针对不同的请求需要走财务或其他相关的审批,例如特殊的账号或权限的审批。在服务请求被专业的小组或外包公司成功处理后,由服务台通过电话、短信或自动邮件通知等方式告知用户服务请求处理的最终结果,并在客户满意的情况下关闭此服务请求单。

服务请求的关键绩效指标同样是用来评估该流程执行的效率和效果的,比较通用的绩效指标有"每类服务请求的平均成本""服务协议时间内完成的服务请求的数量和比率""妥当授权的服务请求的数量和比率""由于不当服务请求所触发故障的数量"等。

6.2.4　问题管理

问题管理是与事件管理紧密相关的。问题是一个或多个事件的集合,是未知的错误;而问题管理是负责问题全生命周期的管理。问题管理的目的是防止问题和事件的再发生,以及最大限度降低不可避免的影响。在问题的生命周期里,问题管理分为两个主要环节:

(1)问题控制环节。

通过对问题的根源分析(Root Cause Analysis),把未知的问题变成一个已知的错误(Known Error)。已知的错误记录在已知错误数据库(Known Error Database)里。首先要对问题进行记录和分类,然后做问题诊断,最后得出问题的根本原因。当然,有些问题一时不能发现根源,可以采用变通方法来降低或消除故障的影响。

(2)错误控制环节。

通过必要的操作或变更来消除引发故障的深层根源,以防止类似故障再次发生。错误控制要把错误进行评估,得出错误的解决方案并记录。如果需要一个变更去修正这个错误,就要发起变更请求(Request for Change)。当变更得到有效授权和执行之后,关闭相关的变更单、故障单和问题单。

图 6-3 是问题管理的简单流程介绍。

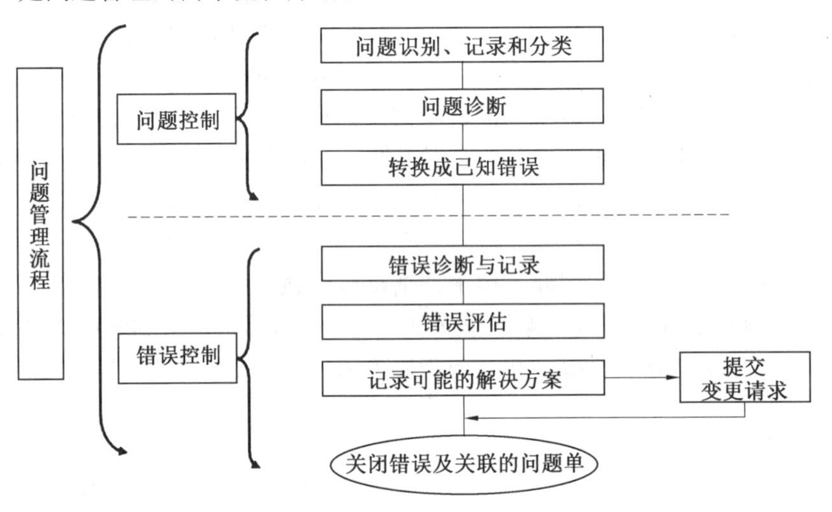

图 6-3 问题管理流程

从另一个角度来讲,问题管理分为两类:一类是被动问题管理(Reactive),另一类是主动问题管理(Proactive)。

被动问题管理:当问题发生后,找出导致该问题发生的根本原因,并提出解决措施或者

纠正建议。

主动问题管理:通过日常运维巡检等方式主动找到数据中心中的薄弱环节,阻止故障或问题的再发生,并提出消除这些薄弱环节的建议。

目前,很多企业都在通过具体的工具和办法来实现主动问题管理。比如,IBM 通过应用帕累托(Pareto)分析法主动地发现问题并及时解决问题。帕累托分析法将在第7章持续服务改进中具体介绍。

问题管理的范围一般包括如下两类:

①事件已经恢复,但是事件处理过程中未能发现根本原因,需要通过问题管理达到深入分析,寻找最终解决方案,从根本上解决问题。可以在解决故障后,生成一个问题单对事件的根本原因进行分析。

②由 IT 运维技术人员通过主动问题分析的方法发现问题并创建问题单,如鱼骨图和5 Why 分析法。

更加全面的问题管理的流程活动通常包括问题检测与记录、审核与分派、分析与诊断、技术升级、问题解决和问题关闭。

①问题的监测与记录是问题管理流程的起点。该活动是依据各种问题的触发条件,创建问题单和描述问题的相关信息。并且根据问题所属领域进行分类,初步判断问题的优先级。活动的重点是准确、完整地采集并创建一个问题单所需的必要信息。

②审核与分派的目的是对每个问题申请进行审核,判断是否构成问题,并对问题申请的内容完整性进行审核,以及确定问题解决的人选并分派问题。

③分析与诊断的目标是对问题进行深入的调查、分析与诊断,以寻找问题的解决方案。

④技术升级的重点是明确技术升级机制。在问题受理人确认无法发现问题的根本原因时,可将问题单升级至更资深的技术团队或原厂处理,升级的问题经深入调查和分析后,将进一步分析结果反馈给最初的问题受理人。

⑤问题解决是尝试使用最终解决方案或变通的方法来解决问题。如果问题解决方案涉及系统变更,则在方案实施过程中,需提交变更申请(Request for Change, RFC),走变更管理流程。

⑥问题关闭是问题管理流程的最后阶段,需要在关闭问题前完成必要的收尾工作。问题的关闭可以由问题经理执行。在问题关闭阶段,问题经理应对问题的记录信息进行回顾总结,确保信息的完整性与准确性。

问题管理的关键绩效指标一般包括“在目标规定时间内成功解决的问题数量和比率”“各类型问题平均解决时长”“对问题类别一次性正确指派的比例”“对问题等级一次性正确指派的比例”“提交知识条目的数量”“问题由变更解决的比例”等。

6.2.5 服务台

服务台在以前的章节被多次提到,它是支持 IT 服务的一线服务人员的团队总称。例如,中国移动的 10086 服务台就是由很多座席或接线员组成。服务台作为终端用户和 IT 服务提供商的唯一联系方式去处理事件和服务请求,是提供一线(Level 1)支持的职能,记录和管理所有的事件、服务请求或访问请求,并提供和其他实践的接口。比如服务台人员可以把一个事件转成一个未知的问题,并把问题移交给相关的技术支持组。

1. 服务台职责

作为用户的直接联系媒介,具体的服务台职责应包括:

①收到并记录用户的所有呼入,对事件分类,区分哪些是简单的服务请求、事件或投诉。

②根据事件的紧急程度和影响的大小来制定优先级。

③对事件进行初始化的评估和提供不同事件级别的解决方案。

④监控服务请求或事件处理过程,必要时将事件升级给其他部门进行及时解决。

⑤当事件解决后,在得到用户对该次服务的满意度确认后,关闭事件单。

⑥及时通知用户关于事件的状态和任何进展。

一般来讲,服务台是通过电子化的管理工具确保服务台工作人员能够妥善地履行以上职责。通过服务台工具统一受理各类事件或服务请求。服务台工具可以实现对事件或服务请求的记录、分派、监督、通知、解决方案记录、报表统计等过程的电子化、自动化,从而降低人工操作和管理带来的风险,提高座席使用人员的工作效率和服务质量,实现 IT 服务管理效率和运维服务管理质量的同步提升。

服务台管理工具需要具备如下功能需求：

①能帮助服务台座席工作人员快速响应服务请求或事件。

②能对服务请求或事件分类，将类似的服务请求或事件归为一类，相同的服务请求申告或事件内容可以修改合并。

③可以调整服务台软件中的角色、流程以适应特定的管理需求。

④可以针对不同的事件类型、处理状态和人员角色等进行统计分析，并用图形显示。

⑤能实现数据查询和报表定制。系统工具可按小时、日、周、月、年等不同时间梯度对系统中数据进行汇总和整理。

⑥可以向后台指定运维人员发送模板化短信信息。

⑦与运维后台监控系统软件有效集成，能够接受监控软件产生的告警或异常通知。服务台可以对接收到的通知信息进行必要的过滤和分类，方便后续处理。

⑧服务台软件可以与多种外围系统接口，实现系统功能的扩展，如监控系统、应用系统、电子邮件、手机短信和用户 WEB 录入等。

⑨具有远程支持功能，如在线聊天和处理交互式远程修复请求。

⑩提供工作流定制工具，通过拖拉操作，可以修改、定制不同的服务支持工作流程。

⑪服务台实现灵活的通知机制，通知的方式包括发送公文信息、短信和公告等。

⑫方便的可分层维护的系统管理功能，能支持不同权限人员根据不同授权管理不同区域用户信息及相关配置功能。

⑬与电话呼叫中心系统集成。

2. 服务台种类

目前有很多类型的服务控制台，以下是4种主要的典型组织结构。

(1)本地服务台(Local Service Desk)。

如图6-4所示，本地服务台是在本地只支持本地的用户，本地可以是某一个地区或城市，如北京、上海、深圳等。在每个不同地区建立自己的服务台，这种形式往往是在企业设置IT服务管理的起始阶段存在。本地服务台的优点是支持本土化的服务，缺点是很容易引起重复建设并增加服务台设置的运营成本。例如，中国移动在建立1860客服之初就是在每个地市建立自己的本地客户服务台。

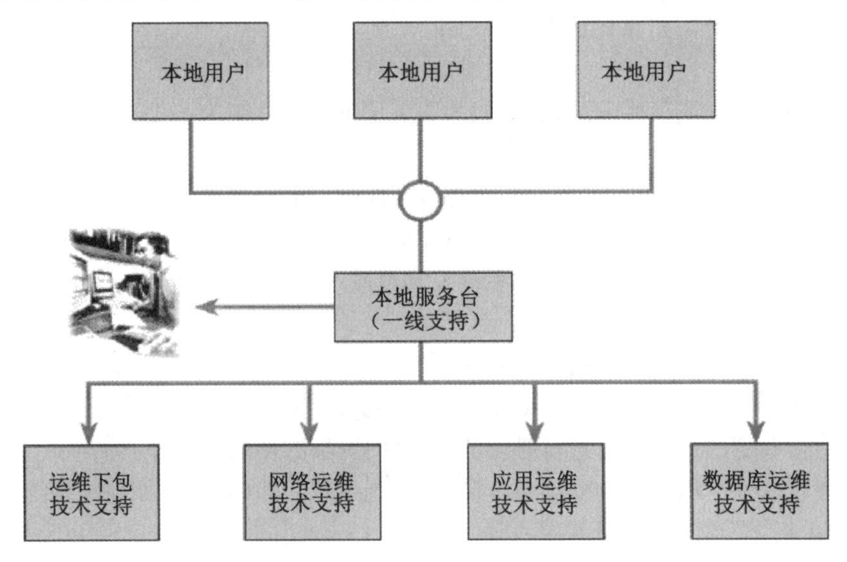

图 6-4　本地服务台

(2)集中服务台(Centralized Service Desk)。

如图 6-5 所示,集中服务台所支持的客户来自不同的城市或地区。集中管理的好处是可以由更少的人员来处理来自不同城市或地区的更多用户请求,避免了重复建设。例如,中国移动把最初的按每个地市建立的客户服务台统一集中到省会城市。这样一个省只有一个呼叫中心,它可以支持该省各个地市的所有移动用户。

(3)虚拟服务台(Virtual Service Desk)。

如图 6-6 所示,虚拟服务台的服务人员可以在不同的城市或国家（加拿大、澳大利亚、英国、中国、印度、美国等),但是在终端用户看来所有服务台使用统一的呼入或接入号码,用户感觉就像只得到一个唯一的服务组织在给他们提供服务一样。也确保服务质量在各个国家或区域无差别化,为之后的服务台全球业务的进一步整合打下基础。

(4)日不落服务台或向日葵服务台(Follow the Sun)。

日不落或向日葵的服务台可以理解为一种特殊的虚拟服务台。服务台可以支持 7×24 小时的服务，服务台调度和控制系统会把客户的呼叫转移到在白天有服务人员上班的国家或地区。比如,如果用户呼叫的时间正是中国的上班时间,该呼叫就会被转到中国的服务台。相应地,如果用户呼叫的时间正好是美国的上班时间,该呼叫就会在美国的服务台进行

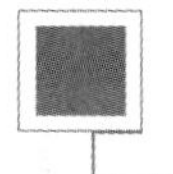

处理。这样会尽量避免加班,使服务质量和成本相对更加可控。

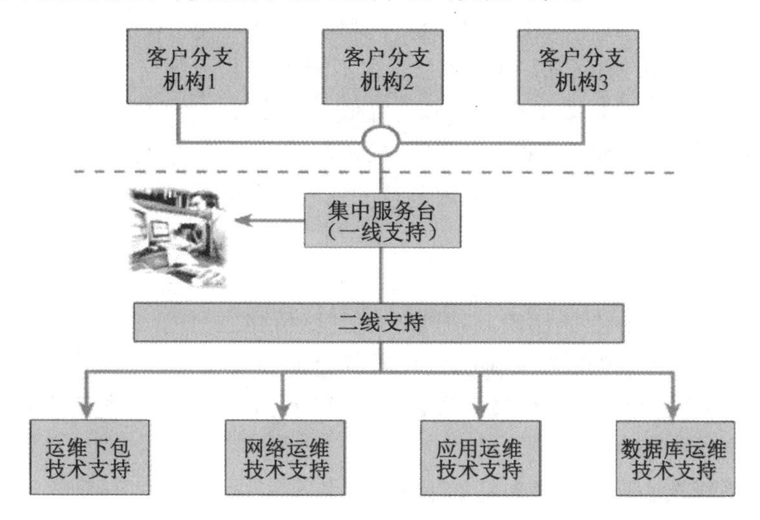

图 6-5　集中服务台

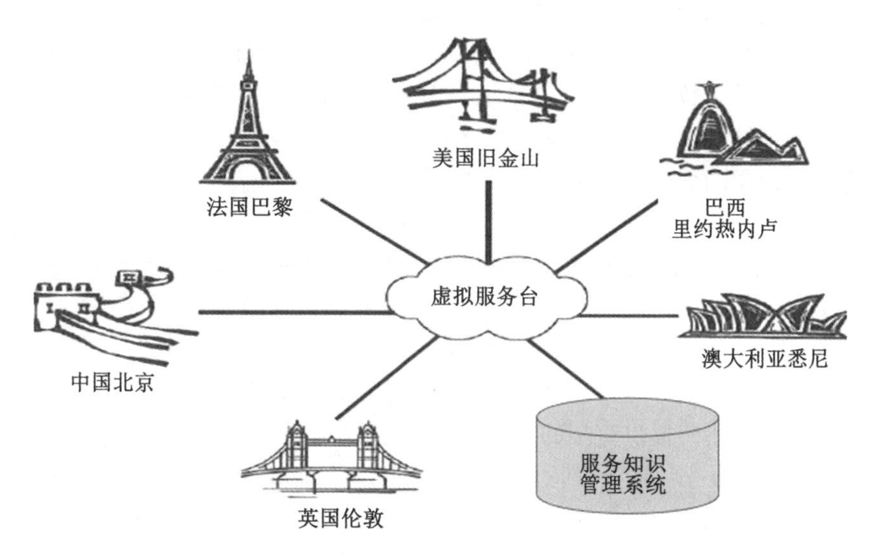

图 6-6　虚拟服务台

不同的企业可以根据自身的实际情况和成本要求打造或租用适合本企业的服务台。影响成本的因素比较多,需统筹考虑。比如是否要统一的接入号(Toll-free Number),是否要有专线支持,是否要单独的房间和场地,是否要有不同语言的服务台支持,是否要有专属和不共享的人员支持等。越是标准的服务台越会降低企业或客户使用服务台的成本。所以服务台一定要实现流程、人员和工具的标准化,并通过利用更多的自动化工具和客户的自助式服务门户网站等功能降低服务成本,提高服务台的核心竞争力。

3. 服务台技术架构

服务台一般是建立在业界比较成熟的呼叫中心系统之上的。呼叫中心系统提供 IT 服务热线的电话接入系统,提供 IT 和业务应用服务台的一线支持。呼叫中心一般为全数字化的交换系统,支持话音交换、数字传输、语音压缩、IP 接入、计算机和电话集成接口(CTI)、交互式语音应答(IVR)等功能。

呼叫中心系统核心功能应该包括如下功能:

①具备告警功能,记录重大的系统故障或者硬件失效, 以及系统工作的一般信息。

②具有内置放音功能,通过语音功能可实现自动报话务员工号。

③呼叫特种业务(转移、音乐等待、保持等)、三方通话、强插、强拆、语音信箱、来话主叫号码显示及传送。并且数字分机和 IP 分机等内部分机都要求提供来电显示功能。

④呼叫中心系统能进行话务数据的统计和测试。

⑤兼容目前使用的数字或模拟电话系统。

图 6-7 为典型的呼叫中心应用架构概览图,目前比较成熟的国外呼叫中心解决方案提供厂商有 Avaya 和 Cisco 等,国内呼叫中心解决方案提供厂商有青牛软件和华为等。

综上所述,服务运营就是遵照和客户签订的服务级别协议,对终端用户提供有效的日常服务支持和维护工作。服务运营包括很多流程和职能模块。服务运营人员就是通过这些流程和职能模块对最终用户提供直接的运行维护服务,从而实现对客户承诺的服务价值。

ITIL 4 在最新的服务台理论中特意强调服务左移(Service Left),即以更多自服务和工具自动化的方式处理终端用户的接入服务。比如应用更多的聊天机器人(chatbots)处理来自用户的服务请求,以及采用推送软件补丁的方式自动更新终端用户所持设备上的应用,用户的设备一经连到网络,就自动检查其软件版本,并在客户无感的情况下自动安装最新版本给

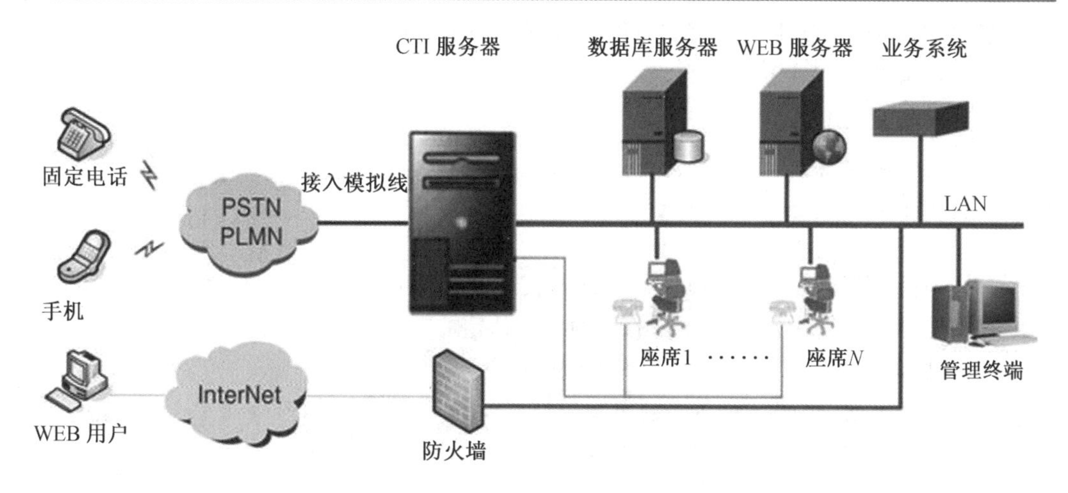

图 6-7　呼叫中心应用架构概览图

到终端用户。这种基于软件平台的推(Push)安装,在互联网公司通常叫作 Hotfix 安装。

复习题六

题目 1:下列哪项实践可为管理用户反馈、称赞和投诉提供支持?(　　)

A. 变更实施
B. 服务请求管理
C. 问题管理
D. 事件管理

题目 2:“监视和事态管理”实践的目的是什么?(　　)

A. 确保在需要的时间和位置提供有关服务配置的准确且可靠的信息
B. 系统化观察服务和服务组件,并记录和报告选定的状态变更
C. 保护组织所需信息以便开展业务
D. 通过尽快恢复正常服务运营来最大程度降低事件的负面影响

题目 3:服务请求管理实践最有可能管理下面哪类变更?(　　)

A. 正常变更

B. 紧急变更

C. 标准变更

D. 应用变更

题目 4:下面哪项关于已知错误和问题的表述是正确的?(　　)

A. 已知错误是对已分析问题的一种状态认定

B. 已知错误是造成一个或多个问题的原因

C. 已知错误引发漏洞,而问题引发事件

D. 已知错误由技术人员管理,而问题由服务管理人员管理

第7章　持续服务改进

通过第6章的学习，我们知道服务运营是如何通过有效的工具、技术和实践为客户创造价值和收益。而持续性服务改进是指导服务改进措施达到预期效果，改进的目的是持续提升服务或产品交付价值的能力。本章针对ITIL 4涉及的持续服务改进的实践进行讲解。

7.1　目　　标

持续服务改进(Continual Service Improvement，CSI)是通过对IT服务本身全生命周期的不断改进来持续保持服务对客户的价值，包括持续度量和改进服务能力、改进服务的有效性并提高IT服务的效率等。持续服务改进具体会对服务进行度量分析，并提供在服务的全生命周期对服务的各个阶段进行改进指导，即端到端的服务能力。

IT服务提供商负责对服务本身进行持续改进，也就是在服务的全生命周期中对很多服务管理的具体实践和方法进行改良并撰写服务改进计划(Service Improvement Plan)。比如，在服务级别管理中，如何设置更有效的度量指标来监控和提高服务的质量。当然，持续服务改进并不是一个很新的概念，但是很多企业也仅仅停留在概念阶段，还没有真正持续地执行下去。有些企业是把服务改进当作一个项目来做，由于项目是一个临时性的工作，项目会在解决某些特定的问题后而终止，这样并没有体现改进的持续性。真正的持续服务改进应该作为一种理念或文化，融入企业的日常工作行为中去。

一个关键的服务改进行为就是对当前的IT服务和IT服务管理的结果进行度量和报表分析，并总结出切实可行的改进办法，并持续跟踪处理状态，直到改进完成。当然，可以通过一些切实可行的模型或方法有效地执行持续服务改进。

7.2　基本概念

7.2.1　持续服务改进方法

图 7-1 是持续服务改进方法。

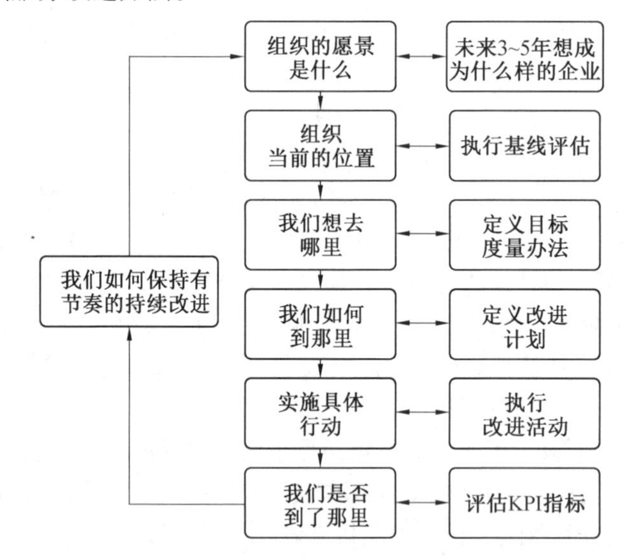

图 7-1　持续服务改进方法

如图 7-1 所示,持续服务改进方法可以分为以下七个步骤:

①了解企业商业目标,并设立愿景。IT 服务的战略必须与企业的业务战略保持一致。
②根据对企业目前业务、组织、人员、流程和技术的分析为企业的现状设立基准。
③根据企业的愿景设立具体的目标和可管理的框架。
④细化服务持续改进计划并对现有流程进行必要的改进。
⑤躬身入局,采取行动。
⑥确认服务度量方法和指标,以确保达到既定的里程碑。

⑦确保服务改进的变更在企业中实施,保证服务的持续改进。

持续服务改进方法为企业提供了一种定义和管理服务的一种思路。它通过对现有的情况进行分析,并结合自身业务战略的需要设定当前情况的基线和未来的具体目标,并根据目标实施服务和制定相应的度量标准,强调通过服务度量标准实现端到端的服务度量。

7.2.2　戴明环

说到质量管理就不得不提戴明环。戴明环,也叫 PDCA 循环,如图 7-2 所示。它是由美国质量管理体系的创始人戴明博士提出来的。

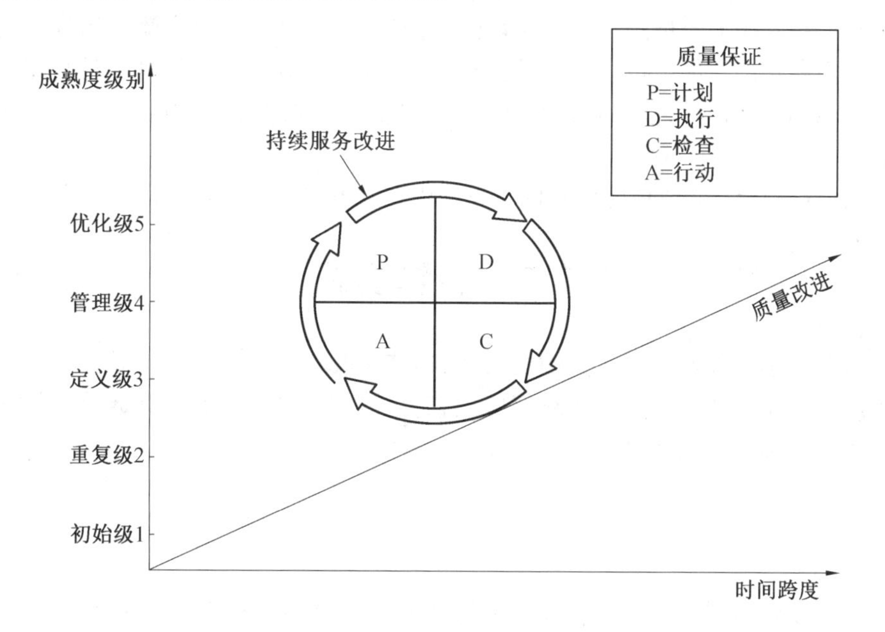

图 7-2　戴明环

戴明环诠释了全面质量管理活动的全过程所应遵循的科学程序。可以把全面质量管理活动的全过程看成按照 PDCA 循环在不停地周而复始地运转。PDCA 是英语单词 Plan(计划),Do(执行),Check(检查)和 Action(行动)的第一个字母的组合。PDCA 循环就是按照

这样的顺序进行质量管理,并且循环地进行下去的科学程序。在这个循环过程中,首先要有计划。这个计划不仅包括目标,而且包括实现这个目标所需要采取的措施;其次要按照计划去实施;再次要按照计划的预期目标进行检查,看是否实现了预期效果,并且通过检查找出问题及所属原因;最后要进行改进操作,并将经验和教训的内容制定成参照标准,并形成制度文件。

PDCA 循环是螺旋上升的,每一轮循环都有新的目标和内容,这意味着质量管理在每一轮循环后都会解决一批问题,并且质量水平也会有相应的提高。举例说明如下:

P(计划):服务提供商计划提高服务团队整体的服务意识。

D(执行):采取 ITIL 的内部培训,并且定期开会去分享服务的成功案例。

C(检查):通过问卷调查和考试的方式来检查培训的质量。通过 ITIL 的考试摸底,发现服务人员对服务和服务管理的理解有所增强,并且能够基本了解每个流程的具体功能和服务级别协议所包括的具体项目,比如不同级别的服务请求应该完成的时间限制和服务可用性的具体衡量标准。但是,很多服务人员不能了解流程与职能模块的区别,以及不同流程之间的内在联系。

A(行动):采取专项培训,介绍不同流程的内在联系以及职能与流程之间的区别。

7.3 关键实践

持续服务改进阶段包含两个关键的实践,即持续改进(Continue Improvement)以及度量和报告实践。其实 ITIL 4 的每个实践都应该有符合自身的度量指标,并通过度量评估报告体现具体度量指标的达成情况。

7.3.1 持续改进

持续改进实践包括收集现有的数据,分析这些数据的趋势和当前存在的问题,管理信息的优先级,执行改进和提高。图 7-3 是持续改进示例图。

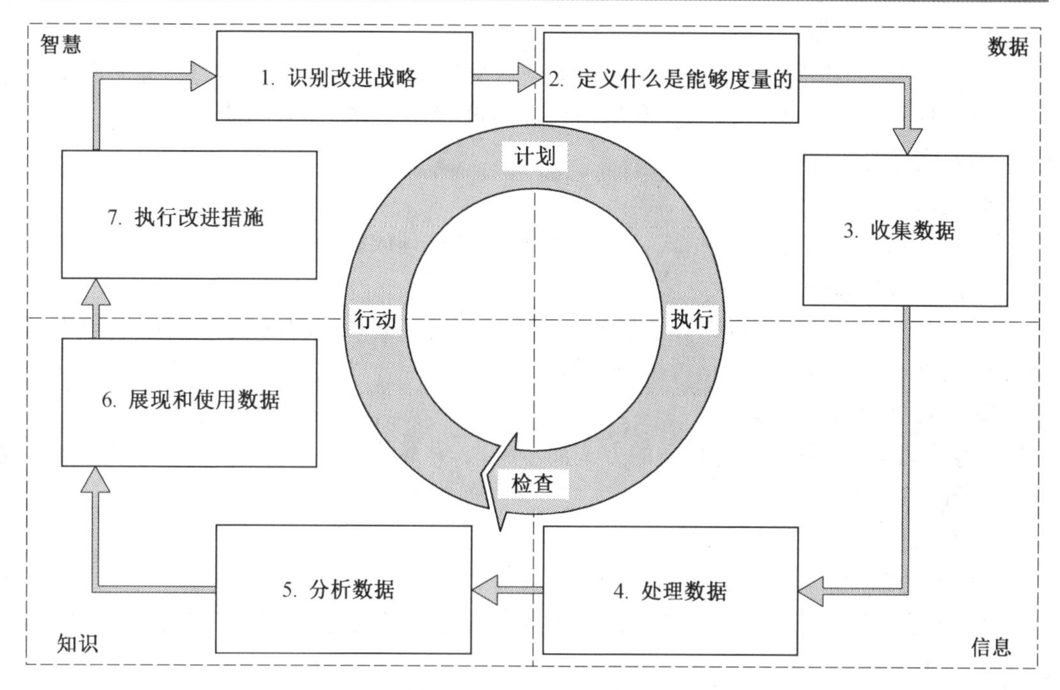

图 7-3　持续改进示例图

改进实践是按照既定的目标进行驱动的，具体解释如下：

第一步：识别改进战略。

从战略的愿景到运营的目标对改进提出全方位的需求，把组织的愿景转化为具体的在服务全生命周期各阶段的具体目标。

第二步：定义什么是能够度量的。

企业也许会发现他们实际能够度量的内容是有限的，应该分析什么是所需要的和什么是可以度量的差距，并且把这个差距报告给客户和管理层。为了缩短这些差距，可以考虑启用新的工具或做一些客户化的操作。

第三步:收集数据。

通过监控工具和手工处理来监控和采集预定义的度量数据。确保当前服务的质量是监控的主要目的。监控主要关注服务和流程、执行的效率和效果,而采集的重点是能够体现当前 IT 服务质量的关键数据。

第四步:处理数据。

把原始数据转换成需要的格式,比如把原始数据整理成结构化报表的形式。

第五步:分析数据。

对数据进行分析,并把数据和信息转换成能够影响企业或组织的知识。比如,分析数据的关系、发展趋势和例外条件是否被触发等。

第六步:展现和使用数据。

获得的知识可以按照容易理解的方式展示出来,并成为管理层用来做战略、战术和运营决策分析的参考依据。

第七步:执行改进措施。

用获得的知识来优化、提高当前的服务流程。

持续改进实践是不断循环的,企业或 IT 服务提供商可以通过运用该实践对自己的服务进行不断的改进和提高。

当然,持续改进实践并不是提高服务质量所应遵循的唯一标准。下面介绍一个相类似的质量管理标准——六西格玛(6 Sigma)。六西格玛是在生产制造业中经常被提到,并应用在质量管理过程中。对任何企业来讲,在执行项目时,执行过程变更是他们最不愿意看到的,因为过多的过程变更会导致产品和服务无法满足客户的要求,从而给企业带来不必要的损失。为了杜绝不必要的变更风险,六西格玛采用了 DMAIC 系统方法(D:定义,M:度量,A:分析,I:改善,C:控制)对不能满足要求的过程进行改良。DMAIC 系统方法与七步改进实践的方法很类似。首先是定义问题的范围,再通过工具来采集、度量和分析数据。在 DMAIC 中的度量和分析阶段,经常会用到帕累托(Pareto)分析法来分析造成质量缺陷的主要原因。帕累托分析是以意大利经济学家帕累托的理论命名的,它是 80/20 法则的具体实现。对于六西格玛理论而言,质量的大部分的缺陷经常是由于相对较少的原因造成的。帕累托分析法是通过列出单个可能的缺陷占所有缺陷的百分比来最终确定造成缺陷的主要原因。DMAIC 系统的改善环节(I:Improvement)就是通过提高和矫正当前的流程中的缺陷来达到

改善的目的。而最终的控制环节(C:Control)就是校验正确的行为,建立并执行控制计划,最终共享最佳实践和经验教训给相关的部门。很多企业都有相应的工具去跟踪过程改进,不同企业所使用的工具的名称可以不同,但是它们的作用都是对服务改进进行全程跟踪。比如 IBM 就有一个 AutoTrack 系统,该系统就是从问题界定、数据采集和分析、过程改进计划制定和经验共享等全过程进行管理的工具。持续改进也可以通过平衡记分卡的相关维度来识别改进机会。关于平衡记分卡的介绍详见 7.3.2 小节服务度量和报告的内容。

7.3.2　度量和报告

服务度量的目的是确保服务度量的目标和度量手段符合业务持续的改进需求。服务度量是在充分理解业务流程的前提下,结合组织的战略目标和运营的指标来具体定义服务需要度量的内容和指标。

服务度量是服务质量的衡量标准。那么为什么一定要度量呢? 图 7-4 中列出四个基本原因去监控和度量数据:

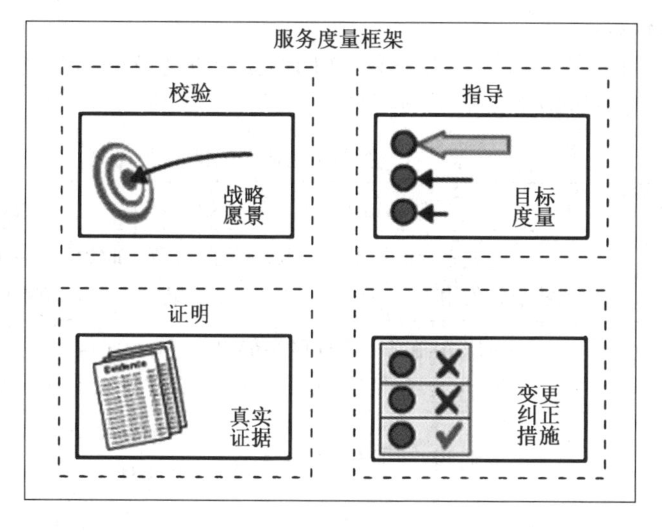

图 7-4　服务度量框架

①校验以前的决定是否正确(To Validate)。
②指导行为去满足设定的目标(To Direct)。
③由实际的证据去证明行为的正确性(To Justify)。
④在适当的点进行干预和执行改进行为(To Intervene)。

那么如何建立 IT 服务的全面度量和评价体系呢? ITIL 引入了平衡计分卡(Balanced Scorecard)的方法。平衡计分卡是对企业长期战略目标进行有效评估的综合方法。该方法通过把组织的愿景转变为一组由四个视角组成的绩效指标架构来评价组织的绩效,具体的视角包括财务、客户、内部流程、学习与成长。强调内部流程的标准化、运维人员的培训和解决问题的能力、成本的可控和不要额外的浪费、客户的满意度的可视化度量。由此可见,企业可以通过以上四个视角或维度对 IT 的服务质量进行全方位的度量。

谈到度量就不得不提服务报告(Service Reporting),服务报告是服务提供商对服务质量的具体呈现,一般是指按照和客户达成的服务级别协议每月或每季度呈现的 SLA(服务级别协议)达成情况的报表。

SLA 达成情况的报表是记录对客户所承诺的服务级别协议的执行情况。现举例说明服务提供商对客户的服务级别协议定义,见表 7-1。

表 7-1　服务级别协议定义

事件级别	事件级别定义	解决时限
一级事件	一台或多台服务器,应用程序无法正常使用	4 小时解决,一个月要有 90% 的一级事件在 4 小时内解决
二级事件	多台服务器或应用程序性能出现问题,但是还可以被访问	8 小时解决,一个月要有 90% 的二级事件在 8 小时内解决
三级事件	不多于 10 个用户的访问异常	24 小时解决,一个月要有 90% 的三级事件在 24 小时内解决
四级事件	单个用户的访问异常	3 个工作日,一个月要有 90% 的四级事件在 3 个工作日内解决

可以把服务承诺的度量精确到每一天，具体公式如下：

$$\text{完成服务承诺的百分比}=\frac{\text{处理的事件总量}-\text{没有按时完成的事件数量}}{\text{处理的事件总量}}$$

比如当天处理的事件总量是 80 个，而没有按时完成的事件数量是 4 个，那么完成服务承诺的百分比为：(80-4)/80=95%。

图 7-5 是两周服务级别协议的实际完成情况的控制图。图表的横轴为时间，纵轴为百分比。虚线部分为向客户承诺的应该达到的服务级别指标（这里是 90%），折线是每天实际服务绩效指标达成的百分比，中间实线是实际服务绩效指标在这两周内的平均值，控制图的上下的实线是服务绩效指标所参考的容忍范畴，可以通过实时的服务绩效指标的完成情况报表来度量服务的质量。

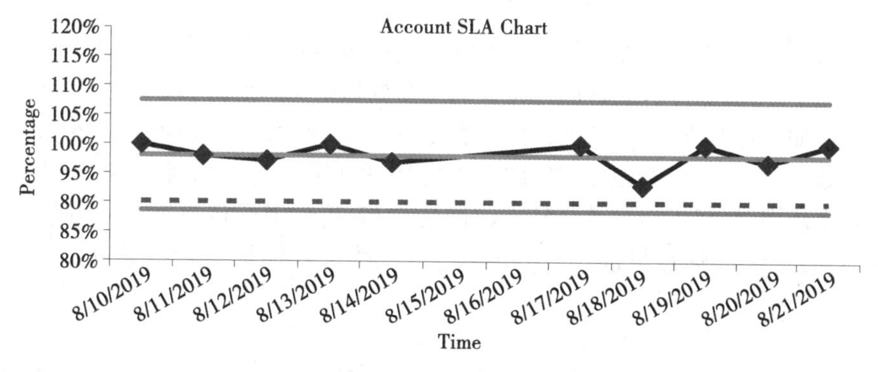

图 7-5　服务级别协议的完成情况统计图

当然，作为一个服务经理或服务提供商的高层主管，还要关注客户的服务投诉没有被及时处理的情况。如果有这种投诉发生，要制订服务改进计划（Service Improvement Plan）防止类似投诉再次发生。

服务经理或高层主管需要用有限精力来捕捉和处理管理工作中有限的异常。如何才能够捕捉到重要的管理异常点？这就需要通过管控日常服务绩效的过程控制图做文章。如图 7-5 所示，管理者应该不仅学会如何制作此类图表，更应该提前制定通过此类图表捕捉管理异常的规则或办法。具体的异常捕捉规则见表 7-2。

表 7-2 服务异常规则定义列表

异常规则参照表
实际的服务绩效指标达成的值所对应的点在控制图的控制上线之上
实际的服务绩效指标达成的值所对应的点在控制图的控制下线之下
历史的服务绩效指标达成的值存在连续八个点在平均值之上的情况
历史的服务绩效指标达成的值存在连续八个点在平均值之下的情况
历史的服务绩效指标达成的值存在连续六个点有上升的情况
历史的服务绩效指标达成的值存在连续六个点有下降的情况
历史的服务绩效指标达成的平均值低于向客户承诺的值的情况
服务绩效指标达成的值和上一周或月的达成的值偏差在 10% 以上的情况

当然,管理者可以根据企业的管控需要制定出更多的服务异常规则,这些规则就是日常管理工作的抓手。一旦有规则条件触发,我们就需要做根源问题分析,看看这是好事情还是不好的事情。如果是好事情,就需要鼓励团队成员持续保持;如果是不好的事情,就需要做服务改进计划,并指定责任人做全程的跟进。同时,我们在日常的管控过程中不断去优化既定的服务异常规则,使其更加有效。随着时间的推移,管理者应该有这样的自信,如果异常规则捕捉不到异常,那就是目前不存在管理异常,就可以把精力投入到更加关注的事情上去。

为了增加日常管控的需要,控制图可以作为服务报告的一部分,以下是更加具体的服务报告模板举例:

……

报告的目的

☞服务报告的内容是对服务现状的客观反映,与服务级别协议对比,帮助管理层、IT 服务提供方和业务部门了解服务提供情况。

☞产生及时、可靠、精简并足够正确的报告作为决策的信息依据和有效沟通手段。服务陈述要能够帮助报告接受者理解报告内容。

☞为服务管理人员进行决策提供依据,保证服务提供过程处于可控状态。

☞为服务管理改进和变更活动提供决策、计划和执行参考，有利于服务的不断改进和资源利用率的不断改善。

目标读者

☞本服务报告呈报对象：企业的领导或总经理、业务部门经理和 IT 各个部门的分管经理。

报告概述

☞报告的主题。介绍服务报告的主题，比如该服务报告的主题是根据××信息中心服务级别协议中规定的服务级别指标的要求，汇报 IT 服务绩效。

☞服务提供者介绍。在此处对信息中心进行简单介绍，并注明详细地址信息和联系方式。

☞服务报告的季度周期。注明该季度报告的内容所涉及的月份信息，如 20××年×月×日～20××年×月×日。

☞服务报告的提交时间。注明该服务报告需要被完成和提交相关领导的时间，比如该服务报告会在服务报告周期的下个月第二个星期五产生。

本季度服务总体汇总

☞服务质量。综合阐述本季度服务的整体水平，比如信息中心中信息系统总体运行及应用情况正常，未发生信息系统运行特大事故和信息安全事件。

☞重大事件公布。列举服务报告季度周期内所发生的重大故障，如核心交易系统的网络瘫痪。如果没有可写“无”。

☞重大变更公布。列举服务报告季度周期内所发生的重大变更，如××系统升级。如果没有可写“无”。

下季度待完成任务

☞列举即将完成的重大项目或系统变更，如主机系统、中间件平台和网络变更或存储扩容等

服务绩效详细 KPI

☞记录每项服务的服务级别协议指标和服务绩效对比情况对于满足服务级别指标的相应栏位标成绿色，如果相对于指标小于或等于上下 1%（该百分比需要和客户共同决定）的偏差，则标成黄色；大于 1% 的偏差，则标成红色。

示例如下：

服务级别协议	上两个季度 (20××年×月 ~×月)	上一个季度 (20××年×月 ~×月)	本季度份 (20××年×月 ~×月)
一级事件在4小时之内的成功解决率:90%	一级事件在4小时之内的成功解决率:87%(红色)	一级事件在4小时之内的成功解决率:89.5%(黄色)	一级事件在4小时之内的成功解决率:91%(绿色)

重大事件回顾

☞事件情况列表

事件编号	事件类型	系统名称	运维机构名称	所属客户名称	事件现象	发生时间	恢复时间	影响的具体情况	引发事件原因	解决方法	处理人员	事件级别	解决状态

☞事件回顾详细。以下可以按运维系统分类:

A 系统管理:

关键事件描述:××××

原因分析:××××

解决方案:××××

B 系统管理:

关键事件描述:××××

原因分析:××××

解决方案:××××

重大变更回顾

☞变更情况列表

变更编号	变更内容	变更日期	变更原因	变更状态	影响和风险	变更执行人	变更责任人

☞变更回顾详情。此处列出所有本季度涉及的重大变更的回顾和总结情况。

IT 服务趋势分析

☞列出 IT 资源利用率和使用情况,包括应用、服务器、中间件、网络和存储的性能指标等,通过控制图和异常捕捉等手段分析当前 IT 容量使用问题和存在的风险。总结系统可用性、资源使用、故障数量等发展趋势,提前预防与杜绝潜在违规服务级别协议的情况,提出改进计划与方案。

客户满意度分析

☞针对各业务部门的反馈意见,分析原因。总结目前的服务质量发展趋势,提前预防与杜绝潜在违规服务级别协议的情况,提出改进计划与方案。

报告数据来源

☞报告中所示数据来自:

事态管理报告;

【此处插入各个部门事件管理报告文件,信息可以来自监控工具报表】

事件管理报告;

【此处插入各个部门故障管理报告文件,信息可以来自 ITSM 服务管理工具报表】

变更管理报告;

【此处插入各个部门变更管理报告文件,信息可以来自 ITSM 服务管理工具报表】

性能管理报告;

【此处插入各个部门性能管理报告文件,信息可以来自容量管理工具产生的报表】

系统建设和项目实施报告;

【此处插入各个部门关于系统建设和项目实施报告文件】

客户满意度调查报告。

【此处插入具体的客户满意度调查报告】

ITIL 4 充分兼容精益思想(Lean),故度量和报告实践也秉承精益思想和持续改进(Kaizen)的理念。精益思想的本源来自制造业。精益的根本目的是实现产品价值,价值的实现通常需要有三个支撑:对人的尊重,即文化支撑;产品开发流,即价值流程图支撑;小而不间断的改进,即不断完善(Kaizen)支撑。以上价值支撑模型在业界取了一个非常好听的名字,即精益思想之屋(图 7-6)。

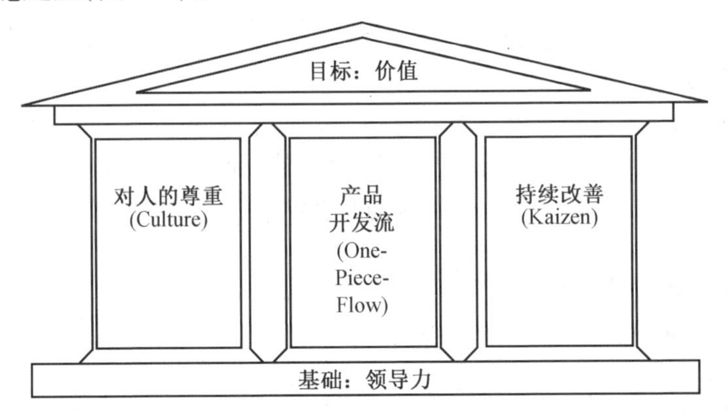

图 7-6　精益思想之屋

精益提倡通过持续改进来减少不产生价值的活动,并进一步消除浪费。消除浪费就是精益所提倡的基本原则。精益的原则包括消除浪费、强化学习、尽可能晚做决策、尽可能快交付、授权团队(即自组织团队)、内建质量(Build Quality In)和全盘检视(即全局思维)等。与度量和报告更相关的原则是消除浪费。精益通过价值流图分析的方法找出浪费的具体问题。价值流图可以用于分析信息或者材料的流动,从初始到结束,用来识别浪费的环节。增加价值的环节或活动通常称为"增值",不增加价值的环节或活动(如等待)通常称为"非增值"。项目希望最大程度减少非增值环节或活动,即减少非增值时间。精益通过 WIDETOM 模型来协助分析不同种类的浪费的可能,分析的具体维度包括:W—等待;I—库存;D—缺陷;E—额外流程(简单设计的反模式);T—角色切换(运输);O—过度生产(镀金);M—动态/运动(迁移)。关于各种浪费的详细举例见表 7-3。

表7-3 WIDETOM模型

浪费维度	维度描述	具体举例
W—等待	由于等待审核或审批而延误	等待文件审批
I—库存	工作开始,但是还没有完成	等待开发完成
D—缺陷	有缺陷的代码或文档的修复	软件BUG修复
E—额外流程	不能增加价值的额外工作	不必要的审批,无用的文档
T—角色切换(运输)	多个任务在不同项目间来回切换	人员被同时指定给多个项目
O—过度生产(镀金)	实际上不需要的特性	有镀金嫌疑的特性或功能
M—动态/运动(迁移)	需要沟通的努力,以及不同团队的工作交接	分布式团队的工作交接项目转运维的交接

以下是一个具体的精益价值流图分析的例子。

事情是这样的,开发人员在周一下午完成了新服务的编码工作。她构建代码、运行单元测试,并将代码提交到集成流中以便进行持续集成(CI)构建。为了测试其服务,开发人员在下班前给测试(QA)团队开了一个任务单1。

周二早上,QA团队看到了这个分配给他们的任务单1。一个测试人员拿到了任务单1并给开发人员发邮件请求部署说明。由于没有自动化部署,开发人员回应说她将亲自部署服务到QA环境中。周二下午,他们参加电话会议进行代码部署。开发人员发现测试环境与其代码不兼容,他们需要一个新环境。周二晚上,测试人员开了一个任务单2给运维(Ops)团队申请一个不同规格的新环境。

周三早上,运维团队把任务单2分配给处理规格和处理防火墙端口变更的工程师。周三下午,工程师针对任务单2发起一个变更请求单。周三晚上,运维工程师收到批准,并开始构建新环境 。他需要手动构建虚拟机(VM),其中包括操作系统(OS)、应用服务器、数据库以及Web服务器等。

周四早上,服务器构建完成,任务单2关闭。测试人员再次发邮件给开发人员部署新服务。开发人员部署了新服务,测试人员开始准备可用的测试脚本。他需要运行回归测试,但是他需要额外的数据进行重新测试。周四下午,他给生产支持团队开出一个申请新测试数

据任务单 3。

周五早上,生产支持团队指派了一名数据库分析师(DBA)从生产环境收集数据。但此时已经是周五下午了。每个人都知道 DBA 在周五的下午是不工作的。

下周一的早上,测试人员从 DBA 手中得到了测试数据。他用了 20 分钟运行回归测试,并且发现一个缺陷。他把任务单 1 退回给开发人员,在代码编写构建完成整整一周之后。这份代码经历整整一周的等待处理,不知道是否存在缺陷。现在又落后一周了。

这个故事的可怕之处在于,当我把它讲给其他企业的同行听时,他们并不感同身受,只是惊讶:相比他们,我们竟然如此高效!

以上的案例的启示是具备精益思想和价值流图分析的方法对进行服务管理过程改进的重要性。精益思想给 ITIL 4 的服务和报告实践提供了良好的理论的支撑,ITIL 4 本身也是集各种优良思想于一身的高大上管理体系,值得每位读者去了解和掌握。

复习题七

题目 1:下面哪项建议适用于持续改进实践?(　　)

A. 至少应有一个小团队专门带领大家持续改进

B. 所有改进均应作为多阶段项目进行管理

C. 持续改进应与其他实践分离开来

D. 改进举措应排除外部供应商

题目 2:下面哪项是均衡使用各项服务指标的原因?(　　)

A. 减少所需收集指标的数量

B. 单独报告各个服务元素

C. 提供以结果为导向的服务视角

D. 支持自动收集各项指标

第8章　IT服务管理项目规划与实施

通过第7章的学习,我们了解到服务持续改进是打造IT服务管理的可持续改进和提高的机制。本章通过典型的IT服务管理项目落地实施案例使读者对IT服务管理最佳实践有更加深刻的认识和切身的体验。

8.1　IT服务管理落地项目的规划

ITIL作为服务管理的最佳实践,为服务提供商或组织的IT部门提供了一整套服务实施的框架指南,它涉及服务流程、职能定义以及组织的结构设计等。ITIL本身并非一个可以从市场上一次性购买后就能立即投入使用的具体产品。我们可以依据ITIL服务管理和PMP项目管理的理论规划和实施IT服务管理落地项目。

在依照ITIL流程和框架进行服务管理落地项目实施的过程中,要有清晰的项目定义。如果没有对实施ITIL的客户所在行业有很清晰的认识和对具体ITIL实施目标有合理的定位,项目就有失败的可能。下面先简单了解一下基本的项目和项目管理的理论。

项目是为创造独特的产品或服务而进行的临时性工作。项目与企业的日常运营是有区别的。项目要有明确的目标、起止时间和有限的人力资源。更加具体地讲,项目具有三大特性:临时性、独特性和渐进明细。临时性是指项目有明确的开始和结束;独特性是项目有独特的产品或服务,并且每个项目都是唯一的;渐进明细是指项目是随着具体执行而逐渐清晰和明确。对于IT服务管理规划和实施的项目,我们需要在项目启动之前根据具体企业的IT战略目标和实际情况来设计所要实现的IT服务管理的项目目标、功能范围、投入成本和项目周期等项目管理关键要素。

对于具体IT服务管理实施的项目,在制定项目目标时要遵循SMART原则。SMART取自Specific, Measurable, Attainable, Relevant, Time-bounding五个单词的首字母,其具体含义如下:

① Specific:项目目标要具体化,不可以抽象模糊。

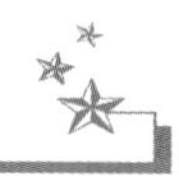

② Measurable:项目目标要量化和可衡量。
③ Attainable:项目目标要可以达成。
④ Relevant:项目目标要与企业或组织的战略相关。
⑤ Time-bounding:项目要在规定时间内完成。

下面结合项目管理的成功因素,谈谈一个企业要想成功地实施 IT 服务管理项目的关键成功因素。

1. 引进严格的项目管理制度

要引进严格的项目管理制度来对企业的 IT 服务进行改良。更加深入的项目管理实践的介绍,请参阅笔者的另一本书《PMP 项目管理方法论与敏捷实践》。

2. 全面、完整地了解目前企业 IT 服务状况并阶段实施

我们要清晰地认识到 IT 服务管理的提高要建立在目前企业 IT 服务管理的能力和现状基础之上。企业目前的 IT 服务管理状况是整个服务实践项目的基线。在此基础上,我们要确定什么 IT 服务需要做改进和变更、哪些是新增加的 IT 服务功能。在 IT 服务项目正式启动前和项目的进行过程中,进行可行性评估、检查和审计等,以确保当前 IT 服务管理项目的实施满足企业自身的 IT 服务管理战略。如果企业的 IT 服务管理规划过于庞大,可以根据其复杂程度把项目分成一个或多个阶段。项目阶段是为完成项目的可交付成果而在需要特别控制的位置将项目分界。同时,项目管理者可以在项目的生命周期内设立不同阶段的项目里程碑来帮助以后对项目执行的效果进行评估和控制。

3. 有效的流程构造和 IT 工具的应用

流程的定义和规划是 ITIL 服务设计的重要环节。为了更好地执行流程,我们可以采用高效和强大的 IT 工具或软件来实现 IT 服务管理功能。比如某公司的 Service Manager 就是用来有效的处理服务请求、故障管理、问题管理和变更管理的非常有用的工具。当然,也可以通过研发团队打造更加适合企业自己内部的服务管理软件。

4. 管理相关方的期望和平衡制约因素

在项目管理中要识别相关方并对项目相关方的期望进行管理。项目相关方是积极参与

项目或其利益可能受项目完成所带来的积极或消极影响的个人或组织。对项目相关方的有效管理可以确保项目相关方在项目运行过程中的良好沟通和协作。相关方的影响在项目之初最大,随着项目的进展而逐渐降低。项目的管理在某种意义上讲是对人的管理,项目成功与否就是要看项目相关方是否满意。项目制约因素包括范围、质量、进度、成本、资源、风险和相关方满意度等。一个因素的变化至少会影响其他一个或几个因素。不同的项目相关方会对哪个制约因素对项目的影响意见不一致,这会增加项目管理的复杂度。IT 服务管理项目的项目经理要能够正确分析项目状态以平衡各方的要求。

5. 项目经理和 IT 架构师的成功合作

IT 架构师作为 IT 服务管理项目的重要相关方,要做到与项目经理通力合作来达成项目目标的最终实现。我们可以把项目经理当作项目的总负责人,而 IT 架构师是负责项目技术的总负责人。所以,IT 架构师也要通过与客户和相关技术人员的沟通与合作来促使项目按照既定的技术方案去执行。下面介绍一下项目经理和 IT 架构师的具体工作分工和合作事宜。

项目经理要拟定项目计划,但是项目计划的具体输入是由 IT 架构师来提供的。比如 IT 架构师通过前期的客户咨询服务能够充分地了解客户的需求范围,并制定出相应的架构设计方案,提供项目的任何可能存在的依赖(Dependency)、问题(Issue)和可能有的风险(Risk)等。

项目经理通过项目状态报告(Project Status Reporting)管理客户的关系和期望。IT 架构师作为项目的技术负责人通过提交切实可行的架构设计方案来满足客户的希望。

项目经理在项目成本控制下雇佣合适的 IT 技术人员完成指定的项目操作。而 IT 架构师要与雇佣的 IT 技术人员讨论具体的技术解决方案的实施办法,并对方案的可行性进行论证。

对于项目应该遵守的流程,项目经理和 IT 架构师要有共同的认识。比如项目的架构设计要通过客户的审阅和同意,任何设计和项目范围变更都要通过变更控制委员会的同意。项目经理对项目目前存在的问题、风险和成本控制的管理负有主要责任。IT 架构师要及时、准确地把项目中的花费和相关注意事项反馈给项目经理。在项目快结束时,项目经理要准备和提交项目完工报告,IT 架构师要参加项目完工阶段的最终评审和检验工作,并对任何可能遗留的问题提出解决办法,使客户对项目的最终交付结果满意。

总之,一个企业的管理分为战略管理、项目管理和运营管理。战略管理是对企业的服务

战略决策进行管理,运营管理是对企业日常运行维护进行管理,而企业往往是通过项目管理把企业的服务战略转化为日常的运营维护。IT 服务管理落地项目则是对企业从服务战略到服务运营的整个服务管理全生命周期进行落地。

8.2 服务管理实施的技术考虑

IT 服务管理是由很多复杂的业务流程组合而成的。比如企业可以有自己的故障管理流程、问题管理流程和变更管理流程等。在企业的服务管理达到一定成熟度后,企业会更多地考虑服务级别管理、容量管理、可用性管理和连续性管理,甚至 IT 的战略管理或 IT 治理框架等的落地实施。由此可见,服务管理能力的提高是一个不断迭代的过程。企业业务流程会通过适当的技术手段来实现,也只有真正通过技术架构有效执行的流程才会给企业带来效益。随着企业对 IT 系统要求的不断升级,很多企业更多地倾向于选择像 IBM 或者 HP 这样的公司为其提供企业业务咨询和 IT 服务管理架构体系设计,IT 服务管理咨询也随之不断增加而逐渐兴起,而 IT 服务管理架构设计也随着咨询业的兴起而更加被企业和客户所重视。本节将通过对架构设计概论、基础技术组件和相关实践案例进行详细介绍,帮助读者对 IT 服务管理有一个宏观的把握。更加具体的 IT 系统架构知识的介绍,请参考笔者的另一本书《ITIL 与 DevOps 服务管理案例实践》。

8.2.1 架构管理概论

企业 IT 服务管理的战略目标要确保 IT 的建设和企业的商业发展目标一致,因此 IT 服务管理一定要满足企业商业发展的需要。一个好的 IT 服务管理战略目标至少要有明确的活动实施方向,并促使有关部门或人员向正确的方向采取行动。而 IT 系统架构设计可以从技术层面对企业的服务管理进行设计,并把服务管理目标转化为可以直接使用的技术产品或工具软件。

其实,架构设计就是基于软件和硬件结构的 IT 系统解决方案,其英文定义如下:

System Architecture:solutions to client business problems through the reasoned application of information technology. Those solutions are manifested as architectures and can include systems, applications and process components. They may also involve the application and integration of a

broad variety of products, technologies and services, various systems and applications architectures, and diverse hardware and software components.

IT 系统架构(System Architecture)是一种包括软件和硬件模块的结构设计(Structure Design),它描述了这些模块内部的逻辑结构、模块对外的接口属性和方法以及模块之间的连接和关系等。架构组件可以通过其所负的责任来进行归类,所有的相关组件加在一起共同提供所设计系统的对外行为。组件对外是有接口定义的,这种接口定义提供了外部访问该组件内容的方法。组件也可以通过标准的接口定义把组件内部的能力向外部提供出来,特别是对外提供使用组件所提供的内部数据、属性和方法等。

设计组件有如下几个原则:

① 松耦合的组件降低组件之间的依赖性(Loose Coupling)。

② 高黏合组件把相关功能整合起来,并放入一个组件里,从而达到组件内部更好的互动性(High Cohesion)。

③ 通过分层(Layer)的组件管理,把系统内部的组件根据不同的抽象层面分开。其好处是简化组件的复杂性和隔离具体问题发生的区域等。这样有利于针对以后系统设计的具体问题的排错和跟踪。比如网络的七层结构设计就体现了组件的分层性的设计理念。

IT 系统架构师通过使用合理的 IT 产品、技术和系统工具来制订方案,解决客户在商业运行维护中存在的问题。给客户的 IT 解决方案是通过系统架构设计来展示和描述的,它包括系统、应用和模块的具体逻辑定义和它们之间的流程规范等。

IT 系统架构设计是随着 IT 咨询业的发展而不断走向成熟和规范的。以往的 IT 咨询相对业务咨询还不够成熟,虽然 IT 咨询的工作以往一直在做,但是它包含在产品里,随产品一起销售。在以前,企业买来一个产品,就相当于买来了一套解决方案。比如,客户买了财务软件,就相应地解决了其财务账务系统的管理问题。如果一个制造公司安装了企业资源计划系统,也就是俗称的 ERP,该公司就获得了一套集物料采购管理、财务管理、进销存管理和生产线管理等的一篮子解决方案。所以,很多企业热衷于安装新系统来解决问题。但是随着系统的增加,企业越来越觉得复杂的 IT 系统给他们带来是不可承载的维护成本。其实,IT 本来是为了支持企业的商业战略目标而存在的,而企业却要承担 IT 所带来的高成本和高风险,这对企业来讲是得不偿失的。所以,一个好的 IT 系统架构设计是企业能否成功实施 IT 服务管理的关键。

8.2.2 IT 技术组件

从根本意义上讲,IT 服务和服务管理要建立在比较成熟和稳定的 IT 基础架构之上。一个大型的企业会通过建立数据中心来实现 IT 基础架构的搭建工作,在数据中心安装 IT 服务管理需要的所有基础技术组件。IT 基础架构的技术组件可以包括网络、服务器、中间件、数据库和存储设备等。企业的 IT 开发人员、测试人员、系统维护人员、最终用户和服务管理人员通过数据中心所提供的技术组件来完成相关的 IT 服务和管理任务。图8-1是一个典型的数据中心的系统架构图。

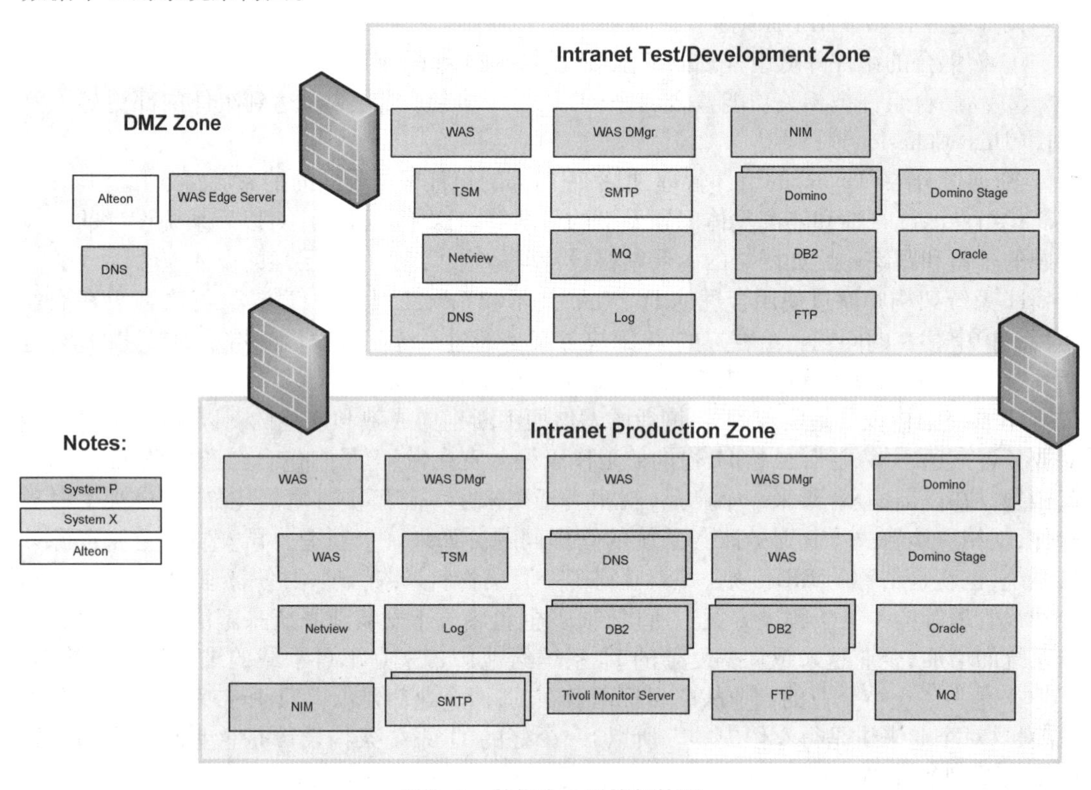

图 8-1　数据中心系统架构图

该数据中心是为企业搭建一个 IT 服务软件生产运行、开发、部署、维护和管理的基础架构平台。在图 8-1 中,数据中心有三个网络区域:DMZ 网络区域、开发与测试网络区域和生产网络区域。不同的网络区域在物理上被防火墙隔离开。

DMZ 是英文“Demilitarized Zone”的缩写,中文名称为“隔离区”,也称“非军事化区”。它是为了解决在设置安装防火墙后外部网络不能访问内部网络服务器的问题,而设立的一个非安全系统与安全系统之间的缓冲区。这个缓冲区位于企业内部网络和外部网络之间的小网络区域内,在这个小网络区域内可以放置一些必须公开的服务器设施,如企业 DNS 服务器和网络负载均衡设备等。在图 8-1 的 DMZ 网络区域中,Alteon 硬件设备用来实现前端用户请求的负载均衡;WAS Edge Server 是从软件层面上实现用户请求内容过滤和负载均衡;DNS 服务器实现域名解析的功能。

除了 DMZ 网络区域,数据中心所在的企业内网又分为开发与测试网络区域和生产网络区域。可以看到有很多组件部署在该区域中,比如 Tivoli Netview 是用来监控网络设备的;Network Installation Management(NIM)可以提供 AIX 操作系统的网络安装和系统恢复功能;Tivoli Monitor Server 提供对数据中心的 P 系列和 X86 系列服务器、中间件、数据库和应用软件的事件监控和事件管理工作;Tivoli Storage Manager 提供对操作系统、软件和应用系统的数据备份和恢复功能。在数据中心里还包括大家熟悉的 AIX 和 Linux 操作系统、Vmware 虚拟化软件、DB2 和 Oracle 数据库软件、Websphere Application Server(WAS)中间件,Exchange 邮件服务器和云平台等。

这些技术组件都是实现 IT 服务管理的基础部件。企业可以把基于 IT 服务管理的软件部署在云平台上,并通过服务管理软件对 IT 的服务全生命周期进行管理。例如,企业的运维流程和服务管理软件可以安装于 X86 服务器上,并部署在中间件平台之上,软件数据存储在数据库中,调用邮件服务组件发即时消息给服务管理人员。

8.3　IT 服务管理实施的案例分析

基础技术组件是为了有效的 IT 服务管理而服务的。现在流行的云平台为 IT 服务管理提供了很好的物质基础。在了解 IT 服务管理软件的部署和数据中心基础技术组件之间的关系后,接下来我们对某公司 IT 服务管理流程咨询设计实施案例进行分析。

8.3.1 IT 服务管理咨询和实施方法论

IT 服务管理是对 IT 服务生命周期的管理,即所谓的从服务的需求分析、架构设计、开发部署、上线运营到持续服务改进的整个服务生命周期的闭环管理。依照 ITIL 的服务全生命周期的概念,IT 服务管理咨询一般也遵从服务生命周期的方法论,并提供符合客户业务发展需要的 IT 服务管理咨询服务。

IT 服务管理咨询和实施一般分为如下四个阶段。

阶段 1:评估规划阶段。

首先,针对现状数据收集和梳理。通过访谈、调查问卷、文档阅读、现场跟踪查看等多种方式,充分了解被咨询公司目前运维管理的现状。采用业界成熟的评估模型,从人员组织、管理流程和信息数据等方面进行成熟度评估,对评估领域发现的现存关键问题进行差距分析。定义问题的优先级作为后续改进工作的重点,给出上述问题的改进计划和建议。

其次,对目标流程制度进行梳理和优化。需要梳理的流程可以包括故障管理、问题管理、变更管理、资产配置管理、发布管理、知识管理、机房流程制度、网络流程制度、运行操作流程制度、业务申请流程和服务级别管理等。

最终,产生《IT 服务管理现状评估报告》的交付文档,并向客户的相关管理层进行汇报。

阶段 2:流程概要设计阶段。

基于《IT 服务管理现状评估报告》的结果,结合国内外最佳实践经验设计 IT 服务管理流程。

需要设计的流程可以根据客户的需要和咨询合同的相关内容,并针对《IT 服务管理现状评估报告》所梳理的部分或全部流程进行设计,如事件管理流程或问题管理流程等。对事件管理流程的设计需要考虑支持服务请求、问题管理和知识管理的相关内容,并最终提交事件管理流程设计文档给客户,文档内容主要包括事件管理流程的总体规则、详细步骤、流程的角色与职责,以及流程所涉及的关键报表等。对问题管理流程也需要支持知识管理。

阶段 3：详细设计、定制开发与实施阶段。

根据第二阶段已经设计的 ITIL 服务管理流程，结合 IT 服务管理工具细化流程管理平台的具体实现功能，为未来的 IT 服务管理工具设计必要的角色和组，确认流程在工具中的常用任务，并结合客户的网络和系统环境现状，确定适合的 IT 服务管理工具部署方案，并且在部署方案中确定工具的功能性需求和非功能需求的具体满足情况。例如，非功能需求包括 IT 服务管理工具日后运营的安全管理、容量管理和可扩展性等需求。备选的 IT 服务管理平台可以有 BMC 的 REMEDY、IBM 的 MAXIMO 和 HP 的 SERVICE NOW。备选的集中监控平台有 IBM 的 Omnibus 和 ITM 软件。备选的资产配置管理工具有 IBM 的 CCMDB 和配置项自动发现工具 IBM 的 TADDM。

定制开发与实施的工作可能会涉及 IT 服务管理平台的客户化定制和二次开发。客户化定制的具体内容包括安装工具的各个功能模块、流程模块的配置、权限设置和报表的客户化定制等。二次开发的内容可能包括基于 IT 服务管理工具开发平台的集成开发。例如，IT 服务管理工具与系统监控平台的集成开发，一般会提交《IT 服务管理工具客户开发、安装和配置手册》等文档作为实施依据。

阶段 4：提供服务阶段。

当 IT 服务管理工具系统从测试环境移至客户生产环境并上线运行，就正式进入提供服务阶段。IT 服务管理工具实施团队需要在新 IT 服务管理系统试运行期提供现场支持，并对在最初流程设计阶段未完全满足的功能需求进行调整和进一步实现。在系统试运行期的一年内，工具实施团队还需要通过电话或现场的形式为客户提供正常使用操作支持，以及故障排除、Bug 修改等紧急任务。

以下是针对事件管理和问题管理的实践进行设计方案的举例。

8.3.2　事件管理方案

1. 事件定义

事件是指在 IT 服务中的无计划中断或 IT 服务本身服务性能的降低，包括系统崩溃、硬

件或软件故障、任何影响用户当前业务使用和系统正常运作的故障以及影响业务流程或违背服务级别协议的情况。事件管理流程是为企业业务系统尽快恢复正常工作状态而设计的,其所关心的重点是如何达到快速响应、快速恢复,使事件对企业业务的影响最小化。事件管理的责任是记录、分类、调查与诊断、解决已知问题、监控跟踪事件,与用户和问题管理流程交互并最终解决事件。

2. 事件管理目的

事件管理的主要功能是尽快解决出现的事件,保持企业业务系统的稳定性。例如,中国移动 10086 的服务台接线员会负责记录事件的相关信息,并向用户提供对已知问题的处理方法,报告事件到相关的技术支持部门,尽快恢复用户的服务。解决事件的目的是获得尽可能高的事件解决率,具体包括:

(1)在成本允许的范围内尽快恢复服务。

提供电话或网络在线沟通和帮助,通过自动监控和快速响应系统对故障进行及时告警等环节保证服务能够尽快恢复。

(2)事件控制和监控。

记录任何事件,并对事件的优先级进行分类和处理。服务控制台工作人员要对当前事件进行分析和诊断,必要时把事件升级到相关的技术部门去处理,而且服务台工作人员要对事件的全程进行监控,直到事件得到圆满的解决。

(3)提供事件统计信息给 IT 管理层。

对所记录的事件信息进行统计。可以对故障进行分类统计,这些统计信息可以提供给管理层进行决策分析。管理者会关注那些主要的事件或缺失环节,并采取相应的措施对服务环节进行调整和提高。

3. 事件管理范围

对移动公司的事件管理是和该公司的 IT 基础架构和具体的商业业务相关的。一般的故障产生会有两类:一类是由监控管理平台(如 Tivoli 监控软件)自动发现并产生的告警,另一类是由用户/IT 维护人员报告的故障。事件管理不一定必须找到问题发生的根本原因,其重点在于在尽量短的时间内恢复已经中断的 IT 服务,并提高服务的可用性。

4. 事件优先级的定义

优先级是事件管理的一个关键要素,优先级决定处理事件的顺序及所需的资源。事件优先级可分为四级,见表8-1。

表8-1 事件优先级定义

级别定义	描 述
一级	IT系统/设备宕机,服务网络不可用,业务不可用,或大批用户在使用上出现问题
二级	服务业务或服务网络的性能出现问题,一个以上的设备出现严重告警信息
三级	紧急的用户请求或投诉处理
四级	一般常规的用户受理或服务请求

移动公司的服务台人员在接到来自监控管理平台的告警事件或终端手机用户报告的事件时,迅速根据事件相关IT系统/设备、网络的关键级别及故障的性质,定义该故障的优先级别。如果为紧急和棘手的事件,应立即升级到相关的技术或业务部门。事件升级的目的是确保故障在解决时限内及时通知有关技术人员和领导,引起更多的重视,提供合适的资源,从而快速找到解决故障的方案。可根据要求的处理时间定义故障优先级升级规则,包括不同等级的事件在不同的时间被升级到不同级别的人员。当技术或业务部门接收到服务控制台升级上来的事件后,会根据具体的故障级别在规定的时间内解决。

与事件优先级对应的故障解决时限参考见表8-2。

表8-2 事件解决时限参考表

优先级	一级	二级	三级	四级
解决时限/小时	4	8	24	48

5. 事件流程

事件管理应始于事件的接收和报告,结束于事件的解决和关闭。该流程包含下述主要内容:

(1)检测与记录。

这是事件管理流程的起点,所有用户或系统报告的IT事件必须由此开始,目的是快速

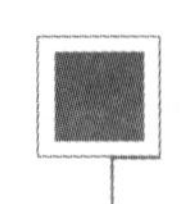

准确地发现事件，以协助事件的诊断和解决并通知相关人员。在此步骤中将收集创建故障记录所需的信息。该环节的关键是信息的准确性和完整性。在执行事件管理时，需要记录的事件信息项见表 8-3。

表 8-3　事件信息表项

信息项	信息项具体说明	录入方式
事件流水号	事件工单号码	系统生成的唯一编号
用户信息	本次事件报告人的联络信息，包括姓名、省份、城市、电子邮件、手机号	根据用户呼入号码或名字信息自动获取用户的详细信息
生成时间	在服务台生成事件记录的时间	系统抓取当前的系统时间
地　　点	事件发生的地点	手工录入
发生时间	事件发生的实际时间	手工录入
事件性质	从事件所属性质的角度确定其处理流程，如事件申告、业务咨询、业务投诉等	手工选择
事件来源	事件工单产生的途径，有人工产生、系统自动产生两类	由监控管理平台自动产生，可自动填写
事件优先级	事件优先级决定了事件的解决时限和处理次序，通过综合衡量配置项的关键级别和其他相关信息得出	手工选择
事件分类	从事件从属的系统或技术架构的类型进行分类，如数据库、服务器和网络等	手工选择
事件标题	事件的标题	由监控管理平台自动产生，可自动填写
事件描述	对于整个事件内容的详细描述	由监控管理平台自动产生，可自动填写

续表 8-3

信息项	信息项具体说明	录入方式
事件解决确认人	在服务台得到用户确认的有关人员	手工选择
事件状态	整个事件在处理的生命周期中的不同状态,比如触发事件、解决事件和关闭事件等状态	手工选择
指定人	被分配的技术支持组或人员	手工选择
事件日志	反映事件处理过程中的事件处理信息,包括任何的历史处理记录、人员和时间等信息	手工录入
是否超时	事件处理时间是否超出解决时限	系统生成
解决时间	事件得到解决的时间	手工录入
解决方案描述	事件解决方案的描述	手工录入

(2)分类与分派。

每个事件需要确立优先级和分类。若没有现成的解决方案或临时解决措施,该事件将分派给合适的支持人员对此事件进行调查。而该环节的关键是知识库的支持和正确的事件分派办法。

(3)调查与诊断。

若支持人员无法第一时间解决事件,可运用自身技能、知识库、诊断工具等进行更加深入的分析,找到恢复服务的临时措施,必要时将寻求原厂的参与,以找到有效的解决措施。

(4)解决与恢复。

支持人员实施事件的解决方案,并将解决完毕的事件单转回服务台;由服务台通知用户解决的结果,并得到用户的最终确认解决信息。

(5)技术和管理升级。

对于紧急事件,服务台应立即提交给二线或三线技术/业务支持人员,由二线或三线人员就目前的事件情况进行合理的判断,必要时上报事件经理,由事件经理决定紧急处理的方式,以确保紧急事件能够得到最快速的解决。

当事件处理超过预期时限,将自动升级或由运行维护人员升级,以引起相关人员和高层

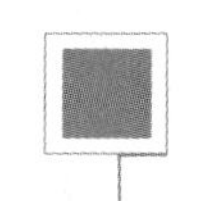

管理人员的重视并参与事件的处理。

(6)结束事件。

当用户确认事件解决后,此时可结束该事件的处理,并在事件处理系统中关闭该事件。若用户对此解决方案不满意,则对该事件继续进行处理,不能关闭。

对一个比较有价值的事件解决方案要放到事件知识库中,以备以后事件处理时参照。

6. 事件流程的主要角色

在执行事件管理流程之前,要先明确定义执行该事件流程的主要角色。下面对几个职责/角色进行分别描述。

(1)服务台工作人员。

①在指定的时间内响应所有服务控制台热线电话、邮件、传真、网络即时聊天等事件请求。

②完整记录所有接收的事件信息,其中包括记录事件报告人的详细联系方式、事件特征表现、描述、发生时间等。

③对事件进行适当的分类,并根据已经定义好的优先级别为事件设定合适的优先级别。

④通过使用相关诊断工具或查阅历史经验数据库分析和解决当前的事件。

⑤如果不能做到及时解决这个事件,服务台工作人员应将该事件升级到二线技术或业务部门去处理。

⑥定期检查事件记录的处理进度,保持与事件报告人的紧密联系,适时向事件报告人通知事件处理进展情况。

⑦在与事件报告人或用户确认事件已经解决后,关闭事件。

(2)二线技术/业务支持人员。

二线技术/业务支持人员负责对服务台工作人员无法解决的事件进行快速有效的分析,并提出解决方案以确保能够尽快恢复业务服务。

①验证从服务台工作人员那里升级过来的事件的描述信息,并进一步收集相关数据或信息来界定事件发生的根源。

②根据事件的根源分析来决定需要采取何种措施恢复服务。

③根据事件的优先级来决定具体措施或解决方案的执行时间。

④实施事件解决方案,在必要时提供现场支持。

⑤更新事件解决信息，并将已经解决的事件转回给服务台，由服务台工作人员通知事件报告人或用户，并关闭事件。

⑥如果二线技术或业务人员不能解决这个事件，应当选择把事件转给三线技术或业务支持人员去处理。

(3)三线技术/业务支持人员。

三线技术/业务支持人员是相关问题领域的专家，负责对二线支持人员无法解决的问题进行更深入的调研，找出解决方案并尽快恢复服务。当然不是所有的三线支持人员对所有的事件都很精通，并知道解决办法，所以可以考虑按照所维护的应用、系统进行分组，如网络组、服务器组、应用组等。

①进行事件的深入调查研究。

②根据以往的经验和专业技能来决定需要采取何种措施恢复服务。

③及时提供和实施有效的解决方案。

④必要时寻求服务供应商的维保支持，如Cisco、IBM或惠普等专业供应商的技术支持。

⑤更新事件解决信息，并将已经解决的事件转回给服务台，由服务台工作人员通知事件报告人或用户，并关闭事件。

⑥如果三线不能在解决时限内解决这个事件，应当将事件及时升级到管理层。

(4)事件经理。

事件经理是管理层对事件管理的直接授权人。作为事件管理流程的负责人，其具体职责如下：

①负责制定流程的策略、规范和具体实施办法。

②调度有效资源，并协调解决跨部门的事件。

③指导并监管日常业务操作服务，以确保流程的执行符合预定的要求和规范。

④建立对流程执行的度量指标。

⑤根据已经定义的度量指标来采集数据，并进行报表分析。

⑥定期与用户、服务提供商和管理层沟通流程的使用情况。

⑦对流程的变更和服务流程改进计划负有完全责任。

7. 事件的统计分析

事件的发生可以在企业内部IT基础架构和业务系统中的方方面面。对事件的统计和

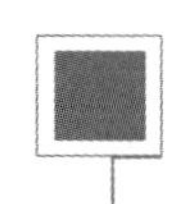

报表分析数据可以作为直观的管理数据，提供给管理层作为决策分析的依据。事件管理流程的主要衡量指标包括如下内容：

①对按日、周、月、季度和年度统计所记录的事件数量，可按照事件分类、事件性质、事件优先级别等进行分别统计。

②按月统计满足服务级别标准（规定时间内解决）的事件占总共发生事件的百分比。

③服务台在所有事件中所解决问题的百分比。

④各角色事件解决率，可按事件来源、事件分类、处理角色等分别按月、周、日汇总统计该时间段内创建的事件记录的解决率。

⑤事件的平均解决时间，可以按照事件分类进行统计。

⑥对超时处理的事件原因进行帕累托分析，以找出造成服务缺失的主要原因。可以按人员、部门分别统计。

下面举例说明各类统计报表的格式。

（1）事件记录的数量报表（表 8-4）。

表 8-4　事件记录数量报表

事件分类	事件申告			业务投诉			业务咨询			业务处理			设备维护		
	一级事件	二级事件	三级事件	一级事件	二级事件	三级事件	二级事件	三级事件	四级事件	二级事件	三级事件	四级事件	一级事件	二级事件	三级事件
基站设备															
服务器															
存储设备															
网络设备															
网管系统															
计费系统															
营业系统															
客户系统															
大客户系统															
结算系统															

(2)统计满足服务级别协议的报表(表 8-5、表 8-6)。

表 8-5　服务级别标准报表(按部门分)

事件来源	服务台				二线支持				三线支持				供应商			
	按时		超时		按时		超时		按时		超时		按时		超时	
	数量	百分比	数量	百分比	数量	百分比	数量	百分比	数量	百分比	数量	百分比	数量	百分比	数量	百分比
终端用户																
业务部门 1																
业务部门 2																
业务部门 3																
……																
监控系统 1																
监控系统 2																
监控系统 3																
……																

表 8-6　服务级别标准报表(按系统分)

事件分类	服务台				二线支持				三线支持				供应商			
	按时		超时		按时		超时		按时		超时		按时		超时	
	数量	百分比	数量	百分比	数量	百分比	数量	百分比	数量	百分比	数量	百分比	数量	百分比	数量	百分比
基站设备																
服务器																
存储设备																
网络设备																
网管系统																
计费系统																
营业系统																
客户系统																
大客户系统																
结算系统																

(3)各角色事件解决率报表(表 8-7、表 8-8)。

表 8-7 事件解决率报表(按部门分)

事件来源	处理角色			
	服务台	二线支持	三线支持	供应商
终端用户				
业务部门 1				
业务部门 2				
……				
监控系统 1				
监控系统 2				
……				

表 8-8 事件解决率报表(按系统分)

事件分类	处理角色			
	服务台	二线支持	三线支持	供应商
基站设备				
服务器				
存储设备				
网络设备				
网管系统				
计费系统				
营业系统				
客户系统				
大客户系统				
结算系统				

8.3.3　问题管理方案

1. 问题定义

问题是一个或多个已暂时处理但根本原因尚不明确的事件或错误,许多事件或系统报错往往是由同一个问题引起的。问题的来源主要有以下几种:

①已经关闭的事件,经过事件回顾分析后,发现并形成一个新的问题。

②以往的重大事件,虽然已经紧急处理得到解决并恢复了正常服务,但仍然未找到造成该事件的根本原因。

③对于事件发生的趋势性进行分析,预计未来可能发生的问题并进行跟踪。

事件管理与问题管理往往是通过一套系统实现的,它们之间是有相关性的。比如问题是一个或多个事件的总和,事件首先是由服务台工作人员处理的,当服务台工作人员没办法用现有的技术或知识库内容来界定事件时,事件就会被升级到相关的二线或三线技术支持部门寻求解决。当事件频发,需要根本解决时,就要在系统上升一个问题单进行跟进,事件就会转化成问题。我们不可忽视事件管理和问题管理的差异性。问题管理与事件管理并不相同,它的主要目的是查明事件的潜在原因,并制定随后的解决方案和预防方法。在大多数情况下,问题管理的目的与事件管理的目的有一定冲突,因为事件管理的目的是尽快地恢复客户服务,通常是通过实施替代方案,而非确定一个永久性的解决方案(例如为了尽可能地预防未来可能出现的事件,寻求改善信息技术基础架构的结构,这种方案的改变就是永久性的)。而问题管理对潜在原因的调查可能需要一定的时间,找到解决方案的速度是次要的考虑因素,但是问题管理能够有效地预防问题的再次发生。当找到问题的根本原因后,问题就会变成一个已知的错误。对已知错误实施解决方案,并把如何解决已知错误的解决方案记录到知识管理数据库中,这样问题管理和知识管理就建立起了联系。

2. 问题管理目的

问题管理流程的主要目的是分析造成未知错误(问题)的根本原因,然后找出解决方案,并通过采取必要的措施来解决问题和防止问题的再次发生。有效的问题管理能够很好地提高 IT 服务的可靠性并降低不必要的 IT 运营成本,比如降低系统的宕机时间和减少可以避免

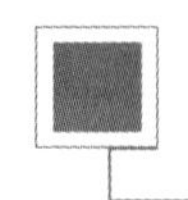

的人为操作失误。

3. 问题管理范围

问题管理范围是目前运行的所有 IT 生产环境中尚未解决的问题和潜在要发生的问题。问题管理的优先级别定义可以参照事件的优先级别定义。当然,对问题管理来讲,一般会对 IT 服务影响最大的事件优先进行分析和处理。

问题分类可以通过对 IT 系统架构的服务类型进行分类,一个简单的问题分类目录见表 8-9。

表 8-9　问题分类目录表

服务类型	子服务类型	软、硬件目录
系统基础架构	通信网络	Cisco 路由器
		Nokia 防火墙
		CheckPoint
	服务器	惠普 UNIX 服务器
		IBM P 系列服务器
		Sun 服务器
	存储系统	SAN 存储
		NSA 存储
		磁带库
系统软件	操作系统	惠普 UNIX
		IBM AIX
		Sun Solaris
	数据库	Oracle
		DB2
		Microsoft SQL Server

续表 8-9

服务类型	子服务类型	软、硬件目录
系统软件	中间件	Websphere
		Weblogic
		JBOSS
	双机热备软件	IBM HACMP
		Linux 集群软件
	系统监控软件	IBM Tivoli Monitor
		网管系统/ITM 监控
业　　务	采集	交换机话单采集子系统
		智能 IP 电话采集子系统
	计费	计费子系统
		批价子系统
	结算	网内结算
		网间结算
	客服	计算机电话集成系统(Computer Telephone Integration)
		交互式语音应答系统(Interactive Voice Response)
	业务管理	新业务受理
		业务咨询
		业务投诉
	账务管理	用户月账单查询
		用户账单明细查询
		账单打印和派送

4. 问题管理流程

问题管理流程和故障管理流程很相似,问题管理始于对故障的根本原因分析,结束于故障的解决和关闭。问题管理流程着重于消除事件或减少事件再发生,确定故障的根本原因。主要活动包括对问题进行分析、指派问题到相关技术部门、找出问题的根本原因、提出变更请求去执行解决方案,以消除问题或在其发生时降低对用户或业务的影响。其主要内容如下:

(1)生成问题记录。

在问题管理系统中生成问题记录,并把所有相关事件与此记录关联起来。

(2)指派问题。

根据问题内容将问题记录指派给相关的技术支持部门或个人进行处理。

(3)根本原因分析。

被指派的部门或个人将调查问题以期找出原因,制定解决方案、变通方法或提出预防性措施,以消除产生原因,或在其再次发生时使其影响力最小化。

对问题进行根源性分析,可以通过采集相关的信息或寻求技术专家的支持找出问题的潜在原因。我们可以借用标准的问题分析方法处理故障分析,比如通过 5Why 或鱼骨图理论(Fisher Diagram)找出问题的根本原因。

5Why 方法是当分析问题时,逐一问五个为什么。例如由于操作系统的升级变更出错导致一个关键的应用报错而不能访问,这样就会直接影响企业所对应的商业服务的中断,这是一个严重的问题。为了分析该问题发生的根本原因,会问以下五个为什么。

第一个为什么:为什么企业的商业服务导致中断?答案是一个关键的应用报错而不能访问。

第二个为什么:为什么一个关键的应用报错而不能访问?答案是该应用所运行的操作系统升级变更出错。

第三个为什么:为什么该应用所运行的操作系统升级变更出错?答案是系统维护人员没有对该次升级在测试机上事先进行测试。

第四个为什么:为什么系统维护人员没有对该次升级在测试机上事先进行测试?答案是系统维护人员并没有把测试环节写入此次变更的方案中。

第五个为什么:为什么系统维护人员并没有把测试环节写入此次变更的方案中?答案

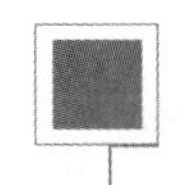

是系统维护人员并没有很好地遵循变更管理流程。

变更管理流程应包括变更执行前的测试、变更计划的审批、完备的变更失败回退计划、变更之后的执行回顾等。

通过以上五个为什么,可以清楚地知道造成本次故障的根本原因是系统维护人员没有很好地遵循变更管理流程。

鱼骨图理论是把所要分析的故障或问题放到一个箭头的最右边,通过头脑风暴的方式列举造成故障的所有可能性原因,并把原因分组列在箭头的上下两边,如图8-2所示。

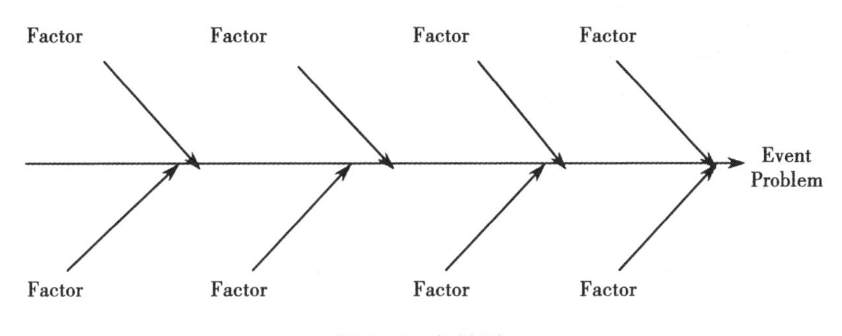

图 8-2　鱼骨图

通过对所有可能造成事件的原因进行分析,最终找出事件的根本原因。鱼骨图理论的英文标准定义如下:

The Fishbone Diagram helps identify a large number of possible causes, grouped by category. The effect, or problem, is stated on the right side of the chart, and the major influences or "causes" are listed to the left.

(4)提出变更请求。

对问题的解决方案进行评估,通过提出变更请求,对该方案进行测试和实施。变更请求一定要通过变更顾问委员会的审批后方能执行。

即使变更请求没有被批准,该问题记录还可以保持为已知错误,并记录到问题管理系统或配置管理系统中,以便被技术支持人员在事件再次发生时参考和借鉴。

(5)关闭问题。

一旦找出问题根本原因,并实施解决方案,确认已解决了问题,问题记录可以在问题管理工具中被关闭。

(6)事后执行回顾。

在问题解决和关闭之后,必须对问题进行回顾,以找出可能改进的机会或总结预防性措施,包括改进事件监测能力、找出技能差距和问题管理流程文档资料的改进等。

5. 问题管理流程的主要职责角色

(1)问题经理。

①整体上对问题管理流程负责,确保流程的有效执行。

②定期评估流程,制定流程改进计划。

③确定或定义问题,并确保有效协调资源。

④监视问题的诊断、分析和处理过程。

⑤提出实施解决方案的变更请求。

⑥定期制定问题报表,提供正确决策信息。

(2)问题分析专家。

①接受从服务台工作人员或问题经理指派过来的问题。

②分析和诊断问题,确定造成问题的根本原因。

③确定和测试解决方案。

④协助技术支持人员进行重大或紧急故障的处理。

8.4 ISO20000 标准对 IT 服务管理的指导

ISO20000 是由国际标准化组织(ISO)正式发布的一套基于 IT 服务管理的标准化协议。ISO20000 规范是 IT 服务管理体系的标准,它可以帮助服务提供商识别和管理 IT 服务的关键过程,保证提供有效的 IT 服务满足客户和业务的需求。

ISO20000 的标准以 ITIL 的最佳实践为基础。ITIL V2 的很多流程都被吸纳到 ISO20000 的标准中。比如在 ISO20000 的服务交付流程组中包括 ITIL 的 IT 服务连续性管理、可用性管理、服务容量管理、服务的预算和核算管理、服务级别管理、信息安全管理和服务报告管理;在 ISO20000 的控制流程组中包括 ITIL 的配置管理、变更管理和发布与部署管理;在 ISO20000 的解决流程组中包括 ITIL 的事件管理、服务请求和问题管理。但是 ISO20000 也有自己特殊的一面,比如它与 ITIL V2 的主要区别是 ISO20000 设立了流程组的概念,即把流

程按不同类型分成不同的组；并且对 ITIL V2 而言，ISO20000 增加了服务报告、业务关系管理和供应商管理三个流程。

图 8-3 列出了 ISO20000 的流程组和具体 ITIL 流程的对应关系样例图。

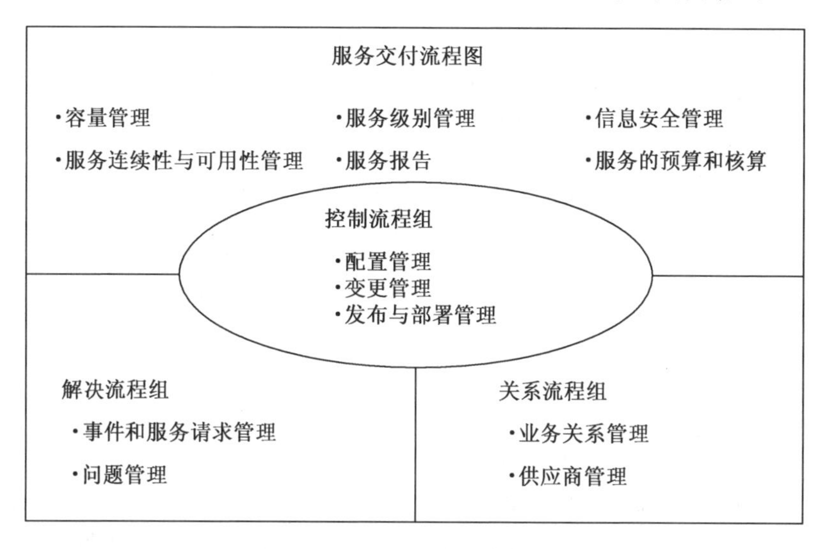

图 8-3　ISO20000 流程样例图

很多企业都以获得 ISO20000 的证书来证明自己在 IT 服务管理领域的成熟度。ISO20000 认证一般是以一个项目的形式来实现，认证通常会有如下四个阶段：

1. 调研阶段

该阶段的内容是为 ISO20000 认证做好预备工作，明确认证实施范围，提供相关资源，建立总体的服务管理方针，进行前期运维历史数据的采集和 IT 服务管理成熟度评估，并进行必要差距分析和提出服务改进计划。该阶段的关键活动见表 8-10。

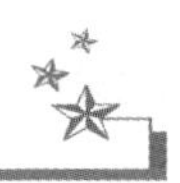

表 8-10　调研阶段相关活动

关键活动	目　标	方法和输出物建议
整体启动	获得管理阶层的支持及承诺 项目相关方达成一致性共识 确认组织、计划及人员职责 确定此次过 ISO20000 的组织或部门，以及流程和范围	启动会议 实施计划 对管理层的要求 建立管理策略，目标和计划 对体系的建立重要性在会议上沟通 指定协调人 定义和提供资源 管理风险和实施检查
现状采集 流程梳理	了解当前 IT 服务管理现状与 ISO20000 认证要求之间的差距，明确实施的重点 对具体流程进行梳理和成熟度分析，并提出满足认证所需要的改良建议	访谈、问卷调查、实地勘查 收集具体流程文档，包括策略和计划文档、服务级别协议、ISO20000 标准需要的流程文档、和根据 ISO20000 标准要求的历史管理记录等 提交服务管理差距分析报告

2. **流程建立改进阶段**

该阶段的内容是组织相关资源，依据当前 IT 服务管理成熟度的评估结果对缺失流程进行建立、有缺陷的流程进行改造，并且确保配置管理数据库的完善和流程文档管理的一致性。该阶段的关键活动见表 8-11。

表 8-11　流程建立阶段相关活动

关键活动	目　　标	方法和输出物建议
流程建立与改造	建立和改造现有流程以期达到 ISO20000 的认证标准	缺失流程的建立与实施 缺陷流程的改造与实施
完善配置管理数据库	对服务支持的核心流程所对应的配置管理数据库和配置项进行完善，确保配置项的范围、分层关系满足认证的标准	配置管理数据库的审阅、改进与实施 评估最终配置管理数据库的完善程度
认证培训	通过培训强化各项服务管理措施和既定服务管理策略的贯彻执行 向相关的所有人员输送必要的 IT 服务管理知识，提升服务管理意识和服务态度	服务与服务管理基本意识改进 强化 IT 服务管理体系建设 服务管理流程和流程考核指标培训、培训材料和培训记录

3. 试运行阶段

该阶段的内容是在管理流程和体系建立完成后，通过教育培训和宣传方式在企业内部推广新的管理制度，并在运行过程中收集历史运维数据和事件信息。认证项目小组需要整理一份完整的认证审核清单，清单内容主要包括 ISO20000 认证所覆盖的各个流程的关键绩效指标（KPI）、运行记录、回顾报告、会议纪要和改进计划等。同时，对内审人员进行教育培训，内审人员启动内部审核并修正内部审核中发现的不符合事项。该阶段关键活动见表8-12。

表 8-12　试运行阶段相关活动

关键活动	目　　标	方法和输出物建议
数据收集	收集在改良后的 IT 服务管理体系下产生的历史运维记录，如事件和问题单等，作为内部审核的依据	运维历史记录汇总
内审培训	指定和培训内审人员，使其能够协助当前认证准备和独立完成持续的认证跟踪工作	培训文档 培训效果评估

续表 8-12

关键活动	目　　标	方法和输出物建议
内部审核	按照 ISO20000 认证要求的流程进行内部审核,及时发现目前存在的不足和问题,并采取措施予以弥补 内审是对正式审核的模拟	内审人员制定内审计划,编写检查列表 实施现场审核 开具书面的不合格报告,经确认分发各部门,并向管理层领导呈交内审总结报告 跟踪整改措施的执行
管理评审	进行管理评审,利用有效性、充分性检查 完善文件体系和管理活动,加强体系管理机构的工作职能	组织召开管理评审会议 汇报内审发现的问题 总结和汇报绩效和不足 制定有效的处理措施
认证申请	与认证机构联系洽谈,咨询认证审核各项要求,为正式审核做好准备	联络认证机构,商讨相关商务事宜 制定确认认证审核计划,为正式认证进行准备

4. **认证审核阶段**

该阶段的内容是在经过一定时间试运行和内部审核后,IT 服务管理成熟度达到所要求的稳定状态,各项文档和记录已经建立完备,可以提请进行认证。此阶段的关键活动就是为认证做好准备,见表 8-13。

表 8-13　认证审核阶段相关活动

关键活动	目　　标	方法和输出物建议
认证准备	IT 服务管理运行稳定之后,可以提请进行正式的认证。在正式认证之前,需要做好必要的准备工作	对 IT 服务管理相关文档进行复查,以确定其完整性 确保内审和管理评审中发现的问题得到纠正,确保隐患得到预防 确定并联络第三方评审机构 收集并提交认证申请的资料 为认证提供人员支持和保障

续表 8-13

关键活动	目　　标	方法和输出物建议
协助认证	全员动员以协助做好认证期间的相关工作	内部进行 ISO20000 认证全员动员,让相关人员了解认证要求和职责,包括后勤安排、陪审人员、应急人员等 为 ISO20000 认证提供适当的后援支持,对于审核员提出的不合格项可当场进行纠正 在审核结束前把答辩材料和纠正证据呈送审核员 ISO20000 认证审核通过证明 ISO20000 认证证书

表 8-14 是 ISO20000 评估参照表样例,我们可以通过它来衡量当前服务管理的情况并对认证要求提供指导。

表 8-14　ISO20000 评估参考表

评估项	评估内容
事件和服务请求管理	服务台是否有满意度调查办法来度量服务的质量
	具体的事件是否被定义了不同的优先级别
	事件是否被定义了起始时间和结束时间
	客户是否被及时告知由其所提出事件或服务请求的进展情况
	当有无法达到服务级别协议(SLA)的时候,客户是否被告知
	所有参与事件管理的人员是否有权限存取相关的信息,包括已知错误和问题解决知识库等

续表 8-14

评估项	评估内容
问题管理	所有已定义的问题是否已经开问题单并被详细记录
	问题是否被定义了起始时间和结束时间
	为了实现问题处理的有效性,是否对问题解决方法进行监控、审查和报告
	问题是否被发现造成问题的根本原因,并降低或避免其影响
	是否采取预防措施以降低潜在的问题
	是否对已知错误的问题开变更请求,并把变更请求传递给变更管理流程
	是否记录问题管理流程中需要改进的事项
变更管理	是否清楚定义服务和基础设施的范围,并形成必要的文件(服务目录、SLA、CMDB 的配置项和配置项的关系)
	变更管理的范围是否有明确的定义
	是否对变更请求就其风险、影响与商业利益进行评估
	是否所有的变更被成功执行,并有执行后的检查(Post Implementation Review)
	变更管理流程中是否包括在变更不成功时的回滚计划(Backout Plan)
	是否对相应的政策控制对紧急变更(Urgent Change)的授权与执行
	是否对具体的变更进行可行性分析与最终意见被有效地记录
	变更记录是否被定期分析,以评估变更增加的程度、经常的反复的类型、紧急的趋势与其他相关联的信息
	任何变更是否经过变更顾问委员会审批后方可执行
	计划变更的日期是否作为真正制定变更和发布变更时间表的基础

续表 8-14

评估项	评估内容
配置管理	服务提供者是否定义服务资产的配置项在配置管理数据库中
	服务提供者是否有 CMDB 评估报告
	每一项服务管理所需要的文件和文件之间的关系是否都被有效地定义
	配置管理是否提供对配置项的版本控制和追踪
	配置项的变更是否遵循变更管理流程
	配置管理数据库(CMDB)是否被有效管理,以确保配置数据的可靠性和一致性
	被授权的有需要提取配置项信息的使用者是否可以取得配置项的状态、版本、位置和相关变更信息
	配置评估程序是否记录任何配置项的缺陷、采取矫正措施和报告最终结果
发布与部署管理	流程是否与配置管理以及变更管理流程之间产生关联
	服务提供者是否与客户一起计划服务、系统、软件和硬件的发布
	流程是否包含当发布不成功时的回滚计划(Backout Plan)
	流程是否包含对配置管理数据库(CMDB)中的配置项的变更
	变更请求是否被评估其对于发布计划的影响
	是否衡量在发布期间与该发布相关的异常事件所造成的影响
	发布的成功与失败的条件是否可以被衡量
服务连续性与可用性管理	任何对于可用性与服务连续性的计划的变更,是否都经过变更控制委员会评估其影响,并得到有效授权后方可变更
	可用性的具体数据是否被衡量与记录
	服务连续性计划是否被有效测试以符合商业需要

续表 8-14

评估项	评估内容
信息安全管理	是否制定安全策略标准
	是否定期进行内部或外部的安全审计
服务级别管理	量化的 KPI 指标是否在服务级别协议中体现
	服务级别是否按照与客户签订协议所应遵循的目标加以监控
	所有相关各方是否定期评审 SLA,以确保 SLA 的更新和持续有效
	针对监控结果是否进行报告并评审不符合的原因
	是否记录及识别需要改进的事项
容量管理	监控报告是否定期发送给使用人员
	是否每年/每季度/每月定期召开技术研讨会
	是否包含目前与预测的能力及绩效要求
	是否评估变更请求对服务的影响
	是否能预测工作量和环境的变化
	是否包含对外在改变 IT 服务以及商业需求的预期影响,如政府的法规、行业的规范等
	是否包含足以进行预测分析的资料与流程
服务的预算和核算	服务提供者是否依据预算进行成本的监控与报告
	任何的成本变更是否经过变更管理流程进行成本分析与核准
供应商关系管理	是否对供应商进行评估,评估的依据是什么
	对供应商评定等级的方式如何

续表 8-14

评估项	评估内容
供应商关系管理	是否签订供应商合同
	对于与供应商签订的 SLA 是否能满足企业对客户的 SLA
	是否定期进行一次对供应商合约或正式协议的审查
	若有合约与相应的 SLA 的变更,是否经由变更管理流程来管理
	是否有处理合约争议的流程
	所识别的改善措施是否被记录,且作为服务改善计划的输入
持续改进管理	服务改进是否有评估、记录、排定优先级顺序
	是否使用服务改进计划来控制服务改进活动
	服务提供方实施过程改进,是否有纠正和预防措施
业务关系管理	当有 SLA 的相关内容变更时,是否开变更单,在客户同意下按照变更管理流程来完成
	客户投诉处理结果有没有及时告知客户
	是否记录、调查、回应、报告并正式关闭所有的服务投诉或抱怨
管理体系	管理者是否建立服务管理的方针、目标和计划
	是否定义并保持所有服务管理者的角色和职责以及有效履行这些角色和职责所需的能力
	是否评审管理人员的能力,以确保他们能够有效履行角色和义务
服务报告	是否有满意度调查报告,如果有是如何做到的
	服务报告是否符合服务级别定义的需要与客户的要求
	服务报告是否包含对应服务级别标准所要衡量的绩效
	服务报告是否包含不符合服务级别标准的违背事项
新服务变更后的服务管理	是否考虑由服务交付和管理所导致的成本、组织、技术和商业的影响
	新的或变更服务的实施(包括服务中止),是否进行策划并经过变更管理者的正式批准

续表 8-14

评估项	评估内容
新服务变更后的服务管理	是否被服务提供方所接受
	服务提供方根据策划的安排，在新的或变更的服务实施后，是否报告所取得的效果
	是否通过变更管理过程进行计划的实施后评审，即将真实的效果与计划相比较

当然，ISO20000 并不是参照的唯一的服务管理实践标准。目前的 IT 标准也是一个百家争鸣、百花齐放的市场。比如大家都耳熟能详的 eTOM 增强型电信运营图、CMMI 软件成熟度模型和六西格玛理论等。企业的决策者或 IT 服务经理要根据具体的企业的业务战略和执行能力选择适合的服务标准，并且在必要的时候对有些现有的标准进行裁剪和优化。

8.5 ISO27001 标准对 IT 安全管理的指导

ISO27001 是关于信息系统安全的标准，它被国际标准化组织（ISO）定义为正式的国际标准之一。该标准指出信息就是企业的战略资产，它对一个企业或者组织具有重要价值，因此需要加以适当地保护。信息安全的标准制定就是为了防止信息受到各种威胁，以确保企业商业业务的连续性，使业务受到损害的风险减至最低，使投资回报和业务发展机会最大。该标准建立了一整套信息安全的体系，即安全策略、信息安全组织、资产管理、人力资源安全、物理与环境安全、通信及操作管理、访问控制和信息安全故障管理等。

1. 安全策略

安全策略的目标是为信息安全提供符合业务要求和相关法律法规的管理指导和支持。信息安全策略包括信息安全策略文档和信息安全策略评审。

①信息安全策略文档应由企业的信息安全部门制定，经过管理层的批准，并向所有员工和外部相关方发布和沟通。

②信息安全策略评审应按计划的时间间隔或当策略发生重大变化时，对信息安全策略文档进行评审，以确保其持续的适宜性、充分性和有效性。

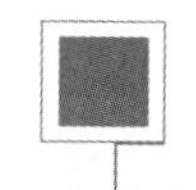

2. 信息安全组织

信息安全组织的目标是在企业或组织内部管理信息安全。信息安全组织行为包括信息安全管理承诺、信息安全协调、信息安全职责分配、信息处理设施授权过程、保密协议、与监管机构的联系、与特殊利益团体的联系和信息安全独立评审。

①信息安全管理承诺是管理者应通过清晰的方向、可见的承诺,在组织内积极支持安全管理。

②信息安全协调是信息安全活动应由组织内各部门及各种相关角色和职能的代表进行协作。

③信息安全职责分配是要明确定义所有的信息安全职责。

④信息处理设施授权过程是定义并实施对信息处理设施的管理授权过程。

⑤保密协议是定义并定期评审组织的保密或非扩散协议,该协议反映组织对于信息保护的要求。

⑥与监管机构的联系是应保持与相关监管机构的适当联系。

⑦与特殊利益团体的联系是应保持与特殊利益团体或其他专业安全协会和行业协会的适当联系。

⑧信息安全独立评审是应按计划的时间间隔或当发生重大的信息安全变化时,对组织的信息安全管理方法及其实施情况(如信息安全控制目标、控制措施、策略、过程和程序)进行独立评审。

3. 资产管理

资产管理是实现并保持组织资产的适当保护。资产管理包括资产清单、资产所有权和资产的有效使用。

①资产清单是清楚识别所有的资产,编制并保持所有重要资产清单。

②资产所有权是所有信息及与信息处理设施有关的资产应由组织指定的部门负责。

③资产的有效使用是应识别信息及与信息处理设施有关的资产的有效使用的使用准则,形成文件并实施。

4. 人力资源安全

人力资源安全是确保员工、承包方和第三方用户了解他们的责任并适合于他们所考虑的角色,减少盗窃、滥用或设施误用的风险。

5. 物理与环境安全

物理与环境安全包括安全区域和设备安全。安全区域是防止对组织办公场所和信息的非授权物理访问、破坏和干扰。设备安全是预防资产的丢失、损坏或被盗,以及对组织业务活动的干扰。

6. 通信及操作管理

通信及操作管理包括的方面比较广泛,它包括操作程序及职责、第三方服务交付管理、系统规划与验收、防范恶意代码、备份、网络安全管理、介质处置、信息交换、电子商务服务和监督等。

①操作程序及职责的目标是确保信息处理设施的正确和安全操作,必要时可以利用文档化的操作程序,并有文档的变更管理控制。

②第三方服务交付管理的目标是实施并保持信息安全的适当水平,确保第三方交付的服务符合协议要求。

③系统规划与验收的目标是最小化系统失效的风险。

④防范恶意代码目标是保护软件和信息的完整性。

⑤备份的目标是保持信息和信息处理设施的完整性和可用性,应根据既定的备份策略,对信息和软件进行备份并定期测试。

⑥网络安全管理的目标是确保网络中的信息和支持性基础设施得到保护。

⑦介质处置的目标是防止对资产的未授权泄漏、修改、移动或损坏以及对业务活动的干扰。

⑧信息交换的目标是保持组织内部或组织与外部组织之间交换信息和软件的安全。

⑨电子商务服务的目标是确保电子商务的安全使用。

⑩监督的目标是检测未经授权的信息处理活动,应产生记录用户活动、意外和信息安全事件的日志,并按照约定的期限进行保留,以支持将来的调查和访问控制监视。

7. 访问控制

访问控制包括访问控制策略、用户访问管理、用户责任、网络访问控制、操作系统访问控制、应用系统和信息访问控制、移动和远程接入管理。

①访问控制策略是建立文件化的访问控制策略，并根据对访问的业务和安全要求进行评审。

②用户访问管理是确保授权用户的访问，并预防信息系统的非授权访问。

③用户责任是预防未授权用户的访问，信息和信息处理设施的破坏或被盗。

④网络访问控制是防止对网络服务未经授权的访问。

⑤操作系统访问控制是防止对操作系统的未授权访问。

⑥应用系统和信息访问控制是防止对应用系统中信息的未授权访问。

⑦移动和远程接入管理的目标是确保在使用移动设备或远程工作设施时信息的安全。

8. 信息安全故障管理

信息安全故障管理包括报告信息安全事件和信息安全故障的管理。报告信息安全事件是确保与信息系统有关的安全事件和弱点的及时沟通和公告。信息安全故障的管理是确保使用有效的方法尽快纠正故障。

企业可以通过参照该信息安全的体系建立和实施企业内部的信息安全管理。其实，在IT服务管理和项目管理中也涉及安全管理的内容。就安全管理而言，ISO27001中规定的风险、安全管理策略和办法一样适用于IT项目管理和IT服务管理。换句话说，项目管理和服务管理中所提到的风险管理与ISO27001标准所规定信息安全管理策略都是一致的和相通的，可以把它们理解为不同理论的内在联系。

绝对的安全是不现实也不可行的。对组织来说，符合ISO27001标准并且获得相应证书，其本身并不能证明该组织能够实现100%的安全。如图8-4所示，企业或组织要遵循戴明环对其信息安全管理做不断的持续性改变。图中ISMS指的是信息安全管理系统。

作为一个全球公认的最权威的信息安全管理标准，ISO27001给组织带来的是由里到外全面的价值提升。获得ISO27001证书可以向权威机构表明，该组织遵守了所有适用的法律法规。从某种程度上讲，ISO27001标准是对法律法规的补充和注解，因为ISO27001标准本身的制订参照了业界最通行的实践措施，而这些实践措施在很多国家相关的信息保护法规

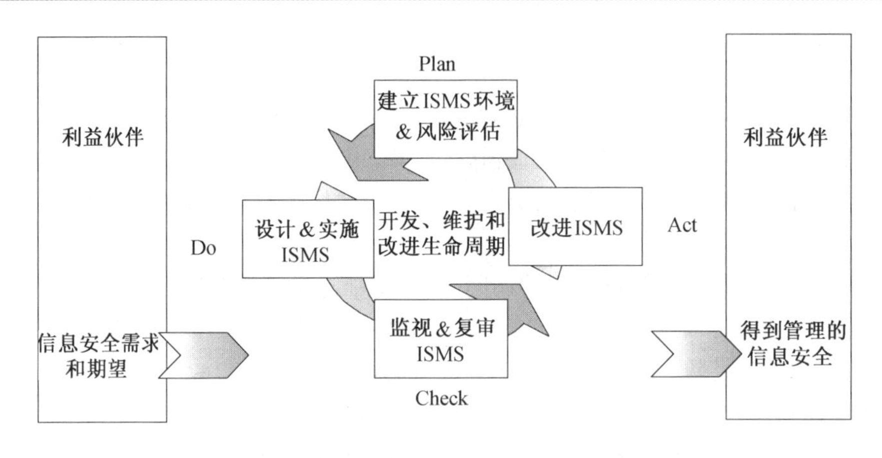

图 8-4 安全管理的戴明环图例

中都有体现(例如美国的 SOX 法案、个人隐私法、计算机安全法和政府信息安全修正法案等);另一方面,很多国家所推行的相关的行业指导性文件及要求,有些是参照 ISO27001 而拟定的。因此,通过 ISO27001 认证,可以使组织更有效地履行特定国家法律和行业规范的要求。

8.6 COBIT 框架对 IT 治理的指导

对于许多企业而言,支持其业务的信息与技术是最具价值的资产,但是这些资产通常得不到理解与重视。成功的企业已经意识到信息技术所带来的收益,并利用信息技术为利益相关方创造价值。此外,这些企业也能够理解并管理相关的风险,如增强对法律法规的遵循以及确保业务流程在信息技术下的安全运营。因此,保障 IT 价值、管理与 IT 有关的风险、增加对信息的控制要求已成为企业治理的关键要素。价值、风险和控制构成了 IT 治理的核心。IT 治理体现了公正和透明的特点,具体来讲,IT 治理是企业治理的重要部分,它是决策权的分配和问责制框架,用于鼓励 IT 使用者采用企业期望的做法。IT 治理是董事会和高级管理层的责任,它包括领导能力、组织结构和流程,以确保组织的 IT 能支持和增强组织的业务战略和目标。组织应像保证其所有者资产权益一样,保证组织信息的质量、可信和安全。管理层应尽可能优化和利用可获得的 IT 资源(包括应用系统、信息、基础设施和人员)。为

履行这些职责及实现组织的目标,管理层应了解企业 IT 系统架构的情况,并决定提供什么样的治理框架和问责制度规范。

在 IT 领域原先并没有太多 IT 治理的规范,随着 IT 业界的不断成熟,来自欧美国家的 IT 先行者逐渐制定出符合现代企业 IT 治理规范和流程,并把这些流程升级成国际标准,这也是 IT 治理标准的由来。目前,符合 COBIT(Controlled Objectives for Information and Related Technology)的 IT 治理规范就是非常流行的 IT 治理利器。我们可以把 COBIT 理解为一系列关于 IT 管理最佳实践(框架)的集合。COBIT 是由美国信息系统审计与控制协会(ISACA)和 IT 治理委员会于 1992 年创建的,目前它已经成为 IT 服务管理人员、技术经理和 IT 审计人员衡量企业对信息技术和使用成熟度的一个公信的尺子。为了有效运用这个尺子,COBIT 把 IT 治理流程归纳为计划与组织(Plan and Organize)、获取与执行(Acquire and Implement)、交付与支持(Deliver and Support)、监控与评价(Monitor and Evaluate)四个职能域。其实,COBIT 的四个职能域可以完全映射到 ITIL 服务全生命周期中的五个阶段。COBIT 的计划与组织职能域是提供解决方案和服务落实方针,这就相当于 ITIL 理论中的服务战略和服务设计阶段的内容。COBIT 的获取与执行职能域是把解决方案转化成为服务,这就相当于 ITIL 理论中的服务转换阶段的内容。COBIT 的交付与支持职能域是为了接受解决方案,使之为最终用户所用,这就相当于 ITIL 理论中的服务运营阶段的内容。COBIT 的监控与评价职能域是监控所有流程以确保遵循既定方针,它是 ITIL 理论中持续服务改进阶段的一部分。由此可见,业界很多理论的原理都是相通的。

COBIT 是一个基于 IT 治理理念对信息化建设成果进行评价的标准。该标准建立了一整套 IT 治理的概念体系,它包括 IT 治理的模型、IT 治理的过程、成熟度模型、控制目标、关键目标指标(KGI)、关键绩效指标(KPI)、关键成功因素(CSF)等。COBIT 的成熟度模型与 CMM 软件成熟度模型非常相似。成熟度模型可以用来识别企业 IT 管理中的成熟度差距,并通过可衡量的数据或报表向企业管理层显示该差距的具体情况,继而可帮助组织制定相应的行动计划,对这些流程进行改进以达到期望的成熟度级别。除此之外,关于 KGI 和 KPI 等治理要素都是为 IT 治理设置一些可视化的度量指标,这与 ITIL 所讲的服务度量的概念是一致的。即凡是不能度量的服务,就不能管理它。

为了确保组织的 IT 支持组织的业务目标,IT 治理融合了许多良好的实践和做法并将其制度化。IT 治理确保企业可以充分利用信息资源,从而实现收益最大化、充分利用机遇、获得竞争优势。要实现这些结果需要一个 IT 控制框架,该框架可以满足并支持那些广为接受

的企业治理、风险管理和其他类似管理的控制框架。控制框架具体可通过下列措施来满足:

① 建立 IT 目标与业务目标的联系,提供测量 IT 目标和业务目标成果的度量和成熟度模型,确定业务和 IT 流程所有者的相关职责。

② 采用公认的流程模型组织 IT 活动,通过流程模型标识其流程的要点,该流程模型把 IT 进一步细分为与计划、建设、运营和监控领域的职责相一致的四个域,用以提供一个端到端的 IT 视角。

③ 识别需要平衡的重要 IT 资源,即应用系统、信息、基础设施和人员。

④ 定义管理层应考虑的控制目标。

为了充分考虑以上控制框架的要点,现对一个具体的 IT 治理架构图进行举例说明。如图 8-5 所示,图中各个部件解释如下:

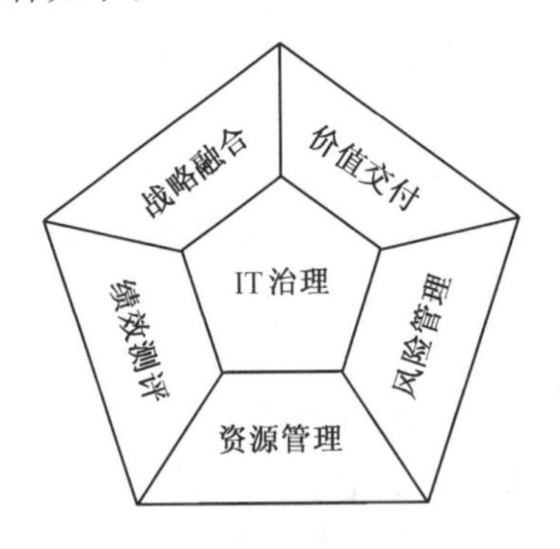

图 8-5　IT 治理架构图

① 战略融合:关注于确保业务计划和 IT 计划的联系;规定、保持和验证 IT 价值建议;使 IT 运营与企业的业务运营相一致。

② 价值交付:在整个交付周期内实施价值建议,确保 IT 实现预期的战略收益,集中关注成本的优化,提供 IT 的固有价值。

③ 风险管理:要求企业的高层管理者具备良好的风险意识,清晰了解企业对风险的承担,了解合规性要求,企业所面临的显著风险的透明化,并将风险管理的职责嵌入组织的职责管理的范畴。

④ 资源管理:对 IT 资源(应用系统、信息、基础设施和人员)的优化投资并适当管理。

⑤ 绩效测评:追踪并监控战略实施、资源使用、流程绩效、服务支付以及诸如平衡计分卡的使用。平衡计分卡将战略转化为实际测量指标,这些指标可以实现以前传统管理无法度量的问题。

总之,遵循 COBIT 的 IT 治理提供了对 IT 服务可视化管理的一种有效方案。其实不仅 IT 有可视化管理,对通常的商业管理或企业业务管理更要求实现管理的可视化。可视化管理指的是对所有企业的业务或 IT 的运作能够被有效监控、质量评估、绩效度量和及时应对等的综合体现。ITIL 4 已经把可视化管理作为其指导原则之一。

8.7　IT 服务管理与云计算

随着虚拟化和云计算技术的广泛应用,云计算数据中心的普及已成为必然趋势。在云计算数据中心,结合云计算与 ITIL 服务管理最佳实践对 IT 服务的全生命周期的应用也是大势所趋。本节侧重介绍虚拟化、云计算与 IT 服务管理相结合的运营模型。

"虚拟化"是一个不断变化的概念,它历经 IBM 大型机 OS 360 的虚拟化、网络虚拟化到 Java 语言的 JVM 虚拟机,再到 X86 服务器的虚拟化技术不断演进。虚拟化是用来表示计算机资源的抽象方法,它是资源的逻辑表示,并不受物理机器的限制。目前比较流行的服务器虚拟化产品有 IBM 公司 P 系列服务器的 LPAR,VMware 公司的 VMware ESX Server 和 Citrix 公司的 XenServer 等。

云计算是以一种融合的方式,通过网络将应用、数据和 IT 资源作为标准的服务提供给最终用户。与其说云计算是一种技术,不如说云计算是一种新的商业模式。云计算的核心是资源共享, 共享的就是 IT 资源。云计算按照客户的安全级别需要可以分为三种服务模式,即"公有云""私有云""混合云"。公有云是建设在企业防火墙的外边,为绝大多数网络用户提供服务的,如亚马逊的 EC2 平台;私有云是建设在企业网防火墙内部,只供该企业内部使用的,如阿里巴巴的飞天平台;混合云是介于公有云和私有云之间的模式,企业可以选择哪些应用放在企业网外边,哪些必须放在企业网内的混合服务模式。目前很多大企业都在致力于搭建自己的私有云计算数据中心,比如中国电信和中国石油等。这是云计算通常的三种服务模式,除了服务模式的不同,云计算的资源交付模式也分为三种:基础架构即服务(IaaS)、平台即服务(PaaS)和软件即服务(SaaS)。基础架构即服务是在基础架构层面,如

计算能力、存储和网络等基础架构层面的虚拟化和资源共享。在这个层面动态分配给客户虚拟机,客户并不需要担心分配给他们的虚拟机到底是跑在哪个真实的物理服务器上,并且在分配给客户的虚拟机上的 CPU、内存和硬盘等资源可以动态扩展和回收。平台即服务是指客户的软件或应用可以快速地部署到云计算平台提供商的数据库和中间件平台上,云计算平台提供商提供标准的平台接口,客户只需要关注他们软件代码逻辑本身,并不需要担心该应用发布中间件平台的日常维护。软件即服务是一种多租户的商业模式,也就是客户按需要租用软件应用提供商的软件,并对他们的实际软件使用量来支付费用。比如有些中小企业不可能花大价钱来自己搭建 SAP 系统,他们可以通过租用的方式获得服务,并按实际的使用量来支付费用。

云计算在服务计价收费上采用了更加灵活的方式,客户只要按需支付他们所使用的云计算资源,这样的按需收费的模式大大节省了客户在 IT 上的开销。从管理视角来讲,云计算提供了一种管理大量虚拟化资源的方式,它们可以被自动地汇聚并提供服务,可以弹性地进行服务资源的动态扩展,在客户不再需要 IT 资源时可以做到动态资源回收。这种动态的服务模式大大地支持了企业的商业灵活性和业务的敏捷性。

云计算是一种服务集合,是以服务的方式将 IT 计算资源交付给需要的用户的一种新的方式,以此提高资源的有效利用。这里涉及两个关键的实现需求:一个是资源如何管理,另一个则是服务如何将资源实现有效地交付。

云服务生命周期的管理主要分成以下几个阶段:

①服务模板定义:主要指准备云计算环境,将各种合适的资源纳入云计算资源池,准备标准的计算能力并制作成模板,如虚拟机模板、中间件集群应用模板等。

②创建服务目录:主要指将计算资源标准化,按照服务的方式进行提供。服务目录中的资源可以为服务器、单个的 CPU 或内存、存储容量、应用软件、特定执行程序,服务目录是一个云计算环境可订阅的计算资源的集中体现。

③服务订阅:主要指云服务消费者申请云计算能力和服务,或者更改某个已有的服务申请。云计算环境越庞大,其服务管理要求就越准确和严格。如果出现计划服务的时间无法获得所需的计算资源,就会影响相关服务申请的服务水平,从而给使用部门,即云服务消费者带来业务上的损失。

④服务运行:服务运行首先意味着服务的供应,通过自动化的云服务供应平台,消费者在指定的时间获得云计算资源;其次意味着服务的管理,需要确保云计算服务的质量,包括

计算性能、安全和可靠性。这些都是云计算服务中需要关注的部分。

⑤服务终止:当消费者不再需要服务时,服务会被终止,资源会被回收。资源可以重新放回资源池以被重新利用。

云计算的生命周期的管理围绕着业务需求将云计算资源得以最大限度地使用,所以云计算服务部件需要计算资源,也同样需要对其生命周期进行管理的平台。云计算服务管理平台可以涵盖云计算服务提供所需的各个环节,通常包括:

①服务申请和流程管理。

②服务交付和回收,即服务自动供应平台。

③资源使用量统计和计费。

④服务质量监控。

⑤其他的支撑服务,包括安全管理和配置管理等。

目前,IBM、谷歌、亚马逊和微软等都在搭建自己的云计算平台。那么,什么样的平台才真正可以称为云计算?IBM对业界的各个云计算产品进行了科学研究,并总结了云计算所具有的公共特性如下:

(1)弹性伸缩。

云计算实现了IBM一直以来都在倡导的On Demand Business的理念。云计算可以根据客户的实际需要动态地发布和回收计算资源。计算资源可以是服务器、中间件、存储和网络等。

(2)快速发布。

云计算提供了一个快速的部署机制,它可以对客户的应用程序在开发阶段或部署阶段的个性化需求进行快速响应和实现,从而大大缩短了客户产品的研发、测试的周期和部署的复杂度。

(3)资源虚拟化。

云计算通过虚拟化技术把IT资源按照类别的不同放入不同的资源池中,客户不需要担心所使用资源的具体位置。虚拟化的技术大大提升了资源的使用效率,降低了资源维护的复杂度和维护成本。

(4)按用量收费。

云计算实现了根据客户使用资源的量来收费,也就是按需收费的原则。收费的单元可以多种多样,可以是按CPU的占用时间、网络使用的字节数、用户所占用的虚拟机节点的时

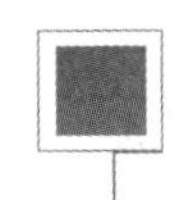

间来进行付费(以小时为单位)等。

总之,云计算的服务模式与 ITIL 服务管理最佳实践相结合必将成为打造下一代云计算数据中心的利器,这也是 IT 服务管理未来的发展方向。

8.8 云计算与数据中心

云计算需要数据中心来承载,本节介绍数据中心的基础设施组件和新一代数据中心的发展趋势。IT 基础设施一般是建立在数据中心之上的,企业搭建数据中心的目的是为了给客户或企业自身提供更好的 IT 服务,来满足企业的商业战略发展需要。要想满足企业商业战略的 IT 服务和服务管理的日常需要,其 IT 基础设施需建立在比较安全、稳定和技术成熟的数据中心之上。由此可见,数据中心对于企业尤其是具有一定规模的企业的重要性。一个大型的企业会通过建立自己私有数据中心来实现 IT 系统架构的具体搭建工作,在数据中心动态布置 IT 服务需要的所有基础技术部件和系统软件等。IT 系统架构的基础组件可以包括数据中心的机柜、网络、服务器、中间件、数据库、应用软件和存储设备等。企业的最终用户、IT 开发人员、测试人员、系统维护人员和服务管理人员都会通过数据中心所提供的技术组件来完成相关的 IT 服务使用、系统开发、维护和服务管理等工作。

图 8-6 是一个数据中心的物理视图。下面我们对数据中心的基础设施做一个简单的介绍。对一个要新搭建的数据中心,其基础设施一般包括数据中心选址、供配电系统设计、制冷系统、综合布线系统和消防系统等。

1. 数据中心的基础设施

(1)数据中心选址。

正确的数据中心选址方案对保障数据中心的正常运作和成本控制都是非常重要的。IT 行业是能源消耗的大户,且其数据中心又是碳排放的大户。对数据中心进行正确的选址,不但能够有效地控制能源消耗和碳排放量来打造绿色的数据中心,还能够利用可再生能源来降低整体的 IT 运营维护成本。比如,谷歌就把自己的数据中心选在环境较冷的北欧海边,并通过引入深层的海水进行冷却,采用风力发电等措施节省了大量能源的成本。研究数据表明,使用海水冷却系统比传统冷却系统节约大约 86% 的电力成本。为了有效地衡量数据中心的能效水平,业界启用数据中心的能耗指标——电源使用效率(Power Usage

Effectiveness,PUE)做具体的度量,其计算公式如下:

PUE = 数据中心总设备能耗/IT 设备能耗

PUE 是一个比率,基准是 2,越接近 1 表明能效水平越好。一般在数据中心的非 IT 设备包括电源、制冷、散热设备等。一般数据中心的 PUE 值为 2 ~2.5,微软和谷歌正在采取很多节能措施使其数据中心的 PUE 值保持在 1.3 以下。

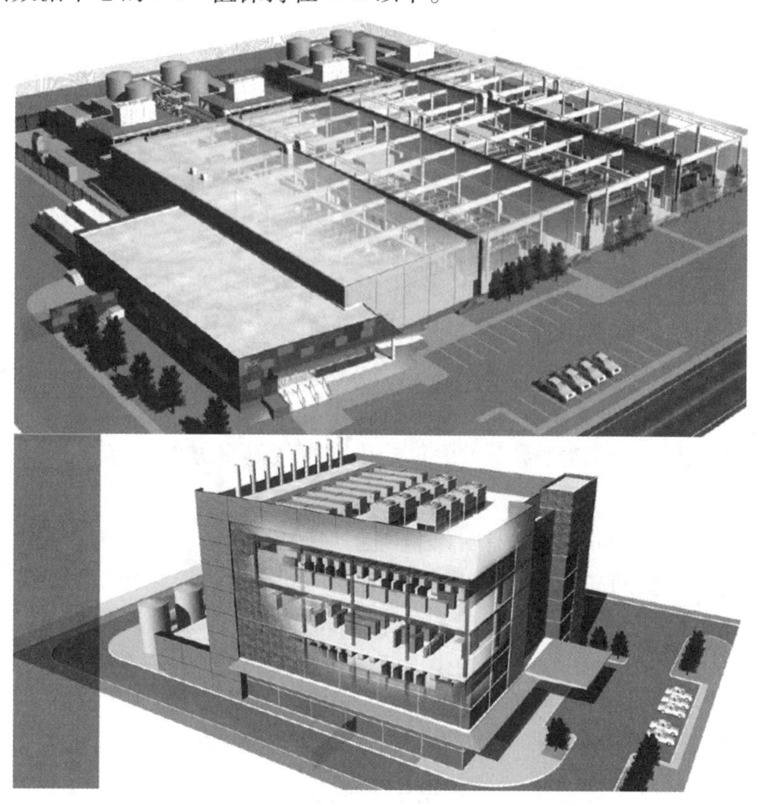

图 8-6　数据中心物理视图

对数据中心的选址除了要考虑能源节省的问题之外,还要考虑数据中心本身的安全性、可扩展性和可用性等。即使遇到地震或火灾等自然灾害也要保证商业业务不会受到影响。合理地选择数据中心位置对提高数据中心应对不可抗拒灾害是非常重要的。数据中心选址应该基本满足如下条件:

① 远离化工厂(空气污染)、飞机航线、雷区、变电所和核电站影响的地区。

② 远离容易发生水灾、火灾、地震带和自然灾害的地区。

③ 选择地基牢固,不宜塌方的地区。

④ 选择人才密集、技术集中和配套设施齐全(包括交通、水电供应和消防等)的地区。

⑤ 选择气温常年偏低、电力供应充足,且可以充分利用可再生能源(如风能、太阳能、地热和潮汐能源)的地区。

(2)供配电系统设计。

供配电系统是数据中心电源动力的来源,它是从电源线路进入数据中心,经过高低压供配电设备到最终负载的整个电路系统。供配电系统对数据中心来讲,犹如血液对于人体一样的重要。一般来讲,数据中心的成本来自日常的运营维护管理、电源消耗和软硬件投入等,其中电源消耗成本占很大的比重。对于数据中心来讲,一个良好的供配电系统也是数据中心基础设备的重要组成部分,需要考虑包括供电配线等多方面内容。

目前在数据中心中需要电力的设备有两个方面:一方面是计算机及其相关的外设设备;另一方面是机房设备,比如空调和照明设备等。这些设备的电能输送是通过数据中心的高压变配电系统将数千伏的高压市电转换成普通低压设备用电。在世界大部分地区,主要有两种低压用电体系(三相):一种为北美的标准(600 V/480 V/208 V/120 V),另一种为欧洲与亚洲标准(400 V/230 V)。在所有的供电系统中,一些数据中心在开始尝试使用直流供电(Direct Current)来改善其整体数据中心的能源利用率,但是交流供电(Alternating Current)仍然是目前数据中心主要的供能方式。

供配电系统的总体设计要求是给数据中心提供一个能够提供连续供电、稳定和平衡的电力系统。为了达到这个目的,供配电系统采取了很多措施,比如服务器电源冗余设计,即每个服务器设备至少有两个电源同时供电;不间断电源系统(UPS)和高压直流(HVDC)UPS 等。

(3)制冷系统。

数据中心要考虑的另一个主要的问题是冷却,建立一个低碳的绿色数据中心。所谓低碳,就是减少碳排放和能量消耗,提倡环保。数据中心的正常运行需要一套环境控制系统来有效地排除数据中心在运行时发出的热量,调节机房内空气的温度、湿度和洁净度等参数。一般机房的温度最好稳定在(23±1)℃,湿度为(45±1)℃,灰尘粒子浓度为每升空气中大于等于0.5 μm 的灰尘粒子浓度应小于1.8 万粒。通常数据中心的服务器越多,机房所产生的热量就越大。例如,目前高 1U 的双核服务器的发热量可达到每小时 1 000 W 左右,而一个放满刀片式服务器的机柜在满负荷运转时所发出的热量可以达到每小时 20 ~ 30 kW。妥善地采取有效的制冷办法不仅能够使 IT 设备正常运转,也是数据中心做到绿色和节能降耗的一个重要指标。很多数据中心采取热通道/冷通道控制、UPS 升级、虚拟化和服务器集群等手段,更大幅度降低计算和冷却系统等所消耗的电力。比如,微软公司在欧洲都柏林的数据中心使用了外部自然冷空气来调节数据中心的温度,可节能达 50% 以上。

随着互联网应用和计算密度的快速增长,建立高效和低碳的数据中心将是越来越多企业的最佳选择。目前,很多数据中心选择电源与制冷服务提供商提供的高效不间断电源、精密制冷产品和机柜等。业界比较领先的数据中心提供厂商结合自己的数据中心搭建和运行维护经验,也会给他们的客户提供数据中心物理安全以及规划和管理的一整套咨询方案。这无疑使数据中心的咨询、搭建和运营领域呈现出欣欣向荣的局面。我国大中型企业可以根据自己的需要选择适合的数据中心解决方案。

(4)综合布线系统。

综合布线系统相对于数据中心的重要性就像人的经络相对于人体一样。综合布线系统包括数据中心建筑物外部的网络和电信线路的连接点与 IT 系统设备之间的所有线缆以及相关的连接部件。布线系统的连接介质包括连接器、配线架、插座和适配器等。布线系统强调结构化、高密度、高带宽、高可靠性、易扩展和易管理等。比如数据中心的网络和路由比较复杂,这就需要结构化布线降低布线的复杂度。而 IT 设备越来越向高密度发展,目前的刀片服务器、存储网络交换机、一站式网络服务器、云存储和一体机解决方案都呈现出设备的端口和密度不断提升的趋势,这对综合布线提出全新或更高的要求。

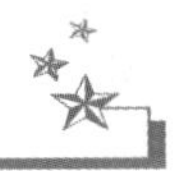

(5)消防系统。

数据中心的消防系统是为了预防和控制火灾的发生,保护数据中心的设备和建筑物本身。消防系统一般包括火灾自动报警系统、烟气控制系统、高压细水雾系统和气体灭火系统等。比如高压细水雾系统是高压水经特殊喷嘴产生的极其细小且具有充足动量的水喷雾冷却火焰,并通过水喷雾所产生的水蒸气降低火焰周围氧气的浓度。而气体灭火系统是通过化学气体灭火剂和惰性气体如七氟丙烷来灭火的。企业可以根据自己数据中心的情况选择适宜的消防系统。

2. 数据中心的问题与挑战

目前数据中心普遍存在如下问题:

①能源成本消耗过大,并且能源利用率低,过度浪费现象严重。

②设备扩容和应用交付时间过长,不能快速响应商业的需求。

③服务器等硬件设备利用率过低,没有动态的资源共享和可视化容量管理机制。

④IT 服务管理的标准化和规范化程度不高,缺乏成熟的标准化和规范化 IT 服务管理流程和工具。

⑤数据中心的运行维护和系统升级成本过高。

⑥数据中心架构设计落后、复杂和难以管理。

⑦风险和意外频发,安全性、高可用性和业务持续性需求难以保证。

下面以 IT 服务管理的标准化和规范化程度不高这一点举例说明。数据中心面临的最大挑战是管理,也就是我们通常所说的 IT 服务管理。数据中心的 IT 服务管理可以是对数据中心的基础设施、系统架构和系统软硬件的管理,也包括系统的可用性、安全的一致性、服务器镜像和灾备的管理等。由此可见,数据中心的 IT 服务运行维护人员所需要担当的职责是非常重要的。但是在目前的数据中心运行维护过程中存在这样或那样的问题,比较突出的有如下几点:

人员:企业的 IT 服务管理的质量对 IT 运行维护人员的技能依赖过于突出,IT 运行维护人员自身知识储备断层和不可替代性强。企业没有积累强大的运行维护知识管理数据库作

为企业自身的战略资产，这就造成企业内部顾问与关键运行维护人员的流失造成运行维护知识的断层和运行维护质量的下降。

流程和工具：企业的 IT 服务管理的流程和工具标准化程度不高。企业并没有形成有效的标准化 IT 技术、流程和工具的能力来达到企业所预期的 IT 服务和服务管理的效应模式，这就导致企业的 IT 运营成本居高不下，企业自身的 IT 服务管理的运行维护效率和效果也难以保证。低效的流程和工具严重地限制了企业在市场上竞争力的发挥。

IT 项目：企业在 IT 运行维护过程中所产生的 IT 变更所触发的项目风险管理和过程控制严重不足。一方面是由于 IT 部门在企业的影响力和对整个项目的推动力的问题，另一方面也体现了现在 IT 项目的流程管理和过程管控的标准化程度不高。

这些问题主要是数据中心在 IT 服务管理过程中的标准化和规范化程度不高所造成的。不良的数据中心的服务管理会直接导致企业在市场中的核心竞争力的下降，是不容小觑的。通过以上的问题分析，我们可以看到企业只有通过标准化 IT 技术、流程和人员的能力才能实现 IT 服务和服务管理的规模效应。其实，数据中心的问题不仅仅是标准化和规范化的问题，数据中心的能源消耗过大和设备的利用率过低等问题也是非常严重的。那么，企业如何能够在其原有的数据中心的基础上拨乱反正，或者打造全新的高效和完备的数据中心？业界很多企业和研究机构都在进行这方面的研究。

3. 新一代数据中心

新一代数据中心是一个整合、标准化、虚拟化和自动化的适应性基础设施架构和高可用计算环境。它提供最优化的 IT 服务管理，通过模块化软件实现自动化 7×24 小时无人值守的计算与服务管理任务，以服务流水线的方式提供共享的基础设施、信息与应用等 IT 服务，并能够持续地服务改进和提高。很多最新的 IT 技术会应用到新一代数据中心，如网络、服务器和存储虚拟化、刀片技术、智能热量技术、智能散热技术等。

新一代数据中心将会解决企业在数据中心运行维护过程中存在的问题，比如数据中心的高度标准化、虚拟化设计和 IT 资源的自动化管理和资源共享等，大大提高了数据中心的运行维护效率和降低了运行维护成本。虚拟化和标准化的 IT 资源共享可以将以前非共享的专用 IT 孤岛资源转变为动态管理、集中、可共享的 IT 资产提供给更多的用户共同使用。这种资源的充分共享可以大大提高资源的利用效率，减少不必要的资源闲置和浪费，从而降

低了 IT 运行维护成本。自动化的 IT 服务管理按照既定的服务级别协议标准进行资源的自动发布和按需供应，极大地减少了人工干预出错的可能，并缩短了数据中心设备扩容和新应用交付时间，因此能够使企业快速地响应商业的需求，提高了企业面对市场的灵活性、敏捷性和核心竞争力。

通过对新一代数据中心的定义和目前业界对数据中心的最佳实践，我们可以看到未来的数据中心会有如下几个特性：

①绿色数据中心。

②IT 资源的虚拟化、模块化和充分的 IT 资源共享。

③技术、流程和人员的标准化和规范化降低服务成本。

④服务管理的自动化和可视化。

⑤服务持续的改进和提高机制。

下面通过绿色 IT 数据中心举例说明。所谓的绿色 IT 数据中心，就是要通过必要的技术和管理手段降低能耗，最小化碳排放量，并提高数据中心整体资源的利用率。绿色 IT 数据中心一般采用的是可再生能源，比如风能、太阳能和地热等。

谷歌的数据中心就是利用自然的风能和海水冷却的办法大量节省了所需能源的成本，成为当前绿色 IT 数据中心的典范之一。我们可以通过图 8-7 的绿色 IT 数据中心的基本框架内容对绿色 IT 数据中心有进一步的深入了解。

通过对新一代数据中心特性的解析，我们可以发现新一代数据中心的特性与云计算的概念和特征有着异曲同工之处。比如云计算是一种资源共享的商业模式，云计算的资源共享也是以 IT 资源虚拟化和标准化为前提的。云计算有四个特性，即弹性伸缩、快速部署、资源虚拟化和按用量收费。要想实现弹性伸缩和快速部署的商业模式，就要以自动化和可视化的 IT 服务管理的实现作为前提。比如负责 IT 管理的系统管理员可以通过统一的工具门户网站来可视化地远程管理 IT 资源，在这个统一的界面里可以完成服务器与操作系统的快速部署和资源回收，对服务器和应用软件进行统一的系统漏洞与补丁管理、主动的容量管理、网络流量瓶颈分析和系统性能调整等。这些可视化和自动化的 IT 服务管理使 IT 服务资源的弹性伸缩和快速部署的最终实现成为可能。除此之外，我们还可以看到云计算中虚拟机的动态迁移技术对绿色 IT 有很好的技术支撑。云计算的动态服务同样强调标准化技术、

绿色 IT 数据中心

降低能耗	提高能源效率	能源采购	新技术
优化介质材料 (Optimization Material) IT 硬件的重用 (IT-HW Recycling)	数据中心的整体能源使用效率 (DC Overall Efficiency) 系统优化与虚拟化 (System Optimization & Virtualization)	可再生能源 (Renewable Energies) 最小碳排放量 (Minimize CO_2-Emissions)	风能 (Wind energy) 太阳能 (Solar energy) 地热 (Terrestrial heat) 潮汐能 (Tide energy)

图 8-7　绿色 IT 数据中心框架图

流程和人员以及建立 IT 服务持续的改进和提高机制。由此可见，云计算可以解决新一代数据中心的主要问题，换句话讲，新一代的数据中心就是以云计算为主要服务交付模式的绿色 IT 数据中心。新一代数据中心的维护和管理人员一般会通过虚拟化技术、标准化部件和流程、自动化部署和可视化管理来降低管理的复杂度，节省能源消耗，并提升对商业适应的灵活性和敏捷性。新一代的数据中心就是通过运用云计算的特点和优势来打造绿色环保和高效智能的数据中心。

4. 大数据环境下的挑战

在企业进入以云计算战略为依托的新一代数据中心的发展时代，数据中心的运行维护管理面临前所未有的巨大挑战。在大数据环境下的 IT 服务管理所面临的主要挑战有以下方面。

(1)海量的资源管理。

云计算会把各种适合的资源纳入云计算资源池，准备标准的计算能力。资源从大型机、服务器、终端设备到覆盖全球的存储和网络。云计算依托其强大的全球计算能力支撑前所未有的智能物联网时代的到来。未来社会，能上网的不仅仅是计算机和手机，我们的汽车、电视、冰箱、空调和物流的货物等无一不在云计算所打造的物联网的管理范畴，这就预示着

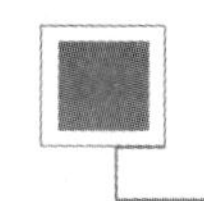

物联网中的资源都会纳入资源管理的范畴。在服务管理中资源统称为资产,资产范围的无限扩大,无形中增加了资产管理的工作量和复杂度,所需要面对的是海量的资源管理。其实,服务管理就是要把企业的服务管理转化成企业能够为其商业目标服务的战略资产。服务管理在云计算和互联网时代要面对更加艰巨的资产管理问题,在这个大的背景条件下每个企业的 IT 部门对相关的服务管理的实践提出更高的要求,比如服务资产和配置管理、服务目录管理和知识管理等。因此,以 ITIL 理论为核心的服务管理最佳实践也将越来越受企业的重视,并得到更加广泛的社会认可和部署实施。

(2)更加严格的自动化服务管理。

由于资源管理的全球化和日趋复杂化,这就需要服务管理更加的智能和自动化。比如许多云计算厂商开发出符合云计算资源自动供给的服务订阅系统,该系统主要是提供自助的工作流界面为云服务消费者提供新的云计算服务。这就需要云服务管理能够自动地响应客户的云计算服务请求,对云计算资源能够做到快速的发布、智能和自动化的运行维护管理、资源回收管理和按需收费等。云计算环境越是庞大,其服务管理的要求也越是准确和严格。不完善的云计算服务管理对云服务消费者的影响是广泛和深远的,比如 2011 年 4 月 21 日发生的亚马逊云计算网络故障,其波及的范围、带来业务上的损失是难以估量的。在云计算的大前提下,为了降低服务管理的复杂度,企业必须考虑如何使服务管理更加智能化和自动化。通过智能化和自动化的云计算服务来大大简化云计算运行维护的复杂度,使 IT 作为企业的战略资产,能够在降低运行维护成本的同时不断提高企业面对不断变化的市场需求的灵活性和敏捷性。目前很多著名企业都在为服务管理的智能化和自动化做出不懈的努力,比如 BAT 等大公司都在打造全面的解决方案,努力在云计算环境中实现服务管理智能化和自动化。

(3)高标准的安全管理。

在云计算数据中心内,为了实现应用和服务器的高可用性,利用虚拟化技术,按照事先定义好的迁移规则,应用可以从一个虚拟机(Virtual Machine)动态地迁移到另一个虚拟机上。而虚拟机也可以在不同的物理服务器上做动态的迁移和部署。虚拟机的动态迁移使客户担心敏感数据在云计算上的存储和安全泄漏问题,甚至有些客户希望看到他所关心的数据在云计算中每时每刻的储存和分布情况。因此,服务管理必须加强对云计算安全的控制和可视化管理。当下很多的云计算专家和研究人员都已经明确地指出云计算的安全问题是推广云计算过程中要考虑的核心问题之一。服务管理中的安全管理在云计算的大趋势下面

临更加严峻的挑战。有业内专家表示，在虚拟化的新一代数据中心基础设施中，每款虚拟设备及其系统和网段都必须根据最佳实践进行管理和控制，这些实践应包括对所有 IT 部件(如虚拟机、数据库、中间件、SAP 应用和网络设备)所需要遵循的安全策略的统一制定、部署和可视化的监控管理；依据虚拟机类型进行适当的逻辑和物理隔离；启动实时入侵检测和防护系统(IDS/IPS)；IT 资产中软硬件的版本控制、可视化补丁管理和定期地对 IT 环境进行健康检查等。IT 服务管理通过制定有效的服务监控和服务质量度量标准，并通过可视化和标准化的服务管理的实践来有效降低服务风险发生的概率和影响程度，使服务达到或超过用户的期望值，以增加用户和客户对服务的满意度。

(4)高性能和高可靠性的网络管理。

随着虚拟化技术的不断成熟和推广，一台物理服务器上会虚拟出多台虚拟机，而不同物理服务器上的虚拟机可以互相联合做成高可用的云计算集群(Cloud Computing Cluster)。这样，在云计算数据中心中以虚拟机为单位的网络交互流量就会增多，数据中心网络内部通信的压力也会增大，相应的网络带宽要求会显著提高。比如要想实现虚拟机跨数据中心站点间的动态迁移(VMotion)，就需要有更加优化的网络支撑，也就是目前比较热门的大二层网络设计技术。一般来讲，数据中心需要处理的业务是客户端和服务器架构的应用，即通常所说的 C/S 架构，该架构下的网络传输一般是通过国际标准化组织 OSI 模型中第三层 IP 包转发的，但是数据中心的虚拟机间的数据通信往往更多的是同一类服务器间的数据同步计算，比如在使用 WEB 集群分流用户访问时，需要对修改或增删的数据进行集群同步。这种通信任务给数据中心网络带来的挑战主要是基于 OSI 模型中的 MAC 二层通信。所以，未来数据中心的网络设计会更多地关注如何在网络交换机的二层实现有效的网络传输和业务互联。

为了适应云计算数据中心通信需求的变化，未来的数据中心网络的设计思想越来越趋向于扁平化结构，即由传统的核心层(Core Layer)、汇聚层(Aggregation Layer)和接入层(Access Layer)的三层网络架构逐渐向只有核心层和接入层的两层架构过渡。以前是百兆接入、千兆汇聚、万兆核心，目前服务器接入会逐渐普及千兆接入和万兆核心的两层网络结构。

通过图 8-8、图 8-9 的对比，我们可以看到未来的数据中心会更加趋向于核心层和接入层的两层数据交换。传统的网络协议面对这种数据交换的变革会存在很多局限，比如会产生很多低效率的冗余网络传输回路。这就需要更加高效的网络协议和技术来解决未来云计算网络的高效传输的问题，比如有代表性的 Transparent Interconnection of Lots of Links

(TRILL)、FabricPath 和 QFabric 等相关技术标准也正在由发布而走向成熟。

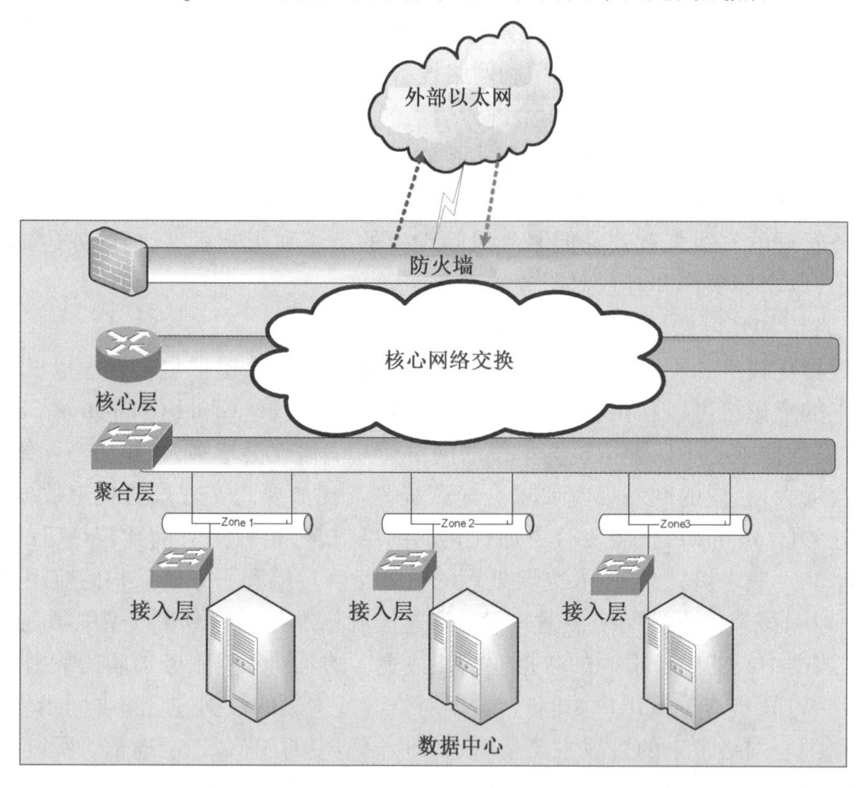

图 8-8　三层网络架构图

总之，要想搭建高效和智能的新一代的绿色 IT 云计算数据中心，我们主要考虑的包括数据中心降低能耗和实现数据中心最小碳排放量，并提高数据中心整体资源的利用率；数据中心资源虚拟化、标准化和自动化管理；业务更高的安全性、可持续性和扩展性；服务更好的可维护性、灵活性和可视化管理等。

5. 全面规划新一代数据中心

目前，业界有很多厂商都在提供云计算数据中心和虚拟化服务，比如亚马逊、谷歌和微软等。其中，亚马逊的云计算数据中心解决方案是业界比较成熟的方案。亚马逊是最早提

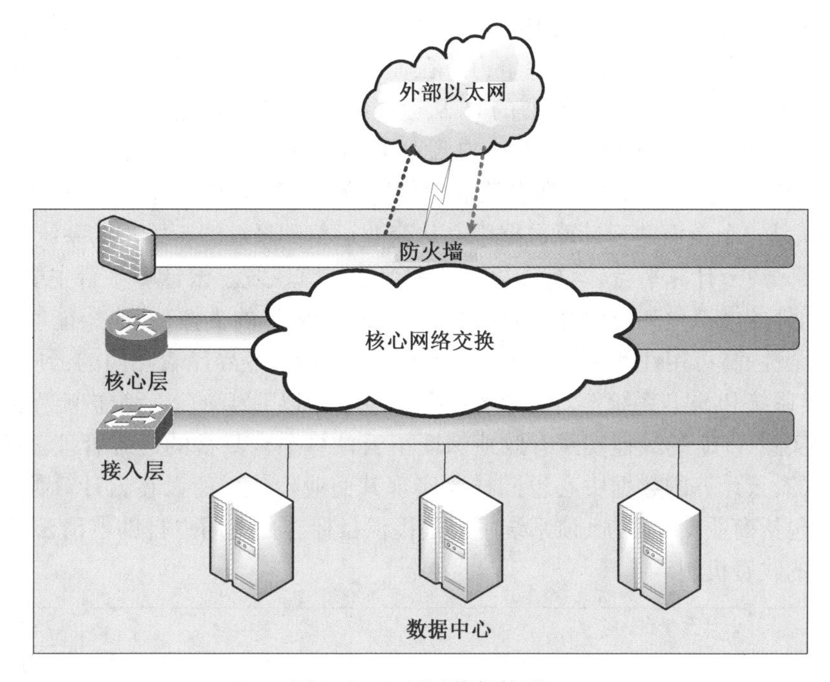

图 8-9 二层网络架构图

供远程云计算平台服务的公司。它将自己的弹性计算云(Elastic Compute Cloud,EC2)建立在公司内部的大规模分布式集群计算的平台之上,而用户可以通过自助资源申请界面去申请获得在云计算平台上操作并运行相关资源或应用实例的权利,如虚拟机资源和对象、存储空间等。资源的付费方式则由用户的使用状况决定,即用户仅需要为自己所使用的计算资源或应用实例付费,资源在使用结束后计费也随之结束。

企业可以选择在有云计算数据中心资质的云计算服务提供商的帮助或者通过企业自身对数据中心的经验积累来打造适合企业未来商业运作模式的新一代数据中心。并且,企业要把新一代数据中心打造成企业的战略资产,使 IT 的服务战略能够满足企业的商业战略并为企业直接创造价值。也就是说把企业的数据中心从“成本中心”转变成“利润中心”。那么如何才能做到这一点?首先,企业要建立从商业运营到系统运行维护的流程规范,打造端到端的 IT 服务持续改进机制。其次,企业要建立一套引入新客户的商业运营体系、云计算资源自动发布流程和符合新一代数据中心要求的高效系统运行维护架构。工作流规范化的

商业运营流程打通企业建立“利润中心”的销售渠道。模块标准化的运行维护流程提高效率和降低成本，从而提高企业的商业竞争力。在流程规范中，建立 IT 计费体系。企业内部及外部 IT 服务计费体系的建立，是企业的 IT 从运行维护到实现商业运营的关键一步。计费体系可以是能够直接作为向外部或内部客户收取 IT 服务费用的收费模型等。企业可以在通过提供持续的商业运营和 IT 运维服务为客户创造价值的同时获得自身的“利润”增长。

图 8-10 是一个全面的云计算数据中心从商业运营到系统运行维护的系统架构，该系统架构分为三部分：云计算平台、运维支撑系统和商业支撑系统。云计算平台主要是通过对基础架构、中间件的虚拟化和资源共享，提供对云应用的更好的支撑，使应用能够充分享受云平台的高安全性、高可用性和灵活的扩展性等优势。目前，业界比较热门的云应用有智慧城市、智能医疗系统和 SAP 系统等。运维支撑系统主要是以 ITIL 的运行维护流程为主的 IT 服务管理最佳实践，ITIL 的最佳实践有效地保证了云计算平台日常的运维管理。IT 是为企业的业务服务的，云计算的数据中心也同样要实现其商业价值。所以在云计算数据中心的系统架构中还包括商业支撑系统，该系统主要是提供目标客户或用户自助申请云服务的能力，并建立合理的收费机制。

图 8-10　云计算数据中心系统架构图

8.9　腾讯云计算的整体架构

本节以腾讯云计算的整体框架为例，了解目前国内云计算厂商的成熟度和云计算的具体应用场景。腾讯提供整体一体化云解决方案，其架构的主要特点如下：

（1）三端一中心的接入，即租户端、运维端和运营端通过统一的 TCenter 的 Web 控制台接入。

（2）架构解耦的控制组件容器化部署，实现基于容器部署的云计算调度和控制系统的灵活部署，以及被部署组件应用的安全隔离、高可用性和弹性伸缩。

（3）利用开源虚拟化技术实现分布式的计算、存储和网络的弹性伸缩服务。

（4）丰富的云产品服务选择，提供基于 IaaS（基础设施即服务）、PaaS（平台设施即服务）和 SaaS（软件设施即服务）的一站式服务。具体可以提供的服务产品如图 8-11 所示。

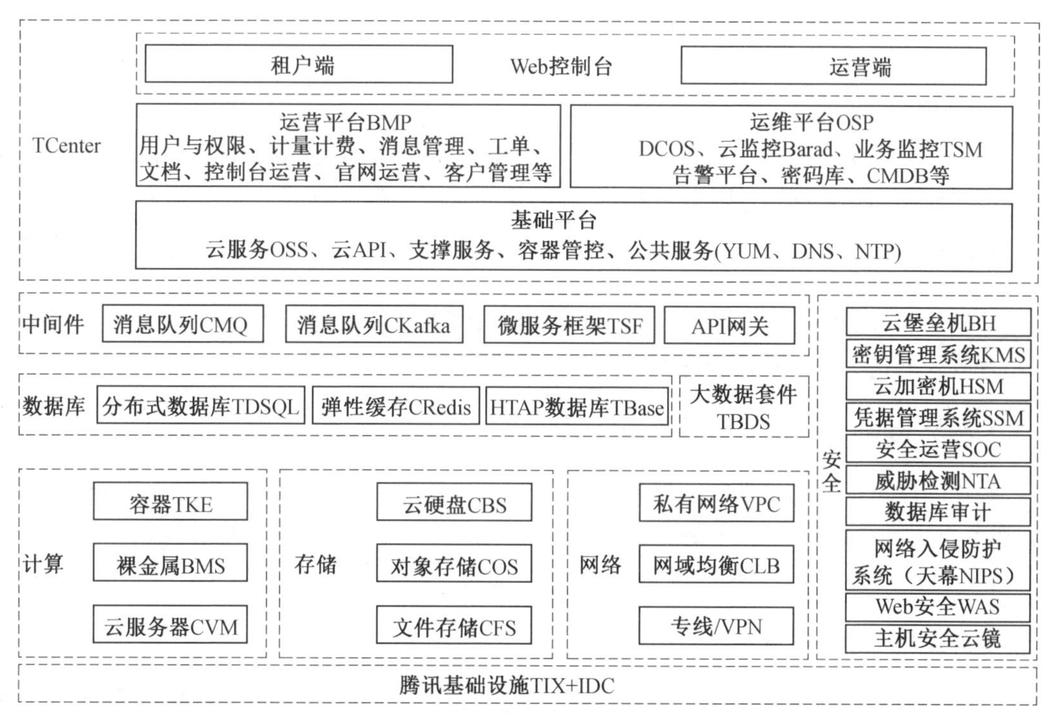

图 8.11　腾讯云架构框架图

腾讯云计算的架构组件举例如下：

1. 云服务器的弹性伸缩

弹性的主要特征是可大可小、可增可减地利用云计算资源。弹性分配的主要目的是用户在使用云计算资源时，不必担心资源的过度供给导致额外使用开销，也不必担心资源的供给不足导致应用程序不能很好地运行和满足客户需要，所有资源以自适应伸缩方式来提供。弹性伸缩可以解决"双十一"促销的动态资源难题，以及需要快速按需搭建和释放软件测试环境和软件快速部署等场景。

2. 灵活的私有网络服务

在云上构建的一个或多个相互隔离的网络空间，为云上的云服务器、负载均衡和云数据库等云服务资源提供网络环境。服务功能包括自定义网段划分、IP 地址分配和路由策略设定等，并通过安全组实现网络安全防护。

3. 网络的访问控制

支持基于安全组的虚拟防火墙和基于证书的安全访问控制。可以根据业务的扩展，自定义访问控制的相关规则，实现对特定资源的访问权限管理。

4. 同城和异地容灾

使用云服务器跨可用区部署可实现同城容灾，跨地域部署则可实现多地容灾，可以确保在出现故障的情况下，保持服务持续可用。

5. 基于 Kubernetes 的容器服务

提供高度可扩展的高性能容器编排和管理服务，为容器化的应用提供高效部署、资源调度、服务发现和动态伸缩等一系列完整功能，解决用户开发、测试及运维过程的环境一致性问题，提高了大规模容器集群管理的便捷性，帮助用户降低成本、提高效率。

6. 海量的对象存储服务

对象存储是一种无目录层次结构、无数据格式限制、可容纳海量数据且支持 HTTP/

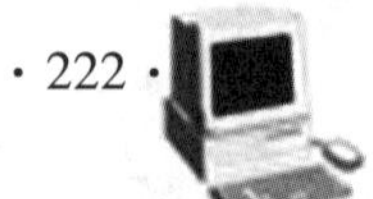

HTTPS 协议访问的分布式存储服务,使用户都能使用具备高扩展性、低成本、可靠和安全的数据存储服务。

总之,腾讯基于其 20 年的海量互联网业务经验,整合其内部各种已经相对成熟的云产品服务,为客户打造可信赖的云计算平台。

第 9 章　开发运维一体化 DevOps

DevOps 是“开发”和“运维”这两个词的缩写，通过自动化工具链和精益文化的“双加料”，开发和运维从此携手成为组织价值交付的小伙伴。DevOps 带入精益和敏捷开发的最佳实践，打通端到端的价值交付流水线。在这个云计算环境已成为“标配”，人工智能和大数据如“伊人在水一方”的时下，企业选择 DevOps 实践已经成为历史必然。

DevOps 如此之好，我们如何才能具备此技能，成为高效的 IT 技术人员？首先，不断历练自己与他人的协同意识和协作手段，配合学习教练技术和 ITIL 4 的原则实践效果更佳。其次，掌握 DevOps 部署流水线上的基本工具链内容，常规的工具链包括 Gitlab、Jenkins、Kubernetes、SonarQube 和 Ansible 等。关于这些工具链的详细介绍，可以参考笔者的另一本书《ITIL 与 DevOps 服务管理案例实践》。最后，加入一个有丰富 DevOps 实践经验的组织去浸染，成为组织应用 DevOps 实践的中坚力量。

为了深刻理解 DevOps 发展的来龙去脉，我们先从 DevOps 的起源说起。

2009 年，Flickr 公司在一次敏捷 Velocity 大会上公布其可以实现每天发布 10 次版本的惊人消息。同年 DevOps 之父 Patirck Debois 在比利时发起了全球第一次 DevOpsDays 活动。2010 年《持续交付》一书迅速蹿红。2013 年以 DevOps 故事为主线的《凤凰项目》一书持续热销，使 DevOps 从不被大众认知的路人甲一跃成为支持当下数字化转型的框架和最佳实践。

自 2010 年以来，与 DevOps 相关的出版物和宣传活动层出不穷，充分体现其在时下的旺盛生命力，重要的时间节点和相关事件如下：

2010 年，ThoughtWorks 公司首席咨询顾问 Jez Humble 撰写《持续交付》一书。

2012 年，IBM 利用 Smart Cloud Continuous Delivery 开始第一次持续交付的试验，DevOps 开始走进大型企业。

2013 年 Gene Kim 的著作《凤凰项目》出版。

2017 年举办中国第一届 DevOpsDays(北京)。

自 2017 年以来,与 DevOps 相关的年会和论坛在我国呈现“星星之火,可以燎原”之势。DevOps 的理论发展是不断迭代的产物,我们对 DevOps 的实践也一直在路上。对 DevOps 的认知可以从其不断演化的定义说起。

9.1　迭代式的 DevOps 定义与演化认知

在 DevOps 问世之初,DevOps 被显而易见地定义为“在 IT 软件及相关服务的研发及交付过程中,将应用的需求、开发、测试、部署和运营(运维)统一起来,基于整个组织的协作和应用架构的优化,实现敏捷开发、持续交付和应用运营的无缝集成。帮助企业提升 IT 效能,在保证业务稳定的同时,快速交付高质量的软件或服务,灵活应对快速变化的业务需求和市场场景,比如应对当下的数字化转型的市场应用场景”。

DevOps 的定义不断得到演进,当下我们可以把 DevOps 看成对敏捷软件开发和精益思想的演进,以产品或服务端到端的价值交付为视角,应用现代信息化技术(包括 DevOps 工具链和云计算平台等),并通过文化、组织与技术变革获得更大的成功。随着 DevOps 理念的不断迭代和 DevOps 原则实践的逐步丰富,我们对 DevOps 的认知也开始更加具体且生动。DevOps 作为一套 IT 服务管理的最佳实践方法论,其作用不仅仅是在 IT 服务管理的全生命周期中促进 IT 专业人士和业务人员之间的协作和交流,其实打破部门墙只是 DevOps 落地的附带福利,DevOps 最终要解决三个关键问题:站在精益思想的制高点加速产品价值的交付,减少开发和运维过程中的技术债,消除生产系统的脆弱性。

下面对 DevOps 要解决的三个关键问题进行进一步解读。

1. 价值的交付

DevOps 认为,已经被目标客户或用户在市场上使用的产品才真正体现其价值的交付。DevOps 试图建立一种机制,那就是任何软件的新版本随时具备发布到生产环境的能力。因此 DevOps 关联持续交付或持续部署流水线等诸多实践。

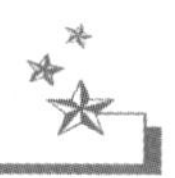

2. 减少技术债

所谓技术债，在开发的层面是指开发人员为了缩短开发的交付周期或降低开发难度而选择的不太优化的方案来实现软件的基本功能。比如软件采用传统的三层架构而不是目前比较流行的支持高可用和高并发的分布式架构。技术债主要体现在利用一些短视的解决方案，它不仅体现在开发层面，还可以体现在运维层面。比如把没有经过严格测试的运维补丁安装到生产环境，没有做好详尽的变更计划就实施的变更操作，或没有充分考虑变更风险和缺乏对互相关联的变更请求的充分交叉影响分析等诸多情况。不论是开发还是运维层面的技术债，DevOps 需要考虑通过科学的方法不断减少这种欠债情况，可以尝试的方式是鼓励开发人员在时间和精力允许的情况下持续地执行代码重构，以及提倡通过自动化脚本和完善的自动化监控等方式实现日常高效的运维管理工作。

3. 消除脆弱性

消除生产系统的脆弱性，正好关联业界 IT 服务管理最佳实践 ITIL 的 IT 服务连续性管理实践。DevOps 提倡应用具有高可用性的技术架构或云平台，以及独特的部署机制，比如蓝绿部署、金丝雀发布等有效的方式确保软件发布 100% 成功，如果不成功也会以秒级回滚到上一个版本的正常状态，以及在软件系统日常运营时能够确保“零宕机”的良好业务连续性。DevOps 试图为企业和个人打造保证业务连续性的良好实践和持续改进提高的一种工作和思维方式。

通过对 DevOps 要解决的三个问题的阐述，我们进一步了解了 DevOps 实践不仅仅局限在解决开发和运维之间的协作，它基于精益思想和敏捷开发理念实现端到端的价值链交付。DevOps 更加体现在业务和 IT 融合的组织级文化转型的实践，打造企业整体良好的跨部门沟通和团队彼此协作的文化氛围。DevOps 使得企业 IT 从成本中心转型成数字化的创新中心及真正的业务合作伙伴，确保 IT 更加专注于实现业务价值的即时交付和具备价值交付的能力。

9.2　关于涉及 DevOps 诸多误解的澄清

1. DevOps 是否只适合 BAT 类似的公司

虽然 BAT 和 Etsy 等互联网“独角兽”公司是 DevOps 的先行者，但不意味着这些企业没有搭建过基于 ITIL 的传统运维体系。他们同样存在过或仍然有交付的软件代码存在高风险，发布可能导致不可预料的灾难性后果，软件合规性和安全等非功能性需求考虑不周，开发和运维部门彼此高度不信任等情况。然而，这些企业都能够适时地改变他们的组织架构、技术实践方法和企业文化，如今他们都创造出了举世瞩目的 DevOps 成果。

2. DevOps 与 ITIL 不兼容

目前许多人认为，DevOps 与传统的 ITIL 是背道而驰的。其实 DevOps 和 ITIL 都属于 IT 服务管理的最佳或良好框架体系，都在履行对整个服务全生命周期的管理职责，都为了实现商业价值。所以 DevOps 实现和 ITIL 的目标是一致的，DevOps 实践可以与 ITIL 流程良好兼容。DevOps 追求更短的软件发布周期和更频繁的部署。所以 DevOps 实现针对 ITIL 的部署管理和服务验证与测试实践的更全面自动化。服务台、事件管理、问题管理、变更控制等内容在 DevOps 的框架体系中还具有顽强的生命力。

3. DevOps 意味着消除 IT 运维，即“NoOps”

许多人错误地将 DevOps 解释为完全消除 IT 运维的职能。这在当下是很难做到的，虽然 IT 运维工作的性质可能会越趋于自动化，但是运维人员仍然需要编写自动化脚本并维护自动化的运维管理平台和软件持续部署的工具。IT 运维团队要在软件生命周期的早期就与软件开发团队展开紧密合作，主导软件代码的部署上线，以及部署后积极监控业务运行的状态和故障及时恢复等工作。

4. DevOps 的价值交付和敏捷开发是一回事

DevOps 相对于敏捷来讲，更加强调直接成功部署可工作软件到生产环境。DevOps 继承了敏捷实践，DevOps 的实践通常由三部分组成，即敏捷开发、持续交付和运维服务管理。敏

捷部分主要以敏捷开发方法论 Scrum 为主，因为 Scrum 有明确的组织架构和角色设计，关键的角色包括产品经理、研发团队和敏捷教练等。持续交付部分主要是由自动化工具来实现，比如应用红帽的 Openshift、Jenkins 和 Docker 工具，通过工具实现已开发代码的持续集成（每日构建和自动化测试）和持续部署（从软件构建到部署到生产环境的部署流水线），以及利益相关方的持续反馈（部署过程的可视化和结果的及时验证）。运维服务管理部分引用 ITIL 的基本实践，比如事件管理、变更控制、配置管理、服务级别管理和业务连续性管理。DevOps 可称为轻量化的 ITIL。

9.3 DevOps 是敏捷的进化版还是 ITIL 的颠覆版

基于 DevOps 的开发运维一体化的概念被炒得火热，不容置疑 DevOps 是可能的未来运维发展走向之一。那么 DevOps 是敏捷开发的进化版还是 ITIL 的颠覆版？

1. 与敏捷开发的关系

DevOps 关于开发部分主要应用敏捷的最佳实践，比如精益开发、Scrum、极限编程（XP）和看板（Kanban）方法等。其中敏捷所提倡的结对编程（Pair-programming）、时间盒子（Timebox）、限制在制品（WIP）、持续集成（CI）和定义完成（DOD）等管理思想同样也适用于 DevOps。DevOps 在敏捷的用户故事的基础上，还创造性地提出测试故事和运营（运维）故事的观点，可见 DevOps 在继承敏捷优势的同时，更加强调 IT 服务或应用全生命周期的管控，即包括运营（运维）的管控。除此之外，DevOps 更加强调应用自动化的部署及自动化测试平台和微服务技术。关于更多的敏捷实践知识，请参考笔者的另一本书《PMP 项目管理与敏捷实践》。

2. 与 ITIL 的关系

ITIL 强调以流程为驱动，DevOps 更加强调通过自动化的平台和工具实现自动化运维。Devops 强调在运维层面要创建轻量级的只包含必要信息（Minimum Required Information，MRI）的 ITIL 内容，比如 ITIL 在需求管理实践中提到的用户概述文件（User Profile）可以与用户故事相对应；ITIL 在服务设计阶段产出的服务设计包（SDP）和服务验收标准（SAC）可以与敏捷待开发产品的产品订单以及测试验收相对应；在服务级别协议（SLA）和运营级别协

议(OLA)中的绩效指标的完成情况同样符合 DevOps 和敏捷的定义完成(DoD)的理念。除此之外,DevOps 也强调配置管理的重要性,只不过 DevOps 所关注的配置更多的是待发布的软件版本,其中软件代码、自动化的部署脚本和初始化的数据为 DevOps 所主要考虑的配置范畴。这些配置项的改变都需要纳入严格的变更实施和管控,这与 ITIL 的理论相一致。由此可见,DevOps 的 ITIL 是相融相生的关系。

9.4　DevOps 与项目管理和软件开发测试的关系

DevOps 所涉及不仅仅局限在开发和运维之间的协作,它贯穿了 IT 价值链的每一个环节的工作流。DevOps 是开发运维一体化,体现业务和 IT 融合的架构和组织级文化转型的实践。DevOps 使得企业 IT 从成本中心转型成数字化的创新中心及真正的业务合作伙伴。企业能创建良好的跨部门沟通和团队合作的文化氛围,IT 可以专注于实现业务价值的即时交付。

1. DevOps 与项目管理的关系

DevOps 试图解决项目或特性、开发、测试和运维之间的矛盾。DevOps 对项目管理理论的实践也是有价值的。应用 DevOps 后,项目管理和控制不再只是项目经理一个人的事情,而是所有团队成员协同合作,以 Team 的形式共同参与项目管理活动。在传统的项目管理理论中,项目经理需要自行打通需求分析、架构设计、(开发)任务分解、持续集成部署和项目转运维等各种复杂的工程实践。如果项目经理的能力有限,这就意味着项目经理可能是整个业务交付价值链条上的单点故障。DevOps 的实践彻底解决了此问题。

2. DevOps 与软件开发测试的关系

DevOps 解决了客户不断涌现的新需求和有限的开发资源之间的矛盾,并且通过持续交付来快速提供客户认可的价值,获取客户或用户的第一时间的即时反馈。开发人员需要持续构建部署流水线,并持续交付价值。测试团队不再是被动接受测试任务,而是从需求分析开始参与,建立新的、自动化的质量控制策略,提升对代码、功能性和非功能性需求的测试的全覆盖。越来越多的企业机构正在采用 DevOps 方法让应用开发者和运维专家在整个应用全生命周期中协同工作,共同交付业务价值。

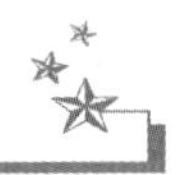

9.5 DevOps 与持续交付的关系

DevOps 相对于传统运维最鲜明的特点是强调持续交付。持续交付是一种以安全、快速、可持续的方式向生产环境或用户手中交付所有类型的变更的能力,这些变更包括引入新的特性(Feature)、改变配置项(CI)、修复 Bug 和功能实现等。

持续交付并不意味着每一次变化都要尽快部署到生产环境,而是意味着每一次变化都是随时可以部署的。

——Carl Caum

持续交付是必需的,而持续部署只是一个可选项。具有持续部署的能力比实际持续地生产上线更为重要。

——Sanjeev Sharma, IBM CTO, Distinguish Engineer

持续交付强调软件全生命周期(ALM)的部署流水线,即一个应用程序从构建(Build)、部署(Deployment)、测试(Test)到交付(Delivery)整个过程的自动化实现。持续交付不仅考虑软件部署的自动化,软件所关联的数据初始化和基础设施(虚拟机)也需自动化构建。持续交付的目标无外乎有三点。

①让软件构建、部署、测试和交付过程对所有人可见,促进团队彼此的合作。

②大大改善过程反馈,以便在整个过程中更早发现并解决问题。

③团队能够通过一个完全自动化的过程在任意环境部署和发布软件的任意版本,包括数据库和云计算基础设施构建,并实现用户流量在不同环境间动态的切换。

与 DevOps 的理念相一致,组织要实现持续交付也需要对其现有的 IT 部门的组织结构进行必要调整。最好是把现有的开发、测试和运营三个独立的团队进行整合,在团队内部提倡知识的分享和能力的培养,使团队所有人都可以胜任软件开发生命周期的所有工作,即“全栈工程师”的概念。这种跨职能和自组织团队的建设思想与敏捷开发方法论(Scrum 和

XP)不谋而合。

目前 DevOps 的实践主要来自互联网公司,比如谷歌、百度等。他们针对软件发布的特点就是能够保证在自动化发布中兼顾业务的连续性。为了达到这个目的,互联网公司总结出很好的软件持续交付的实践办法,比如蓝绿部署、金丝雀发布和灰度发布等。

蓝绿部署强调生产环境同时有两套系统,一次只发布新的版本到一个系统,通过网络的路由设置动态切换用户流量到指定的系统。金丝雀发布和灰度发布的机理是一致的,即把应用程序的某个新版本部署到生产环境的部分服务器或部分用户群体中,从而得到快速反馈并降低可能的发布风险。在确定新版本风险可控的情况下,再逐步把新版本部署到全部的服务器上,从而支持所有用户的新功能体验。关于各种部署方式的详细介绍,请参照本书 9.13 节的内容。

9.6　DevOps 的敏捷方法落地实践

DevOps 是一套试图诠释服务全生命周期的方法论,分为前端、中端和后端。业务需求前端强调敏捷开发,中端提倡以自动化测试为前提的持续集成和持续交付,后端变为轻量的 ITIL 流程实践。

图 9-1 是 DevOps 的框架图。

DevOps 针对开发的部分开发模式继承了敏捷开发的方法论。主要应用在 DevOps 的开发模式为 Scrum,Scrum 的开发框架是由敏捷大师 Ken Schwaber 和 Jeff Sutherland 在 20 世纪 90 年代创造发明出来的。Scrum 一词来源于英式橄榄球运动中的并列争球的动作,强调团队的全力以赴,以解决复杂难题,并创造性地交付尽可能高价值的产品。Scrum 同样适用于敏捷宣言和基本原则。Scrum 作为一个成熟的框架体系也拥有自己的核心价值观,比如承诺、专注、开放、尊重和勇气等。这些价值观本质上体现了一种敏捷文化。

Scrum 是目前主流的敏捷技术,有超过 50% 的市场份额。作为敏捷方法论框架,它不是具体的工程技术,可以适用于很多行业,不仅仅是 IT 领域。

Scrum 是来自敏捷实践的经验之谈,采用一种迭代增量的方式来优化项目管理对未来的预测和管理风险。Scrum 有三大支柱组成,即透明(Transparency)、监视/检查(Inspection)和适应(Adaptation)。

开发团队创造产品增量,他们是自组织和跨职能的。自组织团队可以自行选择如何以

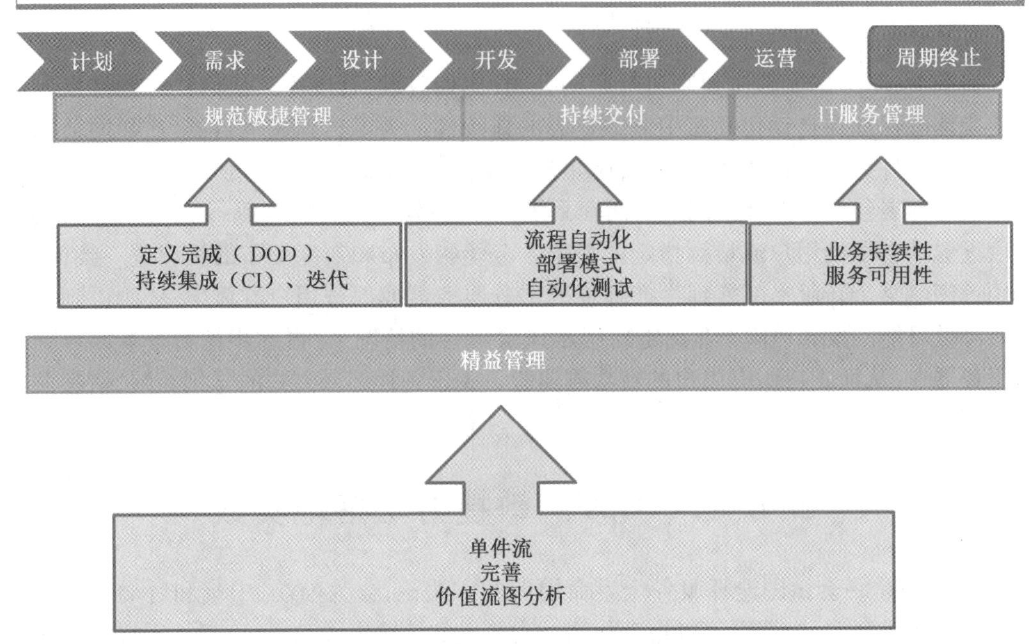

图 9-1　DevOps 框架图

最好的方式完成工作,比如团队决定多少用户故事或开发任务可以纳入本轮冲刺中,以及完成工作可能应用的具体技术或方法是什么。跨职能的团队拥有完成工作所需的全部技能,每个团队成员可从事不同类型的工作,比如架构概要或详细设计、开发、测试和部署等工作,他们作为一个团队具备完成所需产品的所有能力。

敏捷项目管理把原先以项目经理为中心的管控模式转变为通过有足够能力和充分“授权”的团队来实现既定的项目目标。从命令式的管理,逐渐加入以人为本的元素,强调项目团队成员的自组织,逐步建立相互协作、彼此尊重、勇于承担责任和开放互赢的团队文化氛围。

Scrum 有四种会议,分别是冲刺计划会议(Sprint Planning)、站立会(Standup)、冲刺评审会(Review)和冲刺回顾会(Retrospective)。

冲刺计划会议一般分为两部分:第一部分是产品负责人和研发团队开会,产品负责人负责解释用户故事,研发团队初步估算用户故事的相对工作量,并与团队一起选择本冲刺待完成的用户故事。第二部分是 Scrum Master 和研发团队开会,把用户故事拆分为具体的任务,

并估算具体每个任务的具体工时，把任务指派给相应地开发人员去完成。

站立会一般为 15 分钟，每个人回答三个问题："昨天做了什么？""今天将做什么？""目前存在什么问题？"障碍和问题一般不在会上当场解决问题，可以根据紧急程度安排在另一个恰当的时间找相关方开会讨论和解决。

冲刺评审会是由 Scrum 团队的所有成员参加，开发团队演示可能交付的产品特性给利益相关者和项目发起人。演示的反馈由产品负责人记录，转换为新的用户故事，纳入未来的冲刺开发。

冲刺回顾会是回顾本轮冲刺的内容，讨论哪些做得好、哪些还可以做得更好，以及哪些做得不好等议题。冲刺回顾会是敏捷项目管理的逐步完善思想的具体体现。比如团队需要重新设定关键岗位的职责或进一步优化敏捷流程的讨论，都可以作为冲刺回顾会的议题。

关于 Scrum 的框架全景图，详见图 9-2。

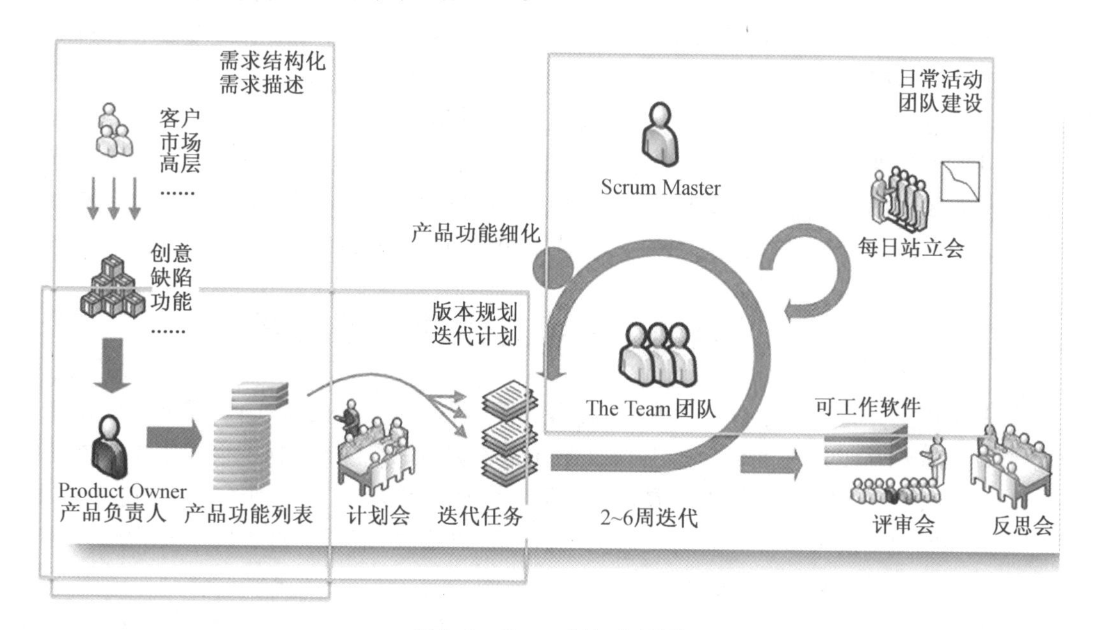

图 9-2　Scrum 框架全景图

以下是关于应用 Scrum 的更多实践总结：

①产品路线图：产品经理（产品负责人）团队共同拟定的不同特性（Feature），以及可能

的发布时间节点，即每个产品特性可能在一个时间区域内发布。

②产品经理负责确定界面原型和业务逻辑的细则，交付可能受到一些技术限制，因此需要和开发团队具体的协商和论证。

③敏捷实践也可以有架构师或技术专家的角色，从应用开发、平台优化以及移动接入等多个方面提供技术支持。技术架构设计的内容可以包括架构决策和组件关系等。

④用户故事属于产品订单或冲刺订单的一种，冲刺订单还可以包括紧急事件、测试故事（测试用例）和运营故事（非功能需求）等。由产品经理决定所有订单的优先级。

⑤用户故事或冲刺订单的估算效应用故事点为单位来计算，而不用每天写多少代码行来计算。每个用户故事所需的故事点数一般通过群体决策来决定，比如宽频 Delphi 或计划扑克的形式来共同决策。故事点的估算方法可以参考《敏捷估算》等相关书籍。

⑥开发人员在每次迭代中需要确保有足够的能力来完成自己主动认领的任务。一般要按照一定节奏开发，考虑到限制在制品（Work in Progress）。比如某软件公司通常进行两周的冲刺或迭代，在这两周内每个开发人员认领或被指定的工作大概为 7 天的工作量。开发人员可以张弛有度地完成本轮的开发任务，并且可以按需或随时做必要的代码重构工作。

⑦开发的周期时间是指从着手开始开发此特性到真正开发完成的时间段。部署的周期时间是从着手开始部署此特性到真正部署完成的时间段。Scrum 关注前者，DevOps 更加关注后者，自动化部署和交付到生产环境正是持续交付所要解决的问题。

9.7 DevOps 持续交付的落地实践

目前市面上介绍 DevOps 的书如雨后春笋般不断涌现，其中由 Thought Works 公司前首席咨询顾问 Jez Humble 写的《持续交付》一书非常著名，该书不仅提到了很多支持软件持续集成（自动化测试）和持续部署的工具（比如 Github，Jenkins 等），还提到了一些理念和原则，这些理念和原则我们可以统称为文化的范畴。一言以蔽之，持续交付不仅仅是指软件部署工具的自动化，还伴随一种文化的变革。

组织应用自动化工具的目的是缩短软件从需求到真正上线可用之间的周期时间（Cycle Time）。而组织内部部门间彼此协作和信任文化的建立在某种程度上也是提升软件交付工作在不同部门间协作的效能，减少不必要的消耗和浪费，从而缩短软件的交付周期。持续交付或 DevOps 所带来的打破部门墙的效果其实只是理应发生的附属物而不是其终极目标。

《持续交付》一书把持续交付的相关工作做了如数家珍式的讲解，该书的主要内容包括软件代码和部署脚本参数的配置管理、自动化测试、持续集成、持续部署、数据库管理和基于云环境的动态部署等。

其中最重要的概念就是部署流水线（Deployment Pipeline）。部署流水线是指一个应用程序从构建、部署、测试到发布整个过程的自动化实现。这种自动化实现也伴随着软件源码管理、环境配置和数据管理等相关内容，这些都是软件自动化部署的前提。软件自动化部署的能力是建立在软件源码以及数据环境的高度配置管理的基础上。组织的不善配置管理或配置管理成熟度不够高，往往导致企业在实施持续交付工作过程中步履维艰或浅尝辄止。

有效地部署流水线提升了部署各个环节从构建、测试到部署的可视化，加强了部署过程中每个环节的快速反馈，最终具备通过自动化的方式在任意环境部署软件的任意版本的能力，这就是真正意义上的持续交付的能力。

我们通常所说的一键部署就是指这种能力。这种能力的具备不是一蹴而就的，想做持续交付的企业需要不断地修炼内功。比如，要做到每日构建，针对每日构建的代码做到自动化测试，自动化测试的代码覆盖率可以如谷歌公司那样高达 85% 以上，我们强调代码的内建质量，不要把错误转到下一个环节。比如开发团队要做好充分的单元测试，不要遗留 Bug 给测试团队。再比如，我们需要定义每个迭代或发布的准出标准即定义完成（DOD），应用分布式版本控制系统（DVCS），数据库部署的脚本化（包括版本回退、新版本更新、不同版本间的切换都要自动化），严格控制部署的风险（比如采用蓝绿部署、灰度发布、金丝雀发布等良好实践），与云基础设施环境的高可用和资源弹性伸缩等能力相结合，充分实现从软件到基础设施环境的自动化部署、有效的容错机制和业务系统的自动化恢复。

总之，具备持续交付或 DevOps 能力的组织应该具备团队协作和信任的文化，从软件、数据库到基础设施的自动化部署能力，部署全过程的可视化和快速反馈，以及应用和数据库环境的快速故障恢复和版本回滚的能力，以实现业务部署的低风险、高价值和高业务的连续性。

9.8　DevOps 文化落地探究

《Effective DevOps（中文版）》一书介绍了 DevOps 文化如何落地，作者通过亲身经历对关于 DevOps 文化变革进行了详细阐述，使我们明确 DevOps 的落地不仅仅是自动化工具的搭

建,更需要结合文化变革一起落地。DevOps 的文化可以总结为知识分享、跨职能的协作、积极倾听和同理心、不断试错和不指责等。在书中列出很多生动的例子,介绍组织如何锻造其 DevOps 文化并成为高效技能团队的。

该书作者所在的 Etsy 公司的 DevOps 实践很好印证了 DevOps 不仅仅是一种软件开发和持续交付的方法论,更是一种文化变革使然。

Etsy 是一个销售手工艺品和古董的全球在线集市的公司。该公司在应用持续交付工具上也是业界楷模,通过应用 Github、Jenkins 集群和 Deployinator 等工具已经实现每次部署的前置时间(Lead Time)在 10 分钟以内,每天部署 60 次之多。在软件部署后可以通过 Nagios 工具监控可能出现的故障或问题,如果有故障或问题出现,则鼓励全员即所有人协同承担责任,建立公司整体的不指责文化,通过相互的协作帮助尽快解决故障或问题。

文化的锻造是一种移风易俗的改变,不是一朝一夕就能见成效的。持续的变革体现在组织日常运作的方方面面。比如软件工程师在刚入职到 Etsy 时就需要遵循通过 Github 管理个人本地代码,并实现每日构建的基本规则。Etsy 有 Mentor 制度,安排一个老员工与新员工进行结对编程,使新员工尽快熟悉日常工作中可能会使用的开发和测试过程。通过指导和协助代码审查等方式来帮助新员工成长。允许新员工犯错,提供一个高度信任的无指责环境,提倡感谢文化(每次故障解决时,受惠方都要说声“谢谢你”,并定期公开认可其他人的成就或贡献),不提倡英雄文化。

英雄文化在目前很多企业都存在。他们崇尚所谓的英雄,比如可以长时间工作,独立地排查故障,以及不断通过“救火”来彰显其能量。这种英雄文化的情况是不健康的,长时间的工作会导致对工作本身的倦怠。凡是希望成为“英雄”的人,他们会对自己的成就或收获更感兴趣,而对作为团队的一分子如何协同和有效地工作不感兴趣,对他人的意见置若罔闻。

Etsy 公司在 DevOps 落地方面基本实现 DevOps 理论倡导的四大支柱,即协作、亲密性(同理心)、工具和规模化。协作是通过支持多人的交互和输入构建一个特定结果的过程。开发和运维的协作可以提升软件交付的效率,且缩短交付的周期时间。亲密性和同理心使大家共筑组织或团队的整体目标,并且在整体目标下不断地分享专业和相互学习。工具只是加速器,起到推波助澜的作用,而不是必要的和唯一的选择。规模化是讨论不同规模的组织如何适用于 DevOps 的模式,当 DevOps 在某个小分队或部门形成标准化或成熟的实践,可以考虑适时推广到整个组织或整个产品交付的全生命周期。

Etsy 从一开始就是一个基于社区文化的公司,其清楚地指出公司的整个价值观,并刻意

地加以保持和小心地呵护。具体如下价值观及其理念是值得每个企业学习和借鉴的:

①建立部门协作和日常工作内容透明可视、同理心和重视人文的文化。

②立足长远规划和构建。

③重视产品工艺的工匠精神,内建质量。

④相信凡事都不能缺少趣味性,并把这种趣味性纳入激励的手段。

⑤一如既往的臻于至善。

9.9 浅谈 Google 的典型 DevOps 落地探究

在当今的互联网企业,可以称得上翘楚的有谷歌、亚马逊、苹果和 Facebook 等,其中最为耀眼的明星非谷歌莫属,因其正在维护一个世界规模最大的颇为强健的分布式系统而备受 IT 届瞩目,其分布式基础架构已经达到几百万台服务器的稳定分布式架构。

谷歌在自动化运维方面有何过人的禀赋,下面进行评详细阐述。

(1)谷歌建立独树一帜的运维体系,称为 SRE(Site Reliability Engineering)。谷歌运维团队的高级副总裁是 SRE 模式的发明人。

(2)SRE 团队目前有上千人,维护很多我们耳熟能详的互联网产品,其中包括 Gmail、Web 搜索服务和全球存储服务等。SRE 非常关注系统的可靠性,SRE 中的 R 就是 Reliability 的英文缩写。

(3)SRE 团队的总体职责是可用性改造(可用性管理)、延迟优化(精益思想)、性能优化和容量规划(容量管理)、效率优化(持续改进)、变更管理、监控(事态管理)和紧急事务处理(事件管理)。

(4)SRE 工程师深度参与谷歌很多分布式系统(如 Gmail)的开发阶段的工作。SRE 工程师在系统的设计评审中会认真推演各种灾难场景,考虑各种非功能性需求实现的可能。非功能需求可以是安全、灾难恢复、可用性和系统易用性等诸多方面。

(5)SRE 工程师在日常的运维例会中会讨论如何消除和防范事故的可能性,通过优化各种警报策略并增强自动化功能来有效辅助高效的运维管理。其自身也需开发很多能够支持自动化运维的工具和脚本,通过工具和脚本自动处理和解决运维过程中突发的任何故障和问题。

(6)SRE 工程师同样会精心维护团队的各种文档和项目源代码,互联网公司的配置管理系统、知识管理系统和组织过程资产也一样不会少。

(7)谷歌将 SRE 团队的运维工作严格限制在 50% 警戒线上,他们另外 50% 的工作量会投入到研发项目上。如果发现某个阶段运维压力过大,会将开发团队成员加入到轮值 On-call 体系中共同承担轮值运维压力。

(8)谷歌的很多运维准则是值得借鉴的。比如在 8 ~ 12 小时的 On-call 轮值期间最多只处理两个紧急事件。保持紧急事件过程处理的质量和事后的有效总结。

9.10 某互联网公司的 DevOps 落地探究

DevOps 的落地需要以自动化测试和部署为主的工具,比如我们耳熟能详的持续集成工具 Jenkins、分布式(DVCS)版本控制的工具 Git 和运行状态监控工具 Nagios 等。企业可以通过这些工具链开发属于自己的微服务,并把微服务部署到 Docker 容器上。

以下是来自澳大利亚某公司的 DevOps 工具链示例:

- 代码仓库:Github 企业版。
- 构建和部署工具:Buildkite 和 Jenkins,还有 Bamboo。
- 容器平台:微服务用 Docker 进行打包。
- 环境:公司核心 Service 部署在 AWS(Amazon Web Services)中,有独立的测试、开发、预生产和生产的云环境,彼此安全隔离。
- 日志管理:Splunk。所有微服务的日志都能够通过 Splunk Agent 发送到集中的 Splunk 服务器,以方便程序员 Trouble Shooting。完全避免了登录到不同的机器收集 log 的窘境。
- 监控:使用 AWS Cloudwatch 监控 AWS 的服务,比如某个 SQS 对应的 dead-letter queue 是不是收到了消息,或者 AWS Lamda 执行是不是有错误等;NewRelic 用来监控网络和设备的性能;Nagios 提供服务可用性监控,提供心跳 API 供 Nagios 的主动模式使用;通过设置接收相应的消息格式,Nagios 也可以使用被动模式监控微服务。一旦无法 Ping 通某个微服务或者在一定时间内没有收到微服务的消息,那么会马上产生一个 PagerDuty 告警来通知相关人员。
- 告警:PagerDuty。前面提到的监控工具都可以配置相应的条件来产生告警,产生的告警都会通过 PagerDuty 用邮件、Slack、电话和短信的方式通知给当时的值日人员。PageDuty

虽然是全天24小时运行,也只有极少部分高优先级的告警才会在非工作时间发出。

- 协同工作:Leankit。

9.11　DevOps应用云平台技术

在当下很多组织中,涉及数据中心的IT基础设施的变更简直就是一场噩梦,由于变更可能会导致诸多问题,比如在机房停电维护后重启的服务器硬件会偶发异常损坏,服务器的操作系统由于打了存在技术债务的补丁从而导致系统的异常宕机或运行在服务器上的应用的不稳定情况时有发生等诸多情况。

为了应对IT基础设施的脆弱性,很多组织考虑采取自动化变更管理的流程,最好通过技术手段把日常我们认为重大的变更或正常变更变成标准变更,尽可能降低变更的风险和使IT基础设施的脆弱性得以减轻。

那么如何才能做到这一点?随着虚拟化和云计算的技术越发成熟,虚拟机的部署和网络设备的配置越发自动化,基本都可以通过预设的程序脚本调用得以实现。近几年,一种思潮逐渐引起大众的关注,那就是"IT基础设施即代码"。在理想的情况下,基础设施环境可以通过应用脚本或程序,根据实际的业务需要动态的部署、测试乃至发布到生产环境,做到一键部署和一键回滚的神奇效果,这种效果与DevOps所提倡的逐步消除生产系统的脆弱性的理念不谋而合。因此,可以得出这样的结论:DevOps的持续交付的能力主要体现在两个重要方面,一方面就是通过像Jenkins或国内的云软件来打造从软件提交到代码库到软件实现真正部署的自动化部署流水线,另一方面就是通过拥有"IT基础设施即代码"的云平台(比如华为云、阿里云或亚马逊云)提供的自动化脚本实现IT基础设施的动态资源部署、回收和异常回滚。当然,成熟的部署流水线商业软件和云平台所提供的自动化脚本不仅可以实现对待发布的软件产品或IT基础设施的动态部署和资源回收,还可以实现对产品的版本控制(原先属于配置管理流程的范畴)、变更跟踪(属于变更管理流程的范畴)、复杂问题的分析(属于问题管理流程的范畴)的自动化处理。

谈到云平台,目前华为、腾讯、阿里巴巴或亚马逊的云在中国已经风生水起。云作为一种IT服务交付的实体,它应该是有既定的特性标准的。国际的标准和技术委员会(The National Institute of Standards)特意针对云平台常见的五个特性进行了经典的总结。

(1)按需的自服务(On-demand Self-service)。

提供无人值守的动态 IT 计算、存储和网络资源的按需提供和回收。

(2)宽泛的网络接入(Broad Network Access)。

提供基于桌面云的瘦客户端(Thin Client)和传统 PC 客户端(Thick Client)的无缝接入访问。

(3)资源池(Resource Pooling)。

以资源池的形式提供按需的资源共享,共享 IT 资源给多租户的用户,即充分实现云平台软件即服务(SaaS Software As a Service)的多租户模型(Multi-tenant Model)的交付方式。

(4)快速的弹性伸缩(Rapid Elasticity)。

池化的 IT 资源可以通过云平台所提供的自动化脚本或程序实现资源的快速部署和弹性收回。客户或终端用户不必考虑资源的容量,只需考虑资源的动态需求。资源的动态满足完全可以通过云平台的技术交付能力的按需实现。

(5)度量服务(Measured Service)。

即根据动态的客户或用户的需要提供针对不同类型用户的计费能力,达到按需收费的目的。

总之,DevOps 理念中关于消除生产系统的脆弱性的美好愿望随着更多自动化技术的不断涌现在不久的将来越发成为可能。很多还沉浸在数据中心或机房变更梦魇的企业可以逐步尝试 DevOps 所提倡的“部署流水线”和“IT 基础设施即代码”在其组织实现的可能性,这是一种机会风险。在数字化转型的大潮下,企业交付的往往都是以 IT 为代表的数字化产品。DevOps 就是要实现数字化产品的快速价值交付,消除产品所在生产系统的脆弱性。企业在实施 DevOps 的成功也预示着企业打造其在竞争市场的商业价值的成功。

9.12 DevOps 应用微服务架构

目前,DevOps 已经发展为基于微服务架构的持续交付,以容器为单位的灰度发布和业务连续性管理。而微服务架构可以基于虚拟化及云计算平台通过实现单个系统的基于组件级的服务化,降低开发和运维之间切换的门槛。

微服务是一种架构模式,它可以作为传统基于面向服务架构(SOA)的一种变体。微服务提倡将单一应用程序划分成一组小的服务,而服务之间可以互相协调和互相配合,共同为终端用户提供必要的产品使用价值。每个服务运行在其独立的进程中,服务与服务之间采

用轻量级的通信机制互相沟通(通常是基于 HTTP 的 RESTful API)。每个服务都围绕着具体业务进行构建,并且能够被独立地部署到生产环境和类生产环境等中。对具体的一个服务而言,应根据系统上下文,选择合适的语言和工具对其进行构建。

微服务架构是相对于传统开发的单体式架构(Monolithic Architecture)而言的。单体式架构也称巨石型架构,是所有功能或组件都打包在一起进行发布,此发布包通常包含数据输入/输出、数据处理、业务实现、错误处理、前端显示等所有逻辑。

这样的发布方式很少有外部软件的依赖,说明单体式架构也是有优点的,比如开发团队的组织架构简单,便于集中式管理,避免重复开发的问题。并且所有功能都集中在本地,不存在分布式的管理和调用损耗。但是这个架构的缺点也是很明显的,比如开发人员更新代码会受到彼此限制,经常需要相互等待对方的功能更新,代码入库时的冲突不断,造成极高的开发成本。另外,维护难,各个模块的代码都耦合在一起,没有经验的新人不知道从何下手,而一旦出现软件 Bug,就需要大改。并且构建时间过长,任何一个小量级的修改,都要重构整个项目,编译非常耗时。还有一个缺点就是稳定性差,一个微小的问题都可能导致整个进程崩溃,使得整个应用程序无法工作。扩展性不够也是一个缺点,难以分布式部署和扩容,无法满足高并发下的业务需求。而且一旦业务范围扩展或者需求有所变化,就难以复用原有的服务,必须重新开发。

单体式架构一般适用于企业刚起步时,业务规模小,开发团队规模也小,通常开发出来的系统是单块的。随着业务的扩大,团队规模也会随之扩大,这个时候多团队组织架构和单块系统架构之间就会产生不匹配问题(沟通协调成本增加,交付效率低下等)。如果不对单块架构进行解耦合调整以适应新的团队沟通结构,就会制约组织生产力和创新速度。把单块架构按照业务和团队边界进行拆分,重新调整为模块化分散式架构(微服务架构是一种方案),那么组织团队沟通结构和系统架构之间又能匹配起来,各个团队才能够独立自治地演化各自的子系统(微服务),这种架构的解耦合调整可以解放组织生产力和提升创新速度。

微服务架构的优点和缺点都很明显。

优点是:①部署、回滚变得更快、更简便。②每个服务都可以单独扩容。在需要发布新功能时,可以用插件的形式添加到系统中而不需要重新部署整个系统。③提供基于接口的集成方式,而不是以数据库的方式同其他服务集成。

缺点是:①增加了不同团队之间交流成本的提高。②基于微服务架构的分布式系统的

测试和管理复杂度大幅度提高。③分布式部署会给团队的 DevOps 能力提出更高的要求。

由此可见,微服务是个很好的架构,它加速了持续集成和持续部署的实现方式,前提是你的团队已经具备很理想的 DevOps 实践能力和沟通协作要求。

9.13　DevOps 应用自动化部署方式

以下介绍一下 DevOps 在软件部署层面已经经过检验过的良好自动化部署实践或做法大全,这些 DevOps 的部署实践也与 ITIL 4 技术管理实践的部署管理实践相吻合。

9.13.1　蓝绿部署

蓝绿部署(Blue-Green Deployment)强调在生产环境同时有两套版本,一个叫作“蓝环境”一个叫作“绿环境”。当需要发布新版本应用时,发布部署的机制是一次只布部署新的软件版本到一个系统环境中,比如把新的软件版本部署到蓝环境中,让新版本的应用程序先热一下身,至于热身的时限可以由应用所在的行业或企业自行决定。由于只在蓝环境做新版本的发布,绿环境不会受到影响。我们可以在蓝环境上运行“冒烟测试”,检查蓝环境的正常情况。如果情况正常,通过网络的路由设置来切换原先在绿环境的用户流量到蓝环境中。这样,蓝环境就成了主要承载生产运营和用户访问流程的生产环境,如果蓝环境突发异常情况,路由设置会再次自动启动,把原先在蓝环境的用户流量瞬间再切回到之前的绿环境版本中。这种流量的切换就是发布的过程,通过蓝绿部署的机制来确保业务的连续性的需求能够长期被满足。

另外,在蓝绿部署中还要有一个需要处理的问题,即在两个环境切换时,针对正在进行的业务交易事务处理,应该如何保证业务数据交易的前后的一致性的问题。一般来讲,蓝绿环境的切换不是在瞬间完成的。我们基本遵循的一般操作就是在切换过程中所遇到的全新的业务交易请求直接被导向到新版本的环境中,不再允许访问旧版本的环境。对于那些在切换发生时尚未返回结果的旧的请求,旧版本的环境允许其访问完成,之后不再接收新的请求即可。

图 9-3 是关于蓝绿部署的示意图。

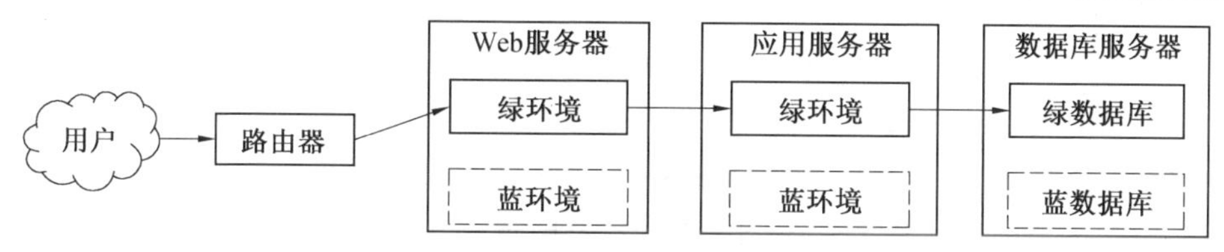

图9-3 蓝绿部署图

9.13.2 金丝雀发布

金丝雀发布(Canary Release)的名字很是好听。以前矿工在下井采矿之前会把一种名叫金丝雀的鸟儿投入或携带到矿井中,如果鸟儿能够从矿井中飞出就表示井下有氧气,矿工就可以安心下井采矿了。通过这个故事我们可能已经猜到金丝雀发布的含义了。所谓金丝雀发布,就是把应用程序的某个新版本部署到生产环境中的部分服务器中,从而快速得到反馈。就像通过金丝雀发现矿井是否有氧气一样,金丝雀发布可以快速而有效地发现软件新版本存在的问题。

在互联网公司流行一种说法叫作灰度发布,其实金丝雀发布和灰度发布的机理是一致的,即把应用程序的某个新版本部署到生产环境的部分服务器或部分用户群体中,从而得到快速反馈并降低可能的发布风险。我们可以把金丝雀发布可以理解为灰度发布的初始级别。灰度发布可以把发布分成不同的阶段,至于划分为几个阶段或每个阶段包括多少用户由具体组织的情况而定。

比如腾讯公司为了验证其QQ或微信的新特性是否能够受到市场的青睐又不至于造成广大用户针对此新特性的负面评价,该公司往往采用灰度发布的做法,先把新特性按照不同的阶段或周期推送给其所谓的粉丝级用户群,在获得正面反馈后,再进入下一个预设阶段的推送,确保分批地把新特性推给更多目标用户。在确定新的软件特性在风险可控的情况下,再逐步部署到全部的服务器上,从而支持所有用户针对新特性的新体验。

图9-4是金丝雀发布的示意图。

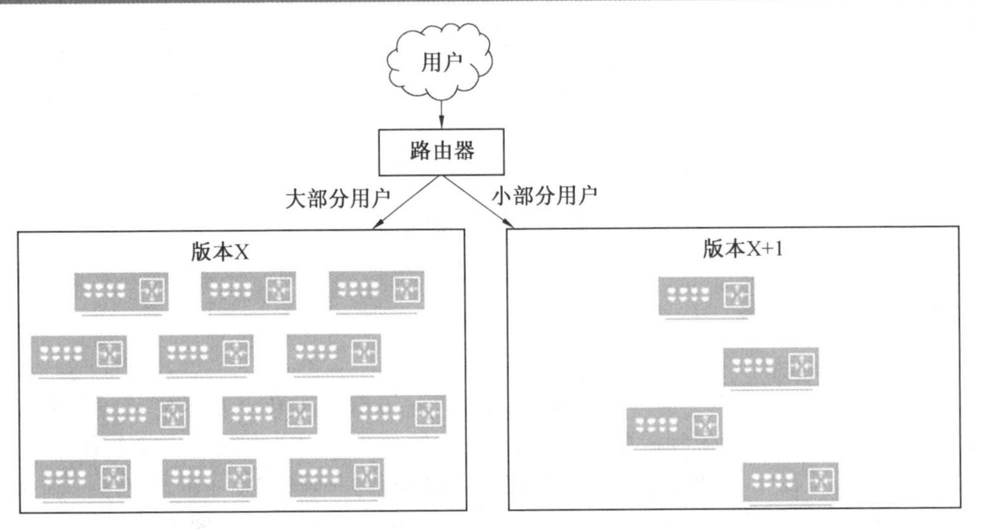

图 9-4　金丝雀发布图

金丝雀发布是目前比较流行的 A/B 测试的一种形式。A/B 测试是一种有时间限制的实验。企业为特定用户或用户群组提供当下产品或服务的较旧版本，与此同时，提供另一组用户包含新产品或服务特性的新版本。假设影响两个试验组的所有其他因素都是相同的，在这种情况下进一步比较两组的绩效度量值，比如针对不同特性的日活用户留存度和客户转化率等，收集有用的绩效数据来选择更有价值的特性，辅助产品或服务提供商基于价值的决策行为。

9.13.3　滚动部署

滚动部署（Rolling Deployment）是指从服务器集群中选择一个或多个服务单元，停止服务后执行版本更新，再重新将其投入使用。如此循环往复，直至在集群中所有的服务实例都更新到最新版本。与蓝绿部署的方式相比，它更加节省资源，而不需要准备两套一模一样的服务运行环境。因此，在同样业务量的情况下，这种部署方式所需服务器的数量会比蓝绿部署少一半。

当然，少的资源投入可能会存在功能的局限性。滚动部署无法像蓝绿部署那样直接通过控制流量切换的负载均衡器的动态设置来实现动态的环境切换。滚动部署所采取的回滚

方式只能是针对特定服务器从新版本回退的旧版本。

9.13.4　暗部署

暗部署(Dark Launch)是指软件特性在正式发布之前,先将其第一个版本部署到生产环境。通过应用“开关”技术,使用户在无感的情况下应用新特性的功能,软件提供商通过收集用户的实际操作记录获得针对这个新特性的反馈数据。

当然,发布新特性,使用户无感还是比较难做到的。新特性所针对软件的改变通常不体现在用户经常使用的界面按钮的调整,更多的是后台交易逻辑或算法层面的调整。下面以一个具体实例来说明暗部署的工作原理。

某互联网公司重新开发了一个在线新闻推荐算法,希望能够为其用户推荐更多和更好的新闻内容。但是,由于此算法相对于以前算法的复杂度较高,提供算法的公司需要搜集该算法的执行效果。基于这种需求,就可以应用暗部署的方法,为这个算法配置一个开关,并将其部署到生产环境中。当针对这个算法的开关打开时,用户的访问流量就会触发这个新算法的执行。通常用户并不知道其此次访问所调用的算法的新旧。如果这个算法在大规模用户并发情况下的性能不好,就可以马上关闭这个算法所对应的开关,让用户使用原来的算法。

总之,不论是蓝绿部署、金丝雀发布、滚动部署还是暗部署,都体现了 DevOps 确保在发布部署过程中价值交付的最终达成。并且软件部署不能以牺牲业务连续性为代价,DevOps 通过蓝绿部署和金丝雀发布等绝佳的办法成功实现了频繁的自动化部署和持续保持高业务连续性的完美结合。关于更多的 DevOps 实践的案例介绍,请参考笔者的另一本书《ITIL 与 DevOps 服务管理案例实践》,关于更多的敏捷开发方法论的介绍,请参考《PMP 项目管理与敏捷实践》一书。

9.14　DevOps 落地的绩效度量

DevOps 是研发运营一体化的方法论,通过促进 IT 专业人员与业务人员之间的协作和自动化工具链等方式,缩短从软件需求到产品交付的周期时间。DevOps 将应用的需求、开发、测试、部署和运营统一起来,从而实现敏捷开发、持续交付和 IT 运营的无缝集成,帮助企业

提升 IT 效能，在保证业务连续性的同时，快速交付高质量的软件及服务，以应对快速变化的业务需求和市场环境。

DevOps 具体落地实施的效果图如图 9-5 所示。

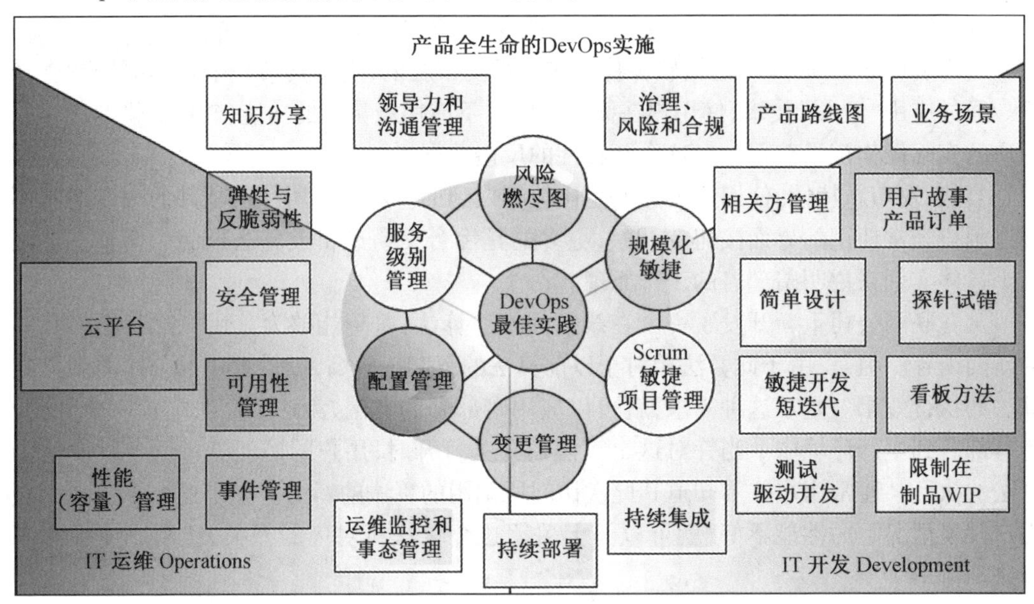

图 9-5　DevOps 实施效果图

业界很多 DevOps 顾问建议的 DevOps 的落地实施步骤如下。

(1)流程改进。通过精益思想的价值流图分析，发现当下流程的低效和浪费的环节，对现有流程进行优化，尝试采取更加精益和杜绝浪费来持续提高流程执行的效率。

(2)工具自动化。把持续优化好的流程固化到自动化工具上去实现流程执行的自动化，比如通过 Jenkins 等工具实现组织的持续集成和自动化测试流程。

(3)平台及环境。基于自动化工具的基础，打造一个从需求到上线各应用搭建持续部署流水线平台，拥有持续交付的能力。

(4)文化。实行组织变革，塑造团队彼此信任、沟通、协作的文化氛围。

以上实施步骤是阶梯性的，大家可以尝试逐一实施。如果我们真的开始实施了，如何判断是否有效实施了 DevOps？以下关键绩效指标是评价贵组织实施 DevOps 效果是否落于实处的不二法门。

(1) 软件迭代的周期是多长时间？最好是每 2 ~4 周进行一次迭代。

(2) 软件的发布频率、持续集成和持续部署的周期(Cycle Time/Lead Time)是多长时间？最好做到每日构建和持续集成，一天发布数十次之多。

(3) 发布和变更的成功率是多少？最好发布和变更的成功率为 100%。

(4) 故障的自动恢复和解决时限的办法是什么？最好利用高可用的云环境，实现以秒级恢复。

实施 DevOps 较为充分的企业应有的一个良好状态：

(1) 基本完成核心系统的架构解耦，从传统面向服务的架构(SOA)转为微服务的架构。

(2) 应用敏捷实践，制定产品愿景和产品路线图，通过用户故事地图的形式把产品待办事项分级为史诗故事、特性和用户故事。

(3) 应用敏捷迭代开发方法，把特性或用户故事纳入具体迭代进行增量交付。产品负责人与研发团队共同制定并认同统一的迭代目标，由研发团队一起把特性或用户故事分解为更小的任务。通过看板等低科技和高接触的可视化信息源来及时反馈任务的达成情况，以渗透式沟通的形式，共同解决可能的问题或阻塞。

(4) 产品特性的增量功能的前置时间(Lead Time)最好小于或等于一个发布周期，一个发布周期通常是由一到多个迭代周期组成的。前置时间为从产品需求获取到最终上线的周期时间。

(5) 成熟的配置管理和版本管理工具，确保发布到生产环境的二进制代码可以不加修改的部署到任何环境中。基于支持不同环境的配置文件的设置来适应不同运行环境的特殊性需求。

(6) 单元测试和回归测试所遍历的代码覆盖率达到 90% 以上。应用同行评审和静态代码测试等工具来增加测试的有效性。

(7) 具有每日可按需部署数次的持续交付能力，通过蓝绿部署和金丝雀发布等技术手段来提高部署的有效性，即所谓强化业务的反脆弱能力。

(8) 通过自动化运维监控捕捉可能的脆弱和隐患，从工具层面做到即时反馈，并自动调

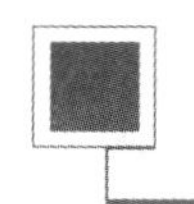

用恢复脚本来保障业务连续性。即风浪来临时,可以确保企业的业务大船稳步前行。

(9)通过对整个部署流水线的可视化管理,促进各个团队之间更好的通力协作,在感到安全的环境下提出问题和发表创新观点,营造彼此信任与不指责的文化氛围。

(10)企业可以实现 DevOps 最终价值目标。

①缩短有价值的软件或服务投放市场的时间。

②内建质量,降低软件或服务生命周期的技术债务(Technical Debt)。

③增强持续性提供服务的能力,即消除服务的脆弱性(Eliminate Fragility)。

第10章 ITIL 4 认证考试

ITIL 能够帮助 IT 管理人员突破技术思维，运用流程管理的思想促进 IT 与业务的整合。正是这一点，使得 ITIL 认证能够风靡全球。对于个人以及整个企业的发展来说，ITIL 认证具有以下诸多好处：

(1)了解当前 IT 服务管理的定位和未来 IT 服务管理领域的发展方向。

(2)帮助个人实现从技术专家向 IT 服务管理专家的转变，提升个人职业发展平台。

(3)突破单一的技术思维，学会用流程的方式处理 IT 服务管理运作过程中产生的诸多非技术问题。

(4)降低企业自身培养 IT 管理人员的成本，更有利于促进技术、流程和人的标准化，从而最终实现 IT 服务支持和提供过程的标准化。

(5)有利于企业和个人对 IT 服务管理的正确认知。

目前针对 ITIL 4 的认证分为基础级、中级和高级。ITIL 4 的基础认证考试一般在 60 分钟内回答 40 个单项选择题，选择题的出题范围主要是关联 ITIL 的基本概念。ITIL 4 中级认证考试一般在 90 分钟内回答 40 个单项选择题，选择题的出题范围主要是关联 ITIL 4 的应用实践。目前在国内比较流行的考试的语言版本是中文和英文。如果想要通过 ITIL 基础认证考试，应试者就必须答对 26 道题以上。如果想要通过 ITIL 中级认证考试，应试者就必须答对 28 道题以上。

如果你通过 ITIL 基础认证考试并成功获得 ITIL 4 初级认证，其中相当比例的学员对 ITIL 4 的中高级认证考试很感兴趣。关于可以参加的 ITIL 4 中级考试认证科目，详见如图 10-1 所示的 ITIL 认证框架路线图。

如果你已经是 IT 经理级别或是 IT 技术专业人士，可以考虑参加此框架图左边建议的中级培训课程及参加相应的考试，即通过四个中级认证就可以获得 ITIL® 4 管理专家级(ITIL® Managing Professional)证书，此证书为 ITIL 4 的高级证书，相当于 ITIL® V3 版的专家证书。该证书所关联的四个中级模块名称分别是 CDS、DSV、HVIT 和 DPI。

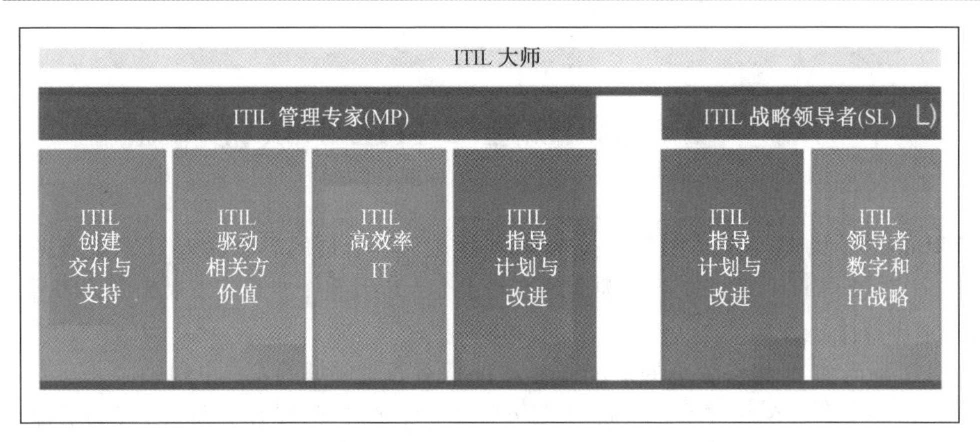

图 10-1　ITIL 4 认证路线图

CDS 的全称是 Create Deliver & Support，该模块提倡打造协作的文化、自组织和互助式的团队，同时实现 ITIL 4 的运营模型服务价值链（SVC）核心活动的快速交付。CDS 针对需要全新交付的服务或当下需要提供持续的用户支持的服务等诸多场景进行诠释和解读，力求通过快速交付或系统快速恢复的形式实现价值的快速交付。DSV 的全称是 Drive Stakeholder Value，该模块在强化客户关系的基础上，打造端到端的服务价值交付流程，即从客户原始需求到价值实现的全流程的诠释。HVIT 的全称是 High Velocity IT，该模块力图应用数字化技术达成数字化转型企业的快速交付价值的目的，即在满足一定质量要求的基础上以短迭代的方式实现产品的快速上线，同时兼顾产品运营层面的合规性、产品服务的高可用性和业务连续性等内容。DPI 的全称是 Direct Plan & Improve，该模块考虑在综合治理的框架下，以及在风险和合规性可控的环境下如何实现组织的变革和服务改进等诸多事宜，DPI 模块与时下比较流行的组织变革的内容密切相关。

ITIL® 4 除了管理专家级证书外，还有适用于组织数字化转型的战略专家级（ITIL® Strategic Leader）证书。在你获得管理专家级证书或通过 DPI 模块后，只要再考一门 DITS 模块就可以获得此证书。DITS 全称是 Digital & IT Strategy，此模块是为推进数字化转型的专业人才量身定制的。

ITIL® 4 的每个中级模块都各有侧重点，通过中级模块的系统学习，你会对 ITIL® 4 的管理实践有更加深入的理解。每个顺利通过 ITIL® 4 中级模块考试并成功拿到 ITIL® 4 高级证书的专业人士，必将为你所在组织顺利承接第四次工业革命赋予 IT 的全新使命做好了相当

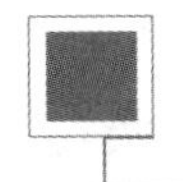

充分的理论准备。

企业或组织在考虑落地 ITIL 4 时也可以按照分阶段和分层次的落地。建议 ITIL 4 的落地可以有如下四个层次,映射 ITIL 4 认证考试的四个级别。第一个层次是“传统”,属于“初级”;第二个层次是“进取”,属于“中级”;第三个层次是“创新”,属于“高级”;第四个层次是“跨越”,属于“大师级”。下面分别介绍一下这四个层次的特点,仅供参考(表 10-1)。

表 10-1　ITIL 4 落地的四个层次

层次	主要特点及好处	主要问题	备注
1. 传统 (初级)	按传统的 ITIL 落地方式,上服务台、故障管理、变更控制等实践,能对单位的 IT 环境进行基本的管理。这种方式很多人都熟悉,所以实施起来就比较容易	这是 ITIL 最传统的落地方式,很多单位十几年前就这样了。在这种情况下,IT 只是对业务部门/用户提供支持,不是提供服务	这其实就是 ITIL V2 运营层面的内容,再进一步还可以有问题管理和配置管理实践
2. 进取 (中级)	比较传统的 ITIL 落地方式,但会增加服务级别管理、可用性管理、容量和绩效管理等实践,使企业的 IT 服务管理不仅关注于目前的情况,还能预测将来的情况	虽然 IT 部门有了服务的意识,但 ITIL 4 的优势还是没有用上。ITIL V3 或 2011 版给企业 IT 部门的定位是“为业务服务”,而 ITIL 4 给企业 IT 部门的定位是“驱动业务的发展”	这其实就是 ITIL V2 运营层面+战术层面的内容,还是没有跳出 ITIL V2 的范畴
3. 创新 (高级)	真正的 ITIL 4 落地,通过搭建 ITIL 4 的服务价值系统(SVS)来实现价值共创。工作的主线是价值流,它能把价值链活动、实践和角色等串起来,以最低的成本为消费者提供满意的服务,并让各利益相关方都能从中得到好处	这种方式只适合于已经完成数字化转型或正在进行数字化转型的企业,而且必须得到企业一把手的支持	ITIL 4 本身就是一个面向数字化时代服务管理的框架。所以,它最适合在数字化经营的企业落地

续表 10-1

层次	主要特点及好处	主要问题	备注
4. 跨越（大师级）	把 ITIL 4 用于整个企业的管理，而不仅仅是服务管理。ITIL 4 有 14 个一般管理实践，其中包括项目管理、风险管理、服务财务管理、供应商管理、劳动力和人才管理等；还有 17 个服务管理实践和 3 个技术管理实践，再加上指导原则、治理、服务价值链和持续改进等组件，完全可以管理整个企业	这种方式需要几个前提条件：(1)企业负责人是一个狂热的 ITIL 追捧者；(2)企业的规模不能太大，中小企业比较合适；(3)最好是一个民营企业，老板说了算，而且有持续性	ITIL 4 的框架是完全可以用来管理一个企业的，因为它的内容非常全面，从战略到战术到运营，从市场到销售到技术，从机会/需求到设计/制作到交付/支持，ITIL 4 全部都能覆盖

ITIL 初级考试试卷样题

问题 1．所有价值链活动如何将输入转化为输出？（　　）

A．通过确定服务需求

B．通过整合多项实践

C．通过单一职能团队

D．通过实施流程自动化

问题 2. 下列哪项要考虑公正和透明？（　　）

A. 容量管理

B. 治理

C. 服务设计

D. 服务级别管理

问题 3. 下列哪一项可以帮助确定问题的影响等级？（　　）

A. 最终介质库（DML）

B. 配置管理系统(CMS)

C. 需求声明(SOR)

D. 标准操作手册(SOP)

问题 4. 下列哪一项不是问题管理的目标?(　　)

A. 减轻不可预防故障的影响

B. 防止问题及导致故障的发生

C. 消除重复发生的故障

D. 尽可能快地恢复正常服务运营

问题 5. 功效(Warranty)保修的定义是什么?(　　)

A. 通过实施一项活动而产生的有形或无形的交付物

B. 产品或服务符合约定 SLA 的证明

C. 可能造成伤害或损失,或使目标更难实现的事件

D. 产品或服务为满足特定需要而提供的功能

问题 6. 服务始终交付给客户的应该是什么?(　　)

A. 应用

B. 基础架构

C. 价值

D. 资源

问题 7. 下列哪一个是事件管理的主要目标?(　　)

①自动化检测影响服务的事件

②尽可能快地恢复正常服务运营

③最小化对业务运营的消极影响

A. 只有 ① 和 ②

B. 只有 ② 和 ③

C. 只有 ① 和 ③

D. 以上都是

问题 8. 下列哪一项是术语“服务管理”的最佳定义?(　　)

A. 用于以服务的形式为客户提供价值的一套专门(特定)的组织能力

B. 一组相互关联、相互作用或是相互独立的组件,为共同的目的而形成的统一整体并共

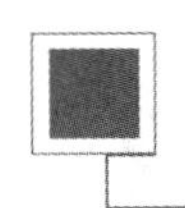

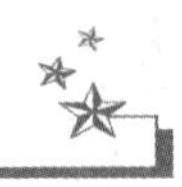

同运营

C. 组织内执行特定活动的功能管理

D. 执行特定活动的角色所组成的组织部门

问题 9. 下列哪项是为客户创建价值的两个主要元素？（　　）

A. 投资价值（VOI），投资回报（ROI）

B. 客户及用户满意度

C. 理解服务需求及功效

D. 功用及功效

问题 10. 什么团队应该审查那些必须比正常变更要更快地实施的变更？（　　）

A. 技术管理（TM）

B. 紧急变更顾问委员会（ECAB）

C. 紧急变更委员会（UCB）

D. 紧急变更授权人员（UCA）

问题 11. 下列哪一项最好地描述了服务请求？（　　）

A. 用户对信息、建议或标准变更的请求

B. 客户想要而且准备为此而付费的所有事情

C. 由用户通过基于 Web 的自助窗口输入所有请求和需要

D. 具有低风险而且无须通过变更顾问委员会（CAB）会议，可以由变更经理批准的所有变更请求（RPC）

问题 12. 下列哪一项可以从使用配置模型中受益？（　　）

①评估故障和问题的影响及原因

②评估提议的变更的影响

③规划和设计的或变更的服务

④规划技术更新和软件升级

A. 只有 ①②③

B. 以上各项都是

C. 只有 ①②④

D. 只有 ③④

问题 13. 服务战略的内容有助于回答下面哪一个问题？（　　）

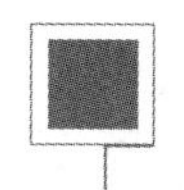

① 我们应该提供什么服务和提供给谁?

② 我们应该如何和竞争对手对比?

③ 我们该如何真正为我们的客户创造价值?

A. 只有 ①

B. 只有 ②

C. 只有 ③

D. 以上都是

问题 14. 新服务请求的工作流应该如何设计?(　　)

A. 所有类别的服务请求使用单一工作流

B. 各类服务请求使用不同工作流

C. 简单服务请求免用工作流

D. 尽可能使用现有工作流

问题 15. 哪个实践负责控制、记录和报告 IT 基础架构的组件相关的版本、属性及关系?(　　)

A. 服务级别管理

B. 变更管理

C. 事件管理

D. 配置管理

问题 16. 下列哪项是对运营级别协议(OLA)的最佳描述?(　　)

A. 服务提供商和同一组织中的其他部门之间的协议

B. 服务提供商和外部组织之间的协议

C. 用来为客户描述服务是如何日常运营的文档

D. 为运营人员描述业务服务的文档

问题 17. 下列哪一项通常应该包含在与客户签署的服务级别协议(SLA)合同中?(　　)

① 市场信息

② 合同描述和范围

③ 职责和依赖性

A. 只有 ①②

B. 只有 ①③

C. 只有 ②③

D. 以上各项都不是

问题 18. 下面哪一个有关事件(故障)报告和记录的陈述是正确的?(　　)

A. 故障只能由用户报告,因为用户是唯一知道什么时候服务中断的

B. 故障可以由任何人检测到服务中断或潜在中断报告,包括技术员工

C. 所有服务台的呼叫必须作为故障记录下来,辅助作为服务台工作的报告

D. 技术员工报告的故障必须作为问题来记录,因为技术员工管理基础设施而不是服务

问题 19. 下面哪一个不是“信息和技术”维度的重点?(　　)

A. 安全性和遵从性

B. 通信系统和知识库

C. 工作流程管理和库存系统

D. 角色和职责

问题 20. 哪个指导原则建议将工作组织成更小的、可管理的、可以及时执行和完成的部分?(　　)

A. 注重价值

B. 从你现在的位置开始

C. 有反馈的迭代式进展

D. 合作并提高知名度

问题 21. 组织中每个人的职责是什么?(　　)

A. 服务水平管理

B. 变更控制

C. 问题管理

D. 持续改进

问题 22. “服务台”所提供服务的目的是什么?(　　)

A. 通过确定事件的实际和潜在原因来减少事件发生的可能性和影响

B. 通过确保风险得到适当的评估,使成功的 IT 变更的数量最大化

C. 捕获故障和服务请求的需求

D. 为服务绩效设定明确的基于业务的目标

问题 23. 哪种价值链活动能确保人们理解组织的愿景？（　　）

A. 改善

B. 计划

C. 交付和支持

D. 获取或构建

问题 24. 客户的观念和业务结果可以帮助定义什么？（　　）

A. 服务的价值

B. 治理

C. 总体拥有成本（TCO）

D. 关键绩效指标（KPI）

问题 25. 下列哪项活动不是戴明环的一部分？（　　）

A. 行动（Act）

B. 计划（Plan）

C. 执行（Do）

D. 调整（Coordinate）

问题 26. 下列哪些是问题评审（PIR）的主要检查内容？（　　）

①正确做过的事情

②哪些不正确做过的事情

③如何防范重复发生

④未来什么可以做得更好

A. 只有 ①

B. 只有 ②③

C. 只有 ①②④

D. 以上各项都是

问题 27. 下列哪个不是问题管理真正的目标？（　　）

A. 防止问题及相关故障

B. 在问题生命周期内管理问题

C. 为用户恢复服务

D. 最小化重复发生故障的影响

问题 28. 下列哪一模型在帮助定义一个组织架构的方面最有用?(　　)

A. RACI 权责矩阵

B. 服务模型

C. 持续服务改进(CSI)模型

D. 戴明环

问题 29. 下列哪一项是事态的最佳定义?(　　)

A. 任何状态的变化,对配置项或 IT 服务管理是有意义的通知

B. 对一项 IT 服务非计划的中断或者一项服务质量的降低

C. 一个或多个影响了某一服务的事件的未知原因

D. 降低或消除事件或问题的原因

问题 30. 哪个实践负责控制、记录和报告 IT 基础架构的 CI 关系?(　　)

A. 服务级别管理

B. 变更实施管理

C. 事件管理

D. 配置管理

问题 31. 下列哪个实践是负责数据的机密性、完整性和可用性?(　　)

A. 服务目录管理

B. IT 资产管理

C. 变更实施管理

D. 信息安全管理

问题 32. 哪一个维度最关注技能、能力、角色和职责?(　　)

A. 组织和人员

B. 信息和技术

C. 合作伙伴和供应商

D. 价值流和流程

问题 33. 哪个维度包括工作流管理系统?(　　)

A. 组织和人员

B. 信息和技术

C. 合作伙伴和供应商

D. 价值流和流程

问题 34. 哪个可以作为组织的运营模式？（　　）

A. 服务价值系统

B. 治理架构

C. 服务价值链

D. 流程框架

问题 35. 哪个包含治理组件？（　　）

A. 流程实践

B. 制度流程

C. 服务价值链

D. 服务价值系统

问题 36. 服务级别管理实践向服务消费者提出的要求是什么？（　　）

A. 客户参与

B. 制度规范

C. 职责明确

D. 沟通顺畅

问题 37. 移动新的或变更的组件进入生产环境属于什么实践？（　　）

A. 配置管理

B. 部署管理

C. 测试管理

D. 变更管理

问题 38. 哪个实践主要应用平衡记分卡的相关理念？（　　）

A. 战略管理

B. 服务级别管理

C. 持续改进

D. 服务财务管理

问题 39. ITIL 的哪个原则关注端到端的服务交付？（　　）

A. 从你所在的地方开始

B. 协作并促进可见性

C. 保持简单和实用

D. 在整体上思考和工作

问题 40. ITIL 指导原则用来做什么?(　　)

A. 帮助组织制定好的决策

B. 帮助员工遵循规范

C. 帮助客户监督服务

D. 帮助有效的落实治理

ITIL 中级考试试卷样题

问题 1. 哪一个是团队协作的最好例子?(　　)

A. 与他人合作实现个人目标

B. 实施技术以促进团队成员之间的沟通

C. 共同努力实现一个共同的组织目标

D. 调整所有个人和团体的目标和 KPI

问题 2. 一个组织已经在内部网站上建立了一个“想法”页面,并鼓励员工在遇到阻碍实现结果的问题时尝试不同的工作方法。哪些概念涉及这些变化?(　　)

A. 集成和数据共享

B. 高级分析

C. 团队文化

D. 持续改进的文化

问题 3. 被要求激励他人采用支持组织目标所需的新工作方式的个人需要什么样的能力档案?(　　)

A. 管理员

B. 领袖(领导者)

C. 协调/沟通

D. 技术专家

问题 4. 一个组织正在经历事件解决的延迟,因为支持团队之间缺乏清晰的升级路径。这些延误有时会导致组织损失很多钱。该组织已决定调查事件解决过程中涉及的活动,并

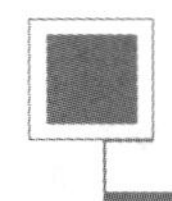

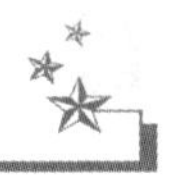

产生一个活动流，该活动流从中断发生时一直连接到确定解决方案为止。这是哪个概念的一个例子？（ ）

A. 组织结构

B. 协作

C. 价值流

D. 劳动力计划

问题5. 一个组织已经决定将它的一些测试活动移到软件开发生命周期的早期阶段。组织应用了哪个概念？（ ）

A. 左移

B. 机器人过程自动化

C. 服务集成与管理

D. 集成和数据共享

问题6. 一个组织由开发团队来响应对其应用程序的变更请求。这些请求有一定的紧急程度。开发团队已经意识到，低优先级的请求需要很长时间才能解决，因为总是有高优先级的请求。哪种概念最有助于解决这种情况？（ ）

A. 团队文化和差异

B. 工作优先级

C. 构建与购买的考量

D. 高级分析

问题7. 组织将日常故障按照高、中、低的顺序进行排序，从而决定故障解决的顺序。本组织总是在解决高优先级和中等优先级故障之后再解决低优先级故障，这有时意味着永远解决不了低优先级故障。该组织已经收到来自低优先级故障所对应的用户投诉，因为解决时间长。对于组织来说，解决这种情况的最佳方法是什么？（ ）

A. 关闭已收到投诉的低优先级事件，转而开放投诉记录

B. 为每个优先级创建单独的待办事项，以减少事件分配和处理的复杂性

C. 为长期存在的低优先级事件创建问题记录，以确保将其升级到正确的团队

D. 定期检查未解决的低优先级事件，必要时将事件升级

问题8. 在什么情况下，一个组织应该构建而不是购买软件？（ ）

A. 当组织需要软件可以快速使用时

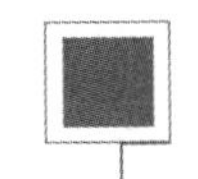

B. 当商用软件应用程序高度商品化时

C. 当该解决方案在商业上不可用,且组织拥有可用于提供可量化竞争优势的内部资源时

D. 当软件不需要执行组织的战略或维持组织的竞争优势时

问题 9. 什么是改进的定义?(　　)

A. 正式记录管理期望的陈述

B. 提升服务或产品交付价值的能力

C. 创建实现服务提供者目标的方法

D. 为服务提供者所在组织提供指导

问题 10. 哪种概念最能确保活动按照商定的标准或原则进行?(　　)

A. 治理

B. 管理

C. 改进

D. 合规

问题 11. CIO 试图为企业级数据仓库的搭建获得必要资金和高层的支持。为新 IT 服务争取支持的最佳途径是什么?(　　)

A. 开发一份价值流图,详细说明现有的 IT 人员和系统如何被用于新服务

B. 建立一个概念服务的证明,并移动一些客户数据到其中,以证明新服务可以交付的价值

C. 制定整体的 IT 转型项目集,包括所需的新 IT 投资,以及它们如何共同创造业务价值

D. 开发一个商业论证,清晰地描述服务、它的好处、为什么需要它以及预期的投资回报

问题 12. CIO 已经将价值流映射作为整个 IT 改进工作的关键部分。现有服务的价值流图正在开发中。哪种方法会产生最好的结果?(　　)

A. 雇佣过程顾问来开发过程图,并尽量减少员工在价值流未来状态设计中的参与

B. 要求价值流的相关方记录他们负责的所有流程步骤,然后将团队成员分配到每个流程步骤以贯彻改进

C. 聘请“组织变革管理”顾问,确定使价值流更有效所需的态度、行为和文化变革

D. 要求价值流的利益相关者一起工作,寻找优化和消除浪费的方法,并建立度量改进的指标

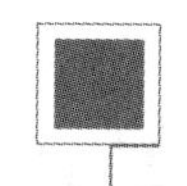

问题 13. 分析 IT 组织成熟度的顾问已经确定,许多活动都是临时进行的,并且在执行工作的方式上有很大的差异。该顾问还指出,许多工作对于成功地交付本组织的产品和服务是不必要的。哪种方法最有可能识别和消除浪费或不必要的工作?(　　)

A. 开展培训和宣传方案,突出相关浪费性质的工作对本组织目标的影响

B. 确定浪费工作的团队,并更新他们的流程和工具,使他们的工作得到优化

C. 记录价值流,以了解哪里的资源集中在不必要的工作上,并使用"持续改进"实践来管理机会,以改进整个流程

D. 让组织认为价值较低的 IT 服务退役,然后重新分配员工从事更重要的任务

问题 14. 一家新技术公司经历了快速的发展和成功。管理层想要引入一个整体的方法来持续改进,以确保所有的改进努力是可协调的,并支持公司的使命。哪两种方法最能支持这一目标?(　　)

①将改进的责任分配给组织的高层团队

②采用一套通用的指导原则来持续改进组织

③创建和培育一个全组织的文化来拥抱和促进持续改进

④分析持续改进系统的外部需求

A. ①②

B. ②③

C. ③④

D. ①④

问题 15. 根据最近的一项评估,IT 人员创造了许多"改进结果"。IT 经理认识到并不是所有的目标都可以实现,他必须优先考虑一些"改进结果"。在确定"改进结果"的优先级时,他应该首先考虑什么?(　　)

A. 受影响的员工人数最多

B. 对帮助实现组织愿景的最大影响

C. 达到目标所需要的最小努力

D. 员工以往经历的最长时间的已知问题

问题 16. 一个组织正在经历一场数字化的变革。他们的目标之一是通过新的数字服务提高客户的参与度。高级管理层认为,IT 部门的发展速度不够快,无法实现新的组织愿景。哪种 IT 管理行动最有可能对 IT 服务交付和客户价值产生长期的改进?(　　)

A. 实施培训计划,明确组织的数字化转型目标,以及如何影响员工的工作和角色

B. 完成员工技能评估,以确定组织在哪些方面缺乏成功交付所需的数字技能

C. 努力建立持续改进的文化,包括强有力的治理

D. 完成一个过程清单,并找出哪些最有可能导致不良绩效的改进措施

问题 17. 服务提供商正在计划对其服务及其交付方式进行重大更改。这个项目将包括对工作人员的工作方法的许多改变。服务提供者考虑改变带来的抵制,希望以敏感的方式管理通信。哪种方法最合适?(　　)

A. 使用即时消息进行沟通和接收反馈,确保所有受影响的员工快速响应

B. 使用多种的沟通方法,并确保包含反馈机制,允许保持匿名

C. 给受影响的员工发一封电子邮件,确保尽可能多地包含细节

D. 使用多种沟通方法,并确保收到的任何反馈都能在公共论坛上公开分享

问题 18. 一个组织正在采用敏捷方法。IT 部门集中在公司办公室,基础架构运营经理对使用敏捷的开发团队非常失望,因为他们没有遵循任何已建立的标准。为了改善运营经理和敏捷开发团队之间的情况,最好的沟通方法是什么?(　　)

A. 使用电子邮件沟通,以确保所有的交流都有清晰的记录

B. 安排运营经理和使用敏捷的团队之间的电话联系

C. 在运营经理和使用敏捷的团队之间组织一次面对面的会议

D. 使用组织的社交媒体页面来解释为什么敏捷是最好的方法

问题 19. 最近发布的 IT 服务受到停机和可用性问题的影响。IT 运营和支持团队承认,产品和服务是在没有他们参与的情况下选择、设计和交付的。在整个价值链中,哪一个是参与运营和支持团队的最佳方法?(　　)

A. 回顾文档是如何在开发阶段生成的

B. 对整个组织的“发布管理”活动采取整体的观点

C. 回顾服务是如何被计划、设计和交付的端到端方法

D. 对整个组织中的“变更实施”活动采取整体的观点

问题 20. 一个小型的、高度活跃的 IT 部门在管理项目工作的同时,一直在努力平衡对事件的响应需求和具有挑战性的运营需求。结果,客户的承诺经常没有达成。客户经常打电话来查看工作请求的状态。优化 IT 部门工作流程的最佳方法是什么?(　　)

A. 开发一个建立项目管理办公室的商业论证

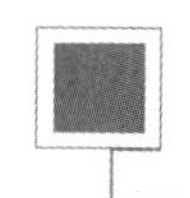

B. 建立清晰的组织优先级来指导 IT 人员的行动

C. 实现一个基本的看板,使工作可见

D. 赋予 IT 员工更多决策权力

问题 21. 一所小型大学正在通过提供远程教育来扩大其市场范围。解决方案只在内部开发,因此 IT 部门很难与云提供商建立工作关系。四个维度中哪一个最有助于解决这一挑战?(　　)

A. 组织和人员

B. 信息技术

C. 合作伙伴和供应商

D. 价值流和流程

问题 22. 网络安全工程师正在定义为保护防火墙所需的控制。为了确保正确的控制,他们应该做的第一件事是什么?(　　)

A. 审查现有的防火墙规则和控制,以确保没有恶化

B. 检查风险记录,确保所有的风险都得到了控制

C. 联系防火墙供应商以识别该技术的常用技术

D. 确定控制需要支持的组织目标

问题 23. 新的首席信息官(CIO)参与执行团队为公司制定新战略计划。该计划要求对 IT 部门进行重大改革,以实现积极的目标。在开始主要的 IT 转型之前,CIO 应该做什么?(　　)

A. 启动 SWOT 分析,以了解影响能力实现目标的因素

B. 进行变革准备评估,以了解影响团队能力去适应变革的因素

C. 执行基准比较,以了解 IT 部门如何与类似组织中的其他 IT 部门进行比较

D. 组织一个团队进行过程成熟度评估,以了解所有 IT 过程的状态

问题 24. IT 部门正在定义成功因素,以支持“帮助客户降低商业风险”的目标。对于支持这一目标的 IT 部门来说,什么是合适的成功?(　　)

A. IT 风险的优先级是基于它们对商业风险的贡献

B. 通过实施有效的控制,IT 服务的风险被最小化

C. 商业风险由客户根据其可能性和潜在的客户影响进行排序

D. IT 风险是根据其可能性和对 IT 部门的潜在影响来排序的

问题 25. 什么时候组织最适合接受额外的风险,比如成本的增加和交付结果的减少等不利情况?( )

A. 当它创造了增加价值的可能性时

B. 实现新的人工智能解决方案时

C. 当老板指示时

D. 收集数据作为成熟度评估的一部分

问题 26. 一个组织签署了一份合同,将其服务台职能外包给一个供应商。该组织希望确保其客户和用户能够获得无缝的支持服务。在这一阶段,哪些活动对本组织最有帮助?( )

A. 确定资源来源的战略和原则

B. 将供应商活动整合到组织的价值流中

C. 创建供应商入围时使用的标准

D. 提高合同续签效力

问题 27. 与组织的服务台团队联系的用户经常抱怨,在与组织内的不同个人和系统通信时,他们需要重复提供信息。与服务台团队合作的专家也抱怨说,他们经常得不到处理用户查询所需的信息。如何为所有利益相关者解决这些问题?( )

A. 提供多渠道支持

B. 提供自助服务门户

C. 建立全渠道沟通

D. 自动记录用户电子邮件

问题 28. 作为战略计划的一部分,一个组织正在评估用基于云的服务替换其老旧信息系统的优缺点。市场竞争非常激烈,因此组织希望确保考虑到所有因素。以下哪种方法能使本组织最好地了解影响这一决定的外部因素?( )

A. 四个维度的评估

B. 利益相关者分析

C. PESTLE 分析

D. 业务分析

问题 29. 内部 IT 服务提供商不具备创建和交付新服务所需的所有技能,但可以在足够的时间内开发这些技能。有许多外部服务提供商可以马上提供此服务。组织应该遵循哪种

方法来决定是使用内部服务提供者还是从外部获取服务？(　　)

A. 首先回顾外包服务的既定制度流程,然后确定选择服务提供商的重要标准,并使用“多标准角色分析或决策矩阵”来比较服务提供商

B. 从了解内部和外部获取服务的成本开始,然后要求内部和外部服务提供商完成“报价请求”

C. 首先分析并记录详细的服务需求,然后要求外部服务提供商响应需求,记录他们将如何满足这些需求

D. 首先要求内部服务提供商开发所需的技能,然后使用这些新开发的技能在内部创建和交付新的服务

问题 30. 客户与供应商彼此的战略伙伴关系的属性是什么？(　　)

A. 共享的信息最少

B. 需要建立信任

C. 客户需要能够轻松退出

D. 这种关系是由价格决定的

问题 31. 以下哪种是对不同类型的服务关系的正确陈述？(　　)

A. 变革准备对于一个基本的关系是至关重要的

B. 良好的合作对建立伙伴关系至关重要

C. 成熟度和过去的表现对建立伙伴关系至关重要

D. 合作关系对基本关系至关重要

问题 32. 一家服务供应商从市场分析中得到信息,某国家对其产品的需求量很大。服务提供商现在应该执行哪些活动？(　　)

A. 以专业的方式处理改进机会

B. 生成一个考虑所有所需资源的成本模型

C. 了解并影响不同类型用户的行为

D. 评估定价机制,以确保达到预期收益

问题 33. 哪种收费机制会导致服务价格根据一天中的时间区间的不同而发生变化？(　　)

A. 成本

B. 成本增加

C. 市场价格

D. 差异化收费标准

问题 34. 服务提供商正在收集基于云的文档存储服务的需求。哪一个是此服务的功用要求的示例?(　　)

A. 菜单页将在 5 秒内更新

B. 服务将显示用户上传的项目列表

C. 该服务将允许每个用户有 100 GB 的存储空间

D. 每天 24 小时提供服务

问题 35. 一个组织正在协商并同意一个社交媒体网站的服务水平。哪一个是服务级别协议(SLA)中应包含的功用度量的示例?(　　)

A. 上传支持的照片格式数

B. 每天网络故障数

C. 社交媒体页面刷新所用的时间

D. 检测和报告安全漏洞所需的时间

问题 36. 服务提供商正在启动一项新服务,面向那些使用互联网经验有限、不太可能使用社交媒体的用户。那么提供用户支持的最佳方法是什么?(　　)

A. 为服务台提供简单的在线支持和联系电话

B. 使用机器学习和聊天机器人来预测用户的需求并提供解决方案

C. 提供可下载的帮助文章

D. 使用流行的网站来推广和提供在线用户支持

问题 37. 在提供给用户最终的服务访问之前,哪两项是确保用户合法使用的可能检查?(　　)

① 为所有用户执行年度身份检查

② 当用户联系服务台团队寻求支持时确认用户身份

③ 确保用户接受需要认证的服务培训

④ 必要时执行安全检查以证明用户身份

A. ①和②

B. ②和③

C. ③和④

D. ①和④

问题 38. 用户通常不提供反馈,因为他们不相信反馈会得到解决。在这种情况下,鼓励用户提交反馈的最佳方法是什么?(　　)

A. 使反馈处理对每个人都可见

B. 向客户提供用户反馈信息

C. 定期与用户进行面对面反馈

D. 自动响应所有用户的反馈

问题 39. 用户提出了一个故障处理请求。因为他们的笔记本电脑性能很差,这可能会影响一笔大买卖。服务级别协议(SLA)规定,响应时间应在 8 小时内,但服务台代理认识到这是一个例外情况,并立即将情况升级给二线或三线的技术支持团队。问题很快就解决了,用户对服务很满意。这是什么例子?(　　)

A. 关键时刻

B. 平滑需求

C. 设计思维

D. 提升能力

问题 40. 一个组织的目标是与他们的服务客户建立伙伴关系。其中一个目标是通过在整个组织内建立服务理念来提高服务信任度和客户满意度。以下哪种是实现这一目标的最佳途径?(　　)

A. 雇佣并培养优秀的关系经理

B. 在所有团队中培养人际交往技能和移情能力

C. 建立并执行详细的服务级别协议

D. 进行能力评估并与客户分享结果

第 11 章　DevOps 认证考试

DevOps 是以价值为交付的服务管理理念的很好代表认证。对于个人以及整个企业的发展来说,DevOps 认证具有以下诸多好处:

(1)了解当下精益思想和敏捷开发对 IT 服务管理全生命周期的影响作用。

(2)为以后企业实现自动化运维打好理论基础和文化基调。

(3)有利于提升公司和个人对服务的价值交付的认知。

DevOps 的基础认证考试是在 60 分钟内回答 40 个单项选择题。目前在国内比较流行的考试的语言版本是中文和英文。如果想要通过官方发布的 DevOps 基础认证考试,一般应试者必须答对 26 道题。如果参加考试的人并不是选择母语版本,考试时间可以延长到 75 分钟,并且可以使用词典。

DevOps 初级考试试卷样题

问题 1. 通过吸纳具有更广泛的个人背景和文化的人才来提高团队的多元性,这种做法有哪些显著的益处?(　　)

A. 能够带来更多的经验与观点

B. 使得团队内部的摩擦减少

C. 限制了创造力的发挥,也限制了人们提出新见解的能力

D. 使得达到某一决策点需要更长时间

问题 2. 哪一个是敏捷思想的反面举例?(　　)

A. 业务和开发一起工作

B. 响应变化高于应对计划

C. 客户满意为第一要务

D. 可工作的软件高于详尽的文档

问题 3. 一个公司想把产品推向市场的时间从数年到数月。一个员工说可以考虑用敏捷或 DevOps 的方法。为何敏捷或 DevOps 可以做到这一点？(　　)

A. 因为敏捷或 DevOps 形成开发和运维人员为一个团队

B. 因为敏捷或 DevOps 团队的人员比较贵，他们可以经常加班并使产品迅速推向市场

C. 因为敏捷或 DevOps 为自组织团队，对市场需求的变化更加具有敏捷性

D. 因为敏捷或 DevOps 团队协作能力比较好

问题 4. 什么是轻量型 IT 服务管理？(　　)

A. 以业务连续性为中心的 IT 服务管理

B. 新一版标准化的 ITIL®

C. ITIL®流程实施不力

D. 以发布管理为导向的 IT 服务管理

问题 5. 如下哪种不是 DevOps 的软件部署方式？(　　)

A. 蓝绿部署

B. 金丝雀发布

C. 灰度发布

D. 鹞鹰发布

问题 6. 企业有很多原因对 DevOps 发生兴趣，如下哪个是可能对 DevOps 产生兴趣的原因？(　　)

A. 当敏捷实践不适合该组织的时候

B. 当其他传统实践发挥一定效果的时候

C. 当 Scrum 和 Lean 实践已经被执行的时候

D. 当其他实践没有效果的时候

问题 7. 如下哪个需求是 DevOps 团队在规划每次迭代的产品订单时需要考虑的？(　　)

A. 包括非功能需求和功能需求

B. 不应考虑非功能需求和功能需求

C. 仅考虑功能需求

D. 仅考虑非功能需求

问题 8. 一个稳定的 DevOps 团队的好处是？(　　)

A. 团队不用再提升流程的效率

B. 团队可以持续应用他们的经验去对流程进行革新

C. 团队将更加独立和自主

D. 更多的时间处理异常的事故

问题 9. DevOps 有别于敏捷、Scrum 和 Lean 的最关键要素是什么？（　　）

A. DevOps 促进了开发和运营的协作

B. DevOps 加速产品快速推向市场与客户价值交付

C. DevOps 确保快速响应基础设施的变更需求

D. DevOps 确保快速处理异常的事故

问题 10. 如何降低技术债？（　　）

A. 形成变更和发布管理实践

B. 制定故障和服务请求管理实践

C. 增加预算和资源

D. 代码重构和自动化恢复

问题 11. 哪个选项具体体现 DevOps 的实践？（　　）

A. 敏捷、持续交付、轻量 IT 服务管理

B. 敏捷 、持续测试、云技术

C. 持续集成、持续交付、ITIL

D. PMP、ITIL、敏捷

问题 12. 为何价值流的概念在 DevOps 中是非常重要的？（　　）

A. 价值流的概念帮助员工看到和理解他们日常的工作

B. 价值流的概念帮助分析当前的情况

C. 价值流的概念去识别什么时候什么人去发起相关工作

D. 价值流的概念去识别在当前工作如何去实现进一步优化

问题 13. 一个价值流图清晰地显示在价值流上哪里会是低效的部分，为什么价值流图会被制作？（　　）

A. 去帮助优化业务流程

B. 去识别哪个员工没有努力工作

C. 去对在制品（WIP）提速

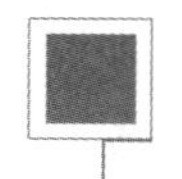

D. 去可视化哪个产品线应该结束

问题 14. DevOps 严重依赖 Lean 产品的原则和实践,一个关于“Task Switching”的浪费的专有类型名称是什么?(　　)

A. 交接(Motion)

B. 镀金(Overproduction)

C. 传输(Transportation)

D. 等待(Waiting)

问题 15. 什么不是限制 WIP 的作用?(　　)

A. 减少无效的产品工序

B. 帮助消除限制

C. 帮助有节奏的流

D. 增加资源的使用率

问题 16. 在巨石架构下实施 DevOps 的难点是什么?(　　)

A. 指定 DevOps 团队负责不同的系统特性

B. 创建跨职能的团队

C. 维护不同版本的 API

D. 创建自组织团队

问题 17. 你认为自己的开发团队是一支真正的敏捷团队。你觉得有什么确切的特征表明这是一支团队?(　　)

A. 该团队遵守在团队会议中共同制定的规则

B. 团队召开自己主持的高效会议

C. 团队以稳定的工作节奏,朝着共同的目标推进

D. 该团队通过质询负责某项工作的团队成员的方式来解决问题

问题 18. 服务提供商正在收集基于云的文档存储服务的需求。哪一个是此服务的功用要求的示例?(　　)

A. 菜单页将在 5 秒内更新

B. 服务将显示用户上传的项目列表

C. 该服务将允许每个用户有 100 GB 的存储空间

D. 每天 24 小时提供服务

问题 19. 一个清晰地 DoD(Definition of Done)在 DevOps 实践中是非常关键的,以下对在 DevOps 中对 DoD 的理解正确的是哪一项?(　　)

A. 需求已经被开发完成

B. 需求已经被测试完成

C. 产品已经被用户接受

D. 产品已经发布到生产环境中

问题 20. 一个开发团队对 DevOps 感兴趣,主要感兴趣的对象是持续集成(CI),他们目前开发并维护着三种主要解决方案及四种次要解决方案,采用 Scrum 实践方法,每次冲刺都需要四周时间,平均每 10 天到 15 天对测试环境都有一次提交发布,平均每个月对生产环境有一次发布。他们想为管理层制定一个定性的商业论证,来支持他们为创建持续集成实践模式而付出的投资与努力。持续集成有哪些显性收益对该商业论证行为有利?(　　)

A. 每天对测试环境进行一次持续集成能极大地提高商业效益并且大大缩减开发成本

B. 这有助于提升团队精神。由于公司已经在使用 Scrum,持续集成将为公司业务带来显著的益处

C. 它通过更好的集成测试提高了业务稳定性,同时维持发布速度以防止产生额外成本

D. 在生产环境中,每天进行一次持续集成和信息发布能提升业务收益,并大大减少开发成本

问题 21. 技术债是指?(　　)

A. 开发人员由于技术问题而欠下的遗留工作没有完成

B. 研发团队彼此不配合导致的技术难题没有攻克

C. 研发团队采用过时的技术来方便产品快速推向市场

D. 开发人员的 BUG 率

问题 22. 基于 DevOps 的实践,哪种方式是运营控制的最佳实践?(　　)

A. 自动化所有的手工运营,包括测试

B. 定义合适的角色和职责

C. 设计控制流程

D. 提高运营治理

问题 23. 如何在测试环节减少技术债?(　　)

A. 增加更多的手工测试

B. 增加更多的预设的自动化测试脚本

C. 增加更多测试人员

D. 强化开发和测试的协作

问题 24. 考虑对基本部署流水线进行具体解析,以下哪个阶段表明该系统在功能性与非功能性层面均发挥作用?(　　)

A. 自动化验收测试

B. 构建与单元测试

C. 手动验收测试

D. 版本控制

问题 25. 一位首席信息官将其信赖的员工、担任 Scrum 主管的迈克尔指派往某个项目,开发团队打算构建一条部署流水线。迈克尔相信开发团队的主动性,但希望他们更为自律。此外,发布频率也应有所提高,迈克尔希望开发团队可以实现更加频繁的发布。

有一名团队成员说:"这条部署流水线需要的是自动化。我们首先要做的是让它自动化起来。"这种说法对吗?(　　)

A. 是的,这是正确的。部署流水线自动化是提升效率的重要因素

B. 是的,这是正确的。关注自动化部署流水线的创建,克服之后可能遇到的潜在问题

C. 不,这是错误的。完成单件流及一个可靠的部署流程是优先级高的任务。该流程的自动化可以暂缓实施

D. 不,这是错误的。首先应当自动化的是测试流程而非部署流水线

问题 26. 为何部署流水线的活动会经常延迟?(　　)

A. 活动需要被授权

B. 价值流没有高效执行

C. 价值流图的绘制需要更多时间

D. 传统的方法还在继续被应用,在开启行动时需要更多的决策

问题 27. 针对 DevOps,我们需要平衡快速交付和维护应用的可靠性。如何版本控制能更好地支持这一点?(　　)

A. 允许团队中的任何成员能够自由地删除任何不需要的文件

B. 允许开发能够更加自信地开发

C. 应用特殊的工具去消除浪费

D. 允许测试能够及时获得可测的版本

问题 28. 配置管理使动态可扩展的 IT 基础架构和软件系统成为课程，从而不需要太多的人力的投入。如何确保这种像云计算的可扩展的场景能够实现？（　　）

A. 通过持续集成

B. 通过全面的脚本控制

C. 通过测试自动化

D. 通过部署流水线

问题 29. 以下哪种情况会导致 DevOps 的方式比较难实施？（　　）

A. 跨职能的团队

B. 有限的应用虚拟化

C. 微服务架构

D. 自组织团队

问题 30. 关于制品库，你认为最可能的解释是什么？（　　）

A. 存放软件代码的配置管理数据库

B. 存放已经编译好软件的二进制文件

C. 产品的版本信息

D. 软件的测试版本

问题 31. 一般涉及自动化监控，需要考虑云平台的监控环境，以下哪个不是云的特点？（　　）

A. 弹性伸缩

B. 快速部署

C. 资源虚拟化

D. 基于 Docker 的监控

问题 32. 在 DevOps 模式下，当部署失败后，什么应该最快采取行动？（　　）

A. 把失败的问题，快速提交到产品待办订单列表中

B. 纠正措施应该快速执行

C. 寻求变更经理基于发布优先级的变更审批

D. 纠正措施应该在下个迭代时被执行

问题 33. 什么是用 DevOps 的方式解决故障或事件？（　　）

A. 升级成问题单

B. 采取临时的解决方案

C. 查阅知识库

D. 利用自动化脚本,使系统快速恢复为前一个可运行的版本

问题 34. DevOps 沙盘会对企业落地 DevOps 的实践起到什么作用?(　　)

A. 促进部门协作,并帮助打造以价值为导向的组织文化变革

B. 帮助企业了解什么是 DevOps 模式

C. 帮助企业认知 DevOps 的团队角色

D. 帮助企业认知 DevOps 的反模式

问题 35. 在组织应用 DevOps 实践时,组织所特有的问题必须提交和考虑的原因是?(　　)

A. DevOps 并不能总是反映企业的现实

B. DevOps 工程师可以解决这些问题

C. DevOps 的出版物没有这方面的指引

D. 你知道如何在贵组织实施 DevOps

问题 36. 你是如何认为以 DevOps 为卖点的商业软件的作用的?(　　)

A. 商业软件可以用来支持战略的商业线条

B. 商业软件需要客户化和脚本去支持它自动化部署

C. 商业软件比自行开发的软件便宜

D. 商业软件提供更加多的灵活性

问题 37. 在 DevOps 实施中,谁决定新的特性发布到市场?(　　)

A. 业务

B. 客户

C. IT 部门

D. 用户

问题 38. 当运维部门有变更时,运维部门告知开发部门的最佳时间是何时?(　　)

A. 无须告知开发团队,针对运维的变更,运维团队只要自己知晓即可

B. 立刻执行,应当尽快通知开发部门

C. 次日早晨的 Scrum 会议中

D. 当运维团队已经完成验收测试时

问题 39. 你希望你的 DevOps 组织更趋成熟,有很多方法都能做到这一点。下列哪种方法不会使你的 DevOps 组织更趋成熟?(　　)

A. 明确定义目标和里程碑,帮助团队成员判断其日常活动是否有价值

B. 明确定义流程,支持并促使团队成员逐日改进流程

C. 对会议的所有内容进行记录,使你的团队成员可以很方便地了解到每次沟通的内容信息

D. 监控并记录每天的活动,以找出小范围内每天取得的进步并予以赞扬

问题 40. 你对 DevOps 落地的认知是?(　　)

A. DevOps 落地是一种文化和组织架构的变革

B. DevOps 落地只是自动化工具的落地

C. DevOps 落地是自动化测试的落地

D. DevOps 落地是敏捷落地的延伸

答案详解

复习题一

1. D

此题在考服务价值系统的内容。服务价值系统的构成组件分别为“指导原则”“治理”“服务价值链”“实践”“持续改进”。而服务价值链活动分别为“计划”“改进”“联络”“设计与转换”“获取/构建”“交付与支持”。

2. D

此题在考服务价值链的定义。服务价值链在 ITIL 4 中被定义为一种运营模型。

3. B

此题在考服务价值链和实践的对应关系。价值链活动代表组织在价值创造过程中采取的步骤。每个活动均通过将特定输入转化为输出为价值链提供支持,为了将输入转化为输出,价值链活动采用不同的 ITIL 实践组合。需求仅可作为服务价值链的输入内容。价值链活动按需采用内部或第三方资源、流程、技能和能力。服务价值链与自动化没有本质的关联。

4. D

此题在考服务价值链的活动。计划(Plan)的目的在于确保对组织内所有产品和服务的愿景、当前状态和改进方向达成共识。获取或构建(Obtain/Build)的目的在于确保服务组件在所需时间和地点可用,且符合合约定规范。联络(Engage)的目的在于帮助理解利益相关者诉求,并增加需求管理的透明度,以及与所有利益相关方建立良好关系。设计与转换(Design & Transition)的目的是确保产品和服务持续满足相关方对其质量、成本和投入市场时间的期望。交付与支持(Delivery & Support)的目的是确保服务在投产后持续满足相关方的期望和达成之前承诺的服务级别协议。改进(Improve)的目的在于确保在所有价值链活动和服务管理的四个维度中持续改进产品、服务和实践。

复习题二

1. C

此题在考服务的定义,服务强调通过价值共创来实现价值。

2. A

此题在考服务的定义以及与其他概念的区别,服务是指一种实现价值共创的方式,客户无须承担特定成本或风险即可促成其期望实现的结果。输出是指活动的一种有形或无形交付物。实践是指为开展工作或完成目标而设计的一套组织资源。持续改进是一种实践,旨在让组织实践和服务与不断变化的业务需求相一致。

复习题三

1. D

此题在考组合管理中的服务组合的概念。服务提供方会定义商品和服务的组合,通过有效的组合管理以满足不同消费者群体的需求。组合有时也称服务供给。

2. B

此题在考价值创造模型,功用和功效的区别。功用是为满足特定需求的产品或服务提供的功能,属于功能性需求。功效是指对产品或服务能符合约定要求的保证,属于非功能性需求,比如产品的安全性、性能和易用性等。成本是指在具体活动或资源上支出的费用。风险是指可能导致伤害或损失或者增加目标实现难度的事态。

3. B

此题在考功效的定义。功效是对产品或服务能符合约定要求的保证。输出是指一种有形或无形活动的交付物。风险是指可能导致伤害或损失或者增加目标实现难度的事态。功用是指为满足特定需求的产品或服务而提供的功能。

复习题四

1. C

此题在考服务级别管理中的内容。服务级别管理识别了真实反映客户实际体验和对整个服务满意度的指标和衡量标准。

2. D

此题在服务级别管理中的关键步骤。步骤①和④中提到客户参与，其包括初步倾听、发现和捕捉信息，然后以此为基础划定指标、衡量和进行持续进度讨论。而A、B、C不正确。因为服务级别管理通过收集、分析、存储和报告已识别服务的相关指标，确保组织满足已定义的服务级别，仅通过客户参与无法实现这一目的。客户参与可以定义服务请求的需求，但工作流要通过服务请求管理来定义。需要在服务目录中增加新服务请求时，应尽可能使用现有工作流模型。

复习题五

1. A

此题在考变更管理中的内容，以及与其他管理实践的区别。变更是指“添加、修改或删除可能对服务产生直接或间接影响的任何内容”。服务配置管理实践的目的是确保有关服务配置及支持配置项的准确且可靠的信息，以便在需要的时候和地方可用。发布管理实践的目的在于提供新的和变更的服务与特性以供使用。部署管理实践的目的在于将新的或变更的硬件、软件、文档、流程或其他服务组件移至生产环境中。

2. A

此题在考变更的类型，各类变更必须分配合适的变更授权人，以确保变更实施不但有效而且高效。没有任何规则表明变更授权集中是最为有效的授权方式。某些情况下，分散决策反而效果更好。紧急变更通常不包括在变更日程（计划）中，评估和授权流程加快，以确保快速实施。标准变更通常风险低且已预先授权。

复习题六

1. B

此题在考服务请求管理中的内容，以及与其他管理实践的区别。服务请求管理实践的目的在于通过有效而用户友好的方式处理所有预定义、用户发起的服务请求来支持约定的服务质量，并且每个服务请求可包含一个或多个反馈、称赞或投诉。变更实施实践的目的在于通过确保风险得到合理评估来最大限度增加服务和产品变更的成功次数，从而授权变更继续和管理变更日程（计划）。问题管理实践的目的在于通过确定事件的实际和潜在原因以及管理临时方案和已知错误来减少事件发生的可能性和影响。事件管理实践的目的在于通过尽快恢复正常服务运营来最大程度降低事件的负面影响。

2. B

此题在考监视和事态管理的内容。监视和事态管理实践的目的在于系统化观察服务和服务组件,记录和报告识别为事态的选定状态变更的实践。服务配置管理实践的目的在于确保在需要的时间和位置提供有关服务配置及支持配置项的准确且可靠的信息。信息安全管理实践的目的在于保护组织所需信息以便开展业务。事件管理实践的目的在于通过尽快恢复正常服务运营来最大程度降低事件的负面影响。

3. C

此题在考服务请求管理的内容。履行服务请求可能涉及对服务或其组件的变更,通常为标准变更。标准变更是指一些低风险、预先授权的变更,已有良好的理解和完善的记录,无须额外授权即可实施,这类变更通常作为服务请求发起。正常变更是指需要计划、评估和授权的变更。紧急变更应尽可能受到与正常变更相同的测试、评估和授权。正常变更和紧急变更应在变更实施管理实践中去处理,而不在服务请求管理实践中处理。

4. A

此题在考问题管理的内容。已知错误是经过初步分析认定的问题,通常表明发现了故障组件。而问题仍处于已知错误状态和应用了记录在案的临时方案。问题是指一个或多个事件的实际或潜在原因,而已知错误是指已经过分析但尚未解决的问题。已知错误无法引发问题,它们本身就是已经过分析但尚未解决的问题。已知错误和问题均可引发事件。很多问题管理活动都要依靠人的知识和经验才能展开,而非仅靠遵守详细程序。负责诊断问题的人员通常要具备理解复杂系统的才能,并思考不同的失效是如何发生的。对分析能力与创造才能的综合培养需要指导和时间,以及适当的培训。这类人员既可能从事技术角色,也可能从事服务管理工作。

复习题七

1. A

此题在考持续改进管理中的内容。虽然每个人都应该对改进做出贡献,但至少应该有一个小型的全职团队来领导持续改进的努力,并在整个组织中倡导这种实践。不同类型的改进可能需要不同的改进方法。例如,有些改进可能最好组织成一个多阶段项目,还有些改进可能更适合作为一次性快速实现。持续改进实践是开发和维护其他各项实践不可或缺的一部分。如果第三方供应商也是服务领域的一部分,则不应排除在改进范围之外。

2. C

此题在考度量与指标的内容。指标应与指定结果相关,而非简单的运营指标。这可通过均衡使用各项指标来实现。收集的指标不会减少,不过可能会整合汇总,以提供更清晰的信息。

ITIL 试卷答案详解

1. B

为了将输入转化为输出,价值链活动采用不同的 ITIL 实践组合。

2. B

IT 治理是为了设计并实施信息化过程中各方利益最大化的制度安排,安排需体现公正和透明的特点。

3. B

问题的影响等级作为问题单的属性会被记录在配置管理系统中,该问题所影响的范围也可以通过配置管理系统来界定。

4. D

尽可能快地恢复正常服务运营是故障管理的目标,不是问题管理的目标。

5. B

功效对应 SLA 的满足,即非功能性需求的证明,如系统可用性达到 99.99% 的指标。

6. C

服务给客户的是创造的价值。

7. B

尽可能快地恢复正常服务运营和最小化对业务运营的消极影响是故障管理的主要目标,其他的都不是。

8. A

服务管理的定义是“以服务的形式为客户提供价值的一套专门的组织能力”。

9. D

客户创建价值的两个主要元素是功用和功效。

10. B

紧急变更顾问委员会(ECAB)负责紧急变更的审查和授权。

11. A

服务请求是指用户对信息、建议或标准变更的请求。

12. B

配置管理的配置模型对以上诸项都有益处。

13. D

以上诸项都有服务战略要考虑的内容。

14. D

应考虑是否可以沿用当前的工作流模型,即工作流的重用原则。

15. D

配置管理是负责控制、记录和报告 IT 基础架构的组件相关的版本、属性及关系。

16. A

运营级别协议(OLA)的定义是服务提供商和同一组织中的其他部门之间的协议。

17. C

合同描述、职责范围和合同依赖关系包含在与客户签署的服务级别协议(SLA)所在的合同中。

18. B

故障可以由任何人检测到并告知,包括技术员工。

19. D

角色和职责属于组织和人员维度。

20. C

符合有反馈的迭代式进展原则。

21. D

持续改进,人人有责。

22. C

服务台关联事件和服务请求。

23. B

SVC 的计划活动关联愿景。

24. A

客户的观念决定价值的具体含义。

25. D

戴明环 PDCA 中的 C 是 Check,不是 Coordinate。

26. D

所列的内容都是 PIR 的内容。

27. C

为用户恢复服务是故障管理的目的。

28. A

RACI 权责矩阵阐述了流程活动和职能角色的关系。

29. A

事态是任何对配置项有意义的状态变化的通知。

30. D

配置管理负责控制、记录和报告 IT 基础架构的 CI 关系。

31. D

信息安全管理强调 CIA,也就是机密性、完整性和可用性。

32. A

在服务管理的 4 个维度中,组织和人员最关注技能、能力、角色和职责。

33. B

在服务管理的 4 个维度中,信息和技术包括工作流管理系统,属于信息和技术维度。

34. C

服务价值链可以作为组织的运营模式。

35. D

服务价值系统包含治理组件。

36. A

服务级别管理向服务消费者提出的要求是强化客户参与,这与敏捷宣扬的客户合作是一个道理。

37. B

移动新的或变更的组件进入生产环境属于部署管理,强调 DevOps 理论所提到的持续部署流水线的概念。

38. C

持续改进主要应用平衡记分卡的相关理念，从多个维度识别改进机会。

39. D

整体地思考和工作的原则符合精益思想，强调关注端到端的服务交付，而不是只考虑局部价值。

40. A

ITIL 指导原则用来帮助组织制定好的决策。

ITIL 中级考试试卷答案详解

1. C

协作的定义是共同努力实现一个共同的组织目标。

2. D

持续改进已经作为 ITIL 4 的原则之一，成为一种高大上文化的一部分。

3. B

ITIL 4 非常强调敏捷价值观所提倡的服务型领导和领导力，领导力中一个方面的特质就是采用必要的激励手段来激发员工的创新能力。

4. C

价值流可以是从新产品需求到最终产品交付的活动流，也可以是从旧有产品的故障申报到故障彻底解决的活动流。ITIL 4 是通过精益价值流图分析的方法来不断优化这种价值流。

5. A

ITIL 4 秉承服务 V 模型宗旨，以及测试左移的思想。

6. B

ITIL 4 吸收了关于敏捷开发的产品待办事项的优先级的思想。

7. D

ITIL 4 故障管理实践具有针对故障单必要的升级机制。

8. C

ITIL 4 希望组织应该具有自己的 IT 软件研发资源，这样就可以更加切合组织的需要。

9. B

改进的目的是提升服务或产品交付价值的能力。

10. D

ITIL 4 的原则对应组织的合规性。

11. D

ITIL 4 强调商业分析流程,即考虑战略落地项目的商业论证的分析。

12. D

ITIL 4 强调精益价值流分析,要求价值流的利益相关者一起工作,寻找优化和消除浪费的方法,并建立度量改进的指标。

13. D

ITIL 4 强调精益思想,通过价值流分析来杜绝不必要的浪费。

14. B

ITIL 4 的原则和持续改进的文化是组织改进的原动力。

15. B

改进的优先级取决于对组织愿景的影响程度,改进是为了实现组织愿景的阶段努力。

16. C

持续改进的文化和强有力的治理为组织改进创造了顶层设计的保证。

17. B

变革肯定会受到阻力,所以要采取多种沟通方法,积极倾听和获得及时的反馈。

18. C

解决冲突的最好方式是直面解决问题,采取协作和共赢的态度解决问题,并强调面对面沟通的重要性,因为面对面沟通所获得沟通对象的信息量是最全面的,因而更容易正确理解对方的情况。

19. C

强调运营团队应该参与最初服务的规划和设计中去,并提出必要的运营需求和针对产品非功能性需求的指导意见。

20. C

精益看板的应用符合 ITIL 4 的"协作并促进可见性"的原则。

21. C

云计算提供商属于合作伙伴和供应商的维度。

22. D

技术的控制是要为满足组织业务目标的达成而服务的。

23. B

组织的人员在面临重大组织变革时,需要做好必要的评估,了解其面对未来的能力储备。

24. A

IT 部门的有限资源需要做到急业务之所急,IT 部门处理风险的优先级要基于风险对商业的影响来判定。商业影响度越高,风险级别越高。

25. A

IT 的资源交付是基于价值收益的,当有创造增加价值的机会时,可以追加 IT 的成本投入。

26. B

把供应商纳入组织交付价值的价值流中,使供应商成为组织的战略合作伙伴。

27. C

建立多个相关方彼此的全渠道沟通是非常必要的。

28. C

PESTLE 分析是用于组织评估外部风险的标准风险提示清单。

29. A

ITIL 4 有供应商管理实践,同样强调供应商选择标准,遵循既定供应商选择的制度流程,确定选择服务提供商的重要标准,并使用“多标准角色分析或决策矩阵”等工具。

30. B

彼此信任是建立战略合作伙伴的前提。

31. B

ITIL 4 强调良好的合作对建立伙伴关系至关重要。

32. B

服务提供商通过 IT 服务财务管理实践来计算所需交付服务的全生命周期的成本,并制定成本分析模型。

33. D

容量管理提倡通过差异化收费标准来更大可能满足客户的需要。

34. B

服务将显示用户上传的项目列表为功用需求,即功能性需求。

35. A

上传支持的照片格式数为功用相关的内容,并纳入 SLA 的度量范畴。

36. A

如何面向那些使用互联网经验有限和不太可能使用社交媒体的用户，最好的方式是以人性化的方法提供简单的在线支持和实时的电话辅助服务。

37. C

确保用户接受需要认证的服务培训，以及必要时执行安全检查以证明用户身份都是用户使用服务时，IT 服务提供商所需采取的可行性做法。

38. A

鼓励用户提交反馈的最佳方法是使反馈处理对每个人都可见。

39. A

处理用户的具体故障时为关键时刻的场景之一。

40. B

在所有团队中培养人际交往技能和移情能力是建立合作伙伴关系的前提条件。

DevOps 试卷详解

题目编号	答案	详细解释
1	A	A 选项正确。多样性包含各种各样的背景，涉及种族、性别、阶级、教育水平、语言和工作经历等方面的内容。所有这些独特的内容都能使一个组织具有更多维的经历与观点可供讨论。 B 选项错误。有这样一种可能：提高团队多样性可能导致压力和摩擦的增长，因为不同文化价值观需要相互合作。但是从长远的视角来看，多样性的团队文化可以提升团队的创造性解决问题和创新的能力。 C 选项错误。更大的多样性意味着更多不同的观点，通常这会带来更多创意。 D 选项错误。更大的多样性意味着可能需要更多时间才能达成共识，这常被看作不利条件。其实延迟决策可能是有益的，比如精益思想就讲延迟决策，到相关信息或条件具备的情况做正确的决策。
2	C	C 选项不属于敏捷宣言，其他三个选项都是敏捷宣言的一部分。
3	C	C 选项因为敏捷或 DevOps 为始终专注某个产品特性的自组织团队，具有快速完成产品交付和响应市场变化的能力。 其他选项都只是反应自组织团队的一个侧面。

续表

题目编号	答案	详细解释
4	A	A 选项正确。ITIL®似乎过于笨重,不适于 DevOps 的快速处理。轻量型 IT 服务管理是为适应 DevOps 而重组的 IT 服务管理,其重点在于业务连续性，包含一系列的低限度的必要信息。 B 选项错误。目前尚未提出这样的 ITIL®版本。 C 选项错误。轻量型 IT 服务管理并不是指 ITIL®实施不力,而是“瘦身版 ITIL®”,其焦点在于业务连续性和管理工作量的减少。 D 选项错误。IT 服务管理针对服务管理而非发布管理。在 IT 服务管理概念中,发布是一种支撑服务的流程。
5	D	D 选项 鹞鹰发布不是 DevOps 的软件部署方式,其他三个选项都是,所以选 D。
6	D	A 选项敏捷实践是 DevOps 的一部分,敏捷无效的场景下,组织要慎重考虑是否应用 DevOps 实践。 B 选项传统实践有其生命力,在传统实践有效的情况下,未必组织对 DevOps 实践产生浓厚的兴趣。 C 选项 DevOps 实践是对 Scrum 和精益有依赖,但是并不是强相关的关系。DevOps 可以与任何对执行组织有好处的实践产生关联。 D 选项业界专家认为 DevOps 可以作为任何其他实践无效的情况下采取的方式。
7	A	A 选项 DevOps 比敏捷更加强调非功能需求,因为 DevOps 考虑产品的反脆弱性。 B、C 和 D 选项都不全面。
8	C	C 选项类似于 Agile 团队,稳定的 DevOps 团队有利于持续创新。 A、B 和 D 选项都不是一个稳定团队的首要好处。
9	B	B 选项 DevOps 与其他理论的典型区别就是加速产品快速推向市场与客户价值交付。

续表

题目编号	答案	详细解释
10	D	D 选项不断的代码重构、直面故障和快速解决是消除技术债的不二法门。
11	A	A 选项敏捷、持续交付、轻量 IT 服务管理。DevOps 的实践一般包括三部分,即敏捷 Scrum、持续交付和轻量化的 ITIL。
12	D	A 选项没有强调为何要用价值流。 B 选项价值流不仅仅是针对当前状态的分析。 C 选项价值流更多的关注客户如何能够获得价值。 D 选项价值流关注任何优化的可能。
13	A	A 选项价值流图的目的就是帮助优化业务流程。 B、C 和 D 选项不作为优先考虑。
14	C	C 选项传输,即角色切换,符合题干中关于"Task Switching"的含义。其他选项表征的是其他浪费类型。
15	C	C 选项不是限制 WIP 的作用,其他三个选项都是。
16	A	A 选项在巨石架构下实施 DevOps 的最大难点是指定 DevOps 团队负责不同的系统特性。
17	C	A 选项错误。很多群体都可以非常好地遵循规则,但它们未必能被称作一个团队。 B 选项错误。很多群体可以举行十分高效的会议,这并不一定是一个团队的标志。 C 选项正确。一支真正的团队能够维持稳定的工作节奏,并能够始终向着共同的目标努力。 D 选项错误。各个团队成员共同解决问题,并不从质询团队成员开始。DevOps 拥有一种免责文化。
18	B	B 选项服务将显示用户上传的项目列表为功用需求,即功能性需求。
19	D	D 选项对 DevOps 的 DoD 的正确理解是产品已经发布到生产环境中,客户的价值已经体现。其他选项的描述都不正确。

续表

题目编号	答案	详细解释
20	D	A 选项错误。更快速地对测试环境进行部署是可以接受的,这也是持续集成的结果,但并不会带来任何商业利益。 B 选项错误。持续集成能帮助他们更快速地向生产环境进行交付,以更小的成本更快地找出缺陷所在,是否使用 Scrum 并不重要。 C 选项错误。维持发布速度不是 DevOps 的预期效果,更不是持续集成的预期效果。对生产部门增加发布可降低成本,因为此举能够更快速地发现与修复故障。 D 选项正确。更快速地向生产环境发布是持续集成的主要益处之一,此外还包括更快速地发现故障以减少开发成本和故障修复成本。
21	C	C 选项研发团队采用过时的技术来方便产品快速推向市场。技术债通常指采取落后的技术方案,回避技术难题的突破,选用低效的技术解决方案,在产品推向市场后导致的各种问题。
22	A	A 选项 DevOps 试图把所有的运营工作都编程例行的简单操作,也就是 ITIL 所说的 Routing Job,并把这种标准的工序自动化。
23	B	B 选项预设自动化测试脚本,执行更多的自动化测试覆盖,实现由开发人员主导的单元测试,以及测试人员主导的回归测试的基本自动化。
24	A	A 选项正确。自动化验收测试阶段表明,系统在功能性与非功能性层面上工作正常,在行为上能满足用户的需求和客户的规格要求。 B 选项错误。构建测试与单元测试保证新代码本身的合理性,测试并不检查新代码与现有构建的集成程度。 C 选项错误。这可能是正确的解决方式,但是在运转中的部署流水线中,我们期望验收测试得以自动化。 D 选项错误。版本控制用于修复失败的构建或解决问题与争议。该项目并不用于表明系统是在功能性还是非功能性层面上工作。

续表

题目编号	答案	详细解释
25	C	A、B 选项错误。构建稳定的部署流水线永远比自动化更重要。 C 选项正确。无论何时,所有部署流水线首先应当是单件流程的部署流水线,无须自动化就可高效运行。一旦该流水线稳定确立,就有机会选择可行的流程实施自动化。但是,构建稳定的部署流水线永远比自动化更重要。 D 选项自动化测试是关键活动。但是,在面临创建稳定部署流水线和任务测试自动化之间的选择时,应当始终把首要注意力放在创建稳定的部署流水线上。一旦部署流水线确立,就有机会通过测试自动化提升各方面的效率。
26	D	A 选项活动被授权,有时是必需的。部署流水线有时也要考虑授权的问题。 B、C 选项价值流主要是分析之用,与部署流水线的延迟本质上没有直接关系。 D 选项传统的方法还在继续被应用,必要的传统决策影响部署流水线的效率。
27	A	A 选项版本控制妥善保存不同的版本内容,能更好地允许团队中的任何成员能够自由的删除任何不需要的文件。 B、C 和 D 选项对版本控制的解释都不是很精准,并关联可靠性的内容。
28	B	B 选项运维管理人员不能手工的触碰生产环境,最好完全通过自动化脚本实现对生产环境的变更。 A、C 选项是 D 选项是部署流水线的一部分,部署流水线不可以完全自动化,也有手工部署流水线的需要,但是都是通过自动化脚本得以实现。
29	B	B 选项 DevOps 需要应用虚拟化和云计算的手段去自动化部署基础设施环境,有限的虚拟化能力会大大减少自动化的能力。 A、C 和 D 选项都能够有效的支持 DevOps 落地。
30	B	B 选项关于制品库通常是存放已经编译好软件的二进制文件,待发布的出处。
31	D	A、B 和 C 选项都属于云的特性,云特性还包括按需收费,不包括 D 选项的描述。

续表

题目编号	答案	详细解释
32	B	B 选项在 DevOps 模式下,当部署失败后,应该快速恢复。其他选项都不是首要的选择。
33	D	D 选项 DevOps 的方式解决故障或事件的最佳方式是利用自动化脚本,使系统快速恢复为前一个可运行的版本
34	A	A 选项正确。DevOps 沙盘作为组织文化变革前导课程,帮助组织认识到有效的部门协作对创造组织的商业价值的重要性。DevOps 的演练可以间接帮助组织打造以价值为导向的组织文化的目的。 B 选项错误。DevOps 沙盘可以帮助你了解什么是 DevOps,但这只是实施沙盘的初步而非深层次的作用。 C 选项错误。这只是实施沙盘的初步而非深层次的作用。 D 选项错误。
35	A	A 选项 DevOps 不是一剂万能药,组织在应用 DevOps 时需要考虑自己的实际环境,不可以为了实施 DevOps 而实施。
36	B	B 选项 DevOps 认为商业化软件会有一定的局限性,需要额外的处理自动化脚本安装的工作,B 选项比较符合 DevOps 理论体系的认知,其他的选项不作为首选。
37	A	A 选项在 DevOps 中,业务的市场需求决定是否发布新特性到市场。
38	B	A、C、D 选项错误。应当立即告知开发部门,使他们能够预见潜在的风险和问题。
39	C	A、B、D 选项错误。这有助于促进 DevOps 组织的成熟。 C 选项正确。这无助于 DevOps 组织的成熟。是否要对会议进行全程记录并再次审查,并没有严格的要求,有必要记录达成共识的内容,而不是记录整场会议。
40	A	A 选项 DevOps 落地是一种文化和组织架构的变革。DevOps 不仅仅是自动化工具的落地,更是一种组织文化的变革。

术语表

名词	解　　释
Availability(可用性)	服务可以访问的时间占整个给客户承诺的服务时间的百分比
Business Impact Analysis(业务影响分析,BIA)	在于收集、分析及汇集信息系统一旦遭遇灾难对各项重要关键性业务的影响程度,估算可容忍的中断时间,依据其优先级提出恢复策略建议。利用业务影响分析来审视企业的业务功能,并确定关键的业务,其对恢复时间与数据恢复点的要求及恢复所需的资源。这些信息有助于管理者在业务优先等级和灾害损失大小的考量下,制定出一个适当的持续策略
Balanced Scorecard(平衡计分卡)	Kaplan 和 Norton 博士开发的管理工具。平衡计分卡能够将战略细分为关键绩效指标(KPI)来证明战略完成的情况,具体的 KPI 从财务、客户、内部流程、学习与成长等四个维度去度量
Back-Out Plan(回滚/补救计划)	变更失败后的服务回滚或补救计划,也称 Rollback Plan,一般在提交变更申请时同时提交
Customer/Client(客户)	购买服务的人或组织
Change(变更)	增加、修改或删除一个已经被计划和授权更改的服务部件或相关的文档
Change Advisory Board(变更顾问委员会,CAB)	一个由高级管理层、变更经理、配置经理、维护人员、专家、安全人员等组成的跨职能虚拟的变更评审组织,主要负责评价针对业务或 IT 需求的变更请求、优先级别、成本/效益指标以及对其他系统或过程的潜在影响。通常针对变更请求提出付诸实施、深入分析、暂缓实施或彻底否决等建议
Change/Release Window(变更/发布窗口)	约定的允许执行变更或发布的时间段,该窗口的定义通常记录在服务级别协议中

续表

名词	解　释
Configuration Item（配置项，CI）	所有交付服务所需要的可确定的独特实体，如硬件、软件、网络设备、文档等
Configuration Management Database（配置管理数据库，CMDB）	在配置管理流程中用于记录所有 IT 相关配置项信息及其相互关系而建立的数据库
Configuration Management System（配置管理系统，CMS）	一套工具和数据库，用于管理 IT 服务提供商的配置数据
Definitive Media Library（最终介质库，DML）	一个安全的库，用于存储和保护所有最终授权的介质配置项（CI）版本，也是构建和发布的唯一出处
Disaster Recovery Plan（灾难恢复计划，DRP）	一套可用于灾难恢复的信息技术（IT）计划，包括灾难恢复管理团队、灾难切换流程，以及大量可用于灾难切换的信息和资料，是灾难事件发生时用于指导灾难恢复的最重要的文件
Deployment（部署）	将新的或变更的硬件、软件、文档、流程或其他服务组件移至生产环境中。
Event（事态）	任何可被检测或者辨别、配置项有意义的状态改变，可能对 IT 基础架构及其支持的 IT 服务有重大影响的通知
Emergency Change Advisory Board（紧急变更顾问委员会，ECAB）	快速应对紧急变更的评审组织，该组织的人员通常是 CAB 的子集
Function（职能）	执行并完成一个或多个流程或者活动的一组人员及其所属部门，ITIL 中定义了四个职能，即服务台、技术管理、IT 运营管理和应用管理

续表

名词	解　　释
ITIL(IT 基础架构库)	英国政府在 1987 年制定的有关 IT 服务管理的最佳实践,现已成为事实上的 IT 服务管理参照标准
Incident(事件)	事件是指在 IT 服务中的一个非计划中断,非正常操作或者 IT 服务本身服务性能的降低
Known Error(已知错误)	已经确认根本原因的问题
Knowledge Base(知识库)	一个逻辑的数据库,其中包含所有已经发布的知识条目
Known Error Database(已知错误数据库,KEDB)	在问题管理流程中用于记录已知错误的数据库,往往是知识库的子集,也是服务管理系统的子集
Key Performance Indicator(关键绩效指标,KPI)	用于帮助管理流程、IT 服务或活动的绩效指标,如问题解决率和平均解决时长等
Major Incident(重大故障)	故障影响的最高级别,重大故障导致业务的重大中断
Operational Level Agreement(运营级别协议,SLA)	IT 服务提供商内部的 IT 部门制定的关于部门级的 IT 服务标准
Process(流程)	为完成一个指定的目标,而设计的结构化的活动集合
Problem(问题)	问题是一个或多个故障的集合,是未知的错误
Post Implementation Review(执行回顾和检测,PIR)	流程执行后的有选择回顾和检查的过程,一般会发生在事件、故障、问题和变更管理流程中
Practice(实践)	整合流程、职能、工具和资源共同交付价值
Release(发布)	硬件、软件、文档流程及其他组件的集合,用于实现一个或多个批准的 IT 服务变更。提供新的和变更的服务与特性以供用户可视和使用

续表

名词	解　　释
Release Unit(发布单元)	一些可以在一起发布的硬件和软件的集合,一般解决一个指定 Bug 或需求的发布
Resolution(解决)	针对某一个或某一类已找到根本原因的问题,提出并执行解决问题的最终方案
Request For Change(变更请求,RFC)	用于详细记录 IT 服务或基础设施内配置项的变更请求的表格
Role(角色)	一个职务、职责,或给一个人和职能部门所授权限的集合
RACI(授权模型)	用来描述"角色和职责"与"流程和活动"之间的对应关系
Return On Investment(投资回报率,ROI)	对投资价值进行量化考核的指标,对投资预期收益的测量。等于平均年利润增加额除以项目投资额
Recovery Time Objective(目标恢复时间,RTO)	灾备实施的目标指标,服务中断后为恢复服务预留的最长时间。如果 RTO=8 小时,就是需要在 8 小时内恢复服务
Recovery Point Objective(目标恢复点,RPO)	灾备实施的目标指标,服务中断后恢复服务时可能丢失多长时间的交易数据。如果 RPO=2 小时,就是允许最大丢失 2 小时的交易数据
Root Cause Analysis(根源问题分析,RCA)	确定故障或问题根本原因的活动
Service(服务)	通过满足客户的需要来给客户创造价值并且不需要客户承担额外的成本与风险
Service Desk(服务台)	IT 服务提供商和用户间的唯一联系人,主要处理故障(事件)和请求履行等流程的一组人
Single Point of Contact(唯一联系人,SPOC)	终端用户或客户的唯一联系人,服务台是终端用户的唯一联系人,是给用户提供服务的唯一接口,服务经理是客户的唯一联系人,直接处理客户的任何投诉并定期与客户就服务进行沟通

续表

名词	解　　释
Service Management (服务管理)	以服务的形式为客户提供价值的一套特定的组织能力，并且将资源和能力转变为有价值的组织资产
Service Level Agreement (服务级别协议，SLA)	IT 服务提供商和客户之间进行磋商后正式记录下来的 IT 服务标准或合同
Service Design Package (服务设计包，SDP)	描述如何对业务功能性需求和非功能性需求的满足的服务设计文档的总称
Service Acceptance Criteria(服务验收标准，SAC)	一套标准，用于确保 IT 服务满足功能和质量要求，尤其特指新服务的验收标准和项目转运维的交维条件
Service Improvement Plan (服务改进计划，SIP)	对流程或 IT 服务实施改进的正式计划
SKMS(服务知识管理系统)	一个数据(Data)-信息(Information)-知识(Knowledge)-智慧(Wisdom)的架构系统，也是一套用来管理知识和信息的工具和数据库。在 ITIL 里面 SKMS 所涵盖的信息量是最大的，SKMS>CMS>CMDB
Standard Change(标准变更)	一个约定俗成的、预授权的、低成本、低风险、众所周知的、流程已经被清晰定义的变更
Standard Operating Procedures(标准操作程序，SOP)	标准的操作程序或规程文档
SVS(服务价值系统)	ITIL 4 的框架结构，包括指导原则(Guiding Principles)、治理(Governance)和服务价值链(Service Value Chain)等诸多概念
Utility(功用)	一个产品或者服务提供的功能，满足客户的一个特定需求，或者去掉客户当前系统的某些约束
Underpinning Contract(第三方供应商支撑合同，UC)	IT 服务提供商和其下包供应商之间所承诺的服务标准或合同

续表

名词	解　　释
User(用户)	直接使用服务的人
Sponsor(发起人/投资人)	财务或资源提供商,或服务交付项目发起人
Workaround(变通方法/临时措施)	解决问题的临时修复方法或技术,使用替代措施暂时恢复服务级别协议约定的服务,避免故障或问题继续对客户的业务产生影响,问题的永久解决措施有赖于对潜在问题的最终解决
Warranty(功效)	产品或者服务满足约定需求的承诺或者保证,一般指的是非功能性需求的达成。非功能性需求指的是产品或者服务的可用性、易用性和可扩展性等

参考文献

[1] AXELOS. ITIL 4 Foundation[M]. 4th ed. London: Axelos,2019.

[2]斯克伦尼科. DevOps 精要:业务视角[M]. 林伟丹,姚冬,译. 北京:清华大学出版社,2020.

[3] IBM. ITIL Internal training material[M]. Shenzhen:Global Delivery Center,2009.

[4] PHILLIPS J. Introduction PMP project management professional study guide[M]. 3rd ed. New York:McGraw-Hill, 2010.

[5]于宁斌. IBM UNIX&Linux—AIX 5L 系统管理技术[M]. 北京: 电子工业出版社,2005.

[6]姚乐,刘继承. CIO 综合修炼[M]. 北京:电子工业出版社, 2009.

[7]钟景华,朱利伟,曹播,等. 新一代绿色数据中心的规划与设计[M]. 北京:电子工业出版社,2010.

[8]侯维栋. ISO20000 认证与实践[M]. 北京:清华大学出版社,2010.

[9]程栋,刘亿舟. 中国 IT 服务管理指南[M]. 北京:北京大学出版社,2012.

[10]肖建一. 中国云计算数据中心运营指南[M]. 北京:清华大学出版社,2013.

[11] 金,贝尔,斯帕福德. 凤凰项目:一个 IT 运维的传奇故事[M]. 成小留,刘征,译. 修订版. 北京: 人民邮电出版社,2019.

[12] HUMBLE J, FARLEY D. 持续交付:发布可靠软件的系统方法[M]. 乔梁,译. 北京: 人民邮电出版社,2011.

[13] DAVIS J, DANIELS R. Effective DevOps[M]. 刘海涛,肖斌,译. 中文版. 北京: 中国电力出版社,2018.

[14] SHARMA S. DevOps 实施手册[M]. 万金,译. 北京: 清华大出版社,2018.

[15] KIM G, HUMBLE J, DEBOIS P,等. DevOps 实践指南[M]. 刘征,王磊,马博文,等译. 北京: 人民邮电出版社,2018.

[16] 乔梁. 持续交付 2.0:业务引领的 DevOps 精要[M]. 北京: 中国工信出版集团,人民邮电出版社,2019.